INTERNATIONALES SYMPOSIUM

# ZUKUNFT DER GEGENWART

ÜBER NEUES BAUEN IN HISTORISCHEM KONTEXT

WÜSTENROT STIFTUNG
DEUTSCHER EIGENHEIMVEREIN E.V.
LUDWIGSBURG

EGON SCHIRMBECK (HRSG.)

# ZUKUNFT DER GEGENWART

INTERNATIONALES SYMPOSIUM
ÜBER NEUES BAUEN IN HISTORISCHEM KONTEXT

UNIVERSITÄT STUTTGART
MIT TECHNISCHER UNIVERSITÄT DRESDEN
IM AUFTRAG DER WÜSTENROT STIFTUNG
DEUTSCHER EIGENHEIMVEREIN E.V., LUDWIGSBURG

MIT BEITRÄGEN VON
PETER BAUMBACH, ROSTOCK · WULF BRANDSTÄDTER, HALLE
JOE COENEN, MAASTRICHT · GUILLERMO VAZQUEZ CONSUEGRA, SEVILLA
VAKHTANG DAVITAIA, TIFLIS · ROGER DIENER, BASEL
MIKLOS HOFER, BUDAPEST · ARNO LEDERER, STUTTGART
UELI MARBACH, ZÜRICH · YANNIS MICHAIL, ATHEN
GEORG MÖRSCH, ZÜRICH · BORIS PODRECCA, WIEN
ARTHUR RÜEGG, ZÜRICH · KARLJOSEF SCHATTNER, EICHSTÄTT
LUIGI SNOZZI, LOCARNO · KARLA SZYSZKOWITZ-KOWALSKI, GRAZ
MICHAEL SZYSZKOWITZ, GRAZ · HEINZ TESAR, WIEN

UND EINEM NACHWORT VON JÜRGEN JOEDICKE

DEUTSCHE VERLAGS-ANSTALT STUTTGART

Dokumentation
Internationales Symposium über neues Bauen in historischem Kontext
an der Technischen Universität Dresden
vom 1.–3. Juli 1992

Veranstalter

Universität Stuttgart
Institut Grundlagen der modernen Architektur und Entwerfen
Prof. Dr.-Ing. Drs. h.c. Jürgen Joedicke
Prof. Dr.-Ing. habil. Egon Schirmbeck
mit
Technische Universität Dresden
Institut für Gebäudelehre und Entwerfen
Prof. Dr.-Ing. habil. Helmut Trauzettel


Leitung: Egon Schirmbeck
Mitarbeit: Nicola Trescher
Redaktion:
Egon Schirmbeck, Nicola Trescher, Nora von Mühlendahl
Übersetzungen:
Judith Knelles, Olinde Riege, Nigel Rigby
Gestaltung: Wolf-Dieter Gericke



Die Deutsche Bibliothek – CIP-Einheitsaufnahme

**Zukunft der Gegenwart** : über neues Bauen in historischem
Kontext ; internationales Symposium ; [Dokumentation] /
[Internationales Symposium über neues Bauen in historischem
Kontext an der Technischen Universität Dresden vom 1.–3.
Juli 1992]. Egon Schirmbeck (Hrsg.). Mit Beitr. von Peter
Baumbach ... im Auftr. der Wüstenrot Stiftung Deutscher
Eigenheimverein e.V., Ludwigsburg. [Veranst. Universität
Stuttgart, Institut Grundlagen der modernen Architektur und
Entwerfen mit Technische Universität Dresden, Institut für
Gebäudelehre und Entwerfen]. – Stuttgart : Dt. Verlag.-Anst.,
1994
ISBN 3-421-03209-2
NE: Schirmbeck, Egon [Hrsg.]; Baumbach, Peter; Internationales
Symposium über neues Bauen in historischem Kontext <1992,
Dresden>; Institut Grundlagen der modernen Architektur und
Entwerfen <Stuttgart>

© 1994 Wüstenrot Stiftung Deutscher Eigenheimverein e.V., Ludwigsburg,
und Deutsche Verlags-Anstalt GmbH, Stuttgart
Alle Rechte vorbehalten
Satz: Steffen Hahn GmbH, Kornwestheim
Reproduktion: DIE REPRO, Tamm
Druck und Bindung: W. Röck, Weinsberg
Das Papier dieses Buches ist aus chlorfrei gebleichtem Zellstoff hergestellt;
es ist säurefrei und alterungsbeständig.
Printed in Germany
ISBN 3-421-032009-2

# INHALT

**VORWORT**

Wüstenrot Stiftung .................................................................. 7

Egon Schirmbeck .................................................................... 9

**ERÖFFNUNG DES SYMPOSIUMS**

Helmut Trauzettel .................................................................. 11

Hans Joachim Meyer ............................................................... 15

Hans K. Schneider .................................................................. 17

Egon Schirmbeck .................................................................... 19

**ERÖFFNUNGSVORTRAG**

Georg Mörsch
Stadtgestaltung oder Denkmalpflege,
Vom falschen Gegensatz und verpaßten Chancen ................................ 23

**BEITRÄGE**

Ueli Marbach und Arthur Rüegg
Weiterbauen in Zürich ............................................................. 45

Roger Diener
Sinnlos modern ...................................................................... 59

Vakhtang Davitaia
Moderne Architektur im Kontext nationaler Kultur und Psychologie ............ 69

Guillermo Vazquez Consuegra
Architekur und Kontext ............................................................. 73

Yannis Michail
Zur Kontinuität der Polis – Erhaltung und Fortentwicklung der Plaka, Athen ...... 83

Arno Lederer
Jeder nach seiner Fasson ............................................................ 93

Karljosef Schattner
Gratwanderung in einer historischen Stadt ......................................... 103

Peter Baumbach
Planen im historischen Bereich – Beispiele in Rostock ............................ 121

Wulf Brandstädter
Bauen mit der Großplatte in gewachsenen Altstadtstrukturen ...................... 127

Jo Coenen
Spurensuche ............................................................................. 133

Luigi Snozzi
Bauen im historischen Kontext: meine Erfahrungen am Beispiel Monte Carasso .... 147

Miklós Hofer
Kontinuität in der Architektur – neuer Bedarf ........................................ 161

Boris Podrecca
Topos und Typus ........................................................................ 169

Heinz Tesar
Stadtpartikel ............................................................................. 181

Karla Szyszkowitz-Kowalski, Michael Szyszkowitz
Dialoge ................................................................................... 187

Jürgen Joedicke
Nachwort ................................................................................. 193

## AUSSTELLUNG
Bauen im historischen Bestand am Beispiel Dresden
Entwurfsprojekte von Studierenden der Technischen Universität Dresden und
der Universität Stuttgart .............................................................. 195

## ANHANG
Kurzbiographien ......................................................................... 232
Literaturverzeichnis ..................................................................... 236
Fotografen ............................................................................... 240

# Vorwort

Wüstenrot Stiftung

Die neuen Bundesländer auf dem Gebiet der ehemaligen DDR und die Staaten Osteuropas stehen nach dem Zusammenbruch des Kommunismus vor Bauaufgaben von historischer Dimension. Da ist zunächst die ökonomische Seite des Problems: die Notwendigkeit der Anpassung und Konditionierung der sozialen, technischen und baulichen Infrastruktur an die Anforderungen einer modernen Industrie- und Marktgesellschaft. Der Nachholbedarf, gemessen an westdeutschen Standards, ist gigantisch. Wenn die Länder ökonomisch aufschließen, stellen sich mit Blick auf die Planung und Gestaltung der gebauten Umwelt grundsätzliche Fragen:

Wie gestalten wir den Aufbau- und Erneuerungsprozeß, der sich mit großer Wahrscheinlichkeit in »Zeitraffergeschwindigkeit« abspielen wird? Wie lassen sich neue Bauvorhaben strukturell und funktionell verantwortlich in das Gefüge der Städte und Dörfer integrieren? Was geschieht mit der verfallenden alten Bausubstanz: Sanierung und Modernisierung oder Abriß und Neubau? Wie gestalten die am Bau Beteiligten den Umgang mit dem baukulturellen Erbe und den zahlreichen hervorragenden Denkmalen Ostdeutschlands: Soll man konservieren und restaurieren, oder sind Reparatur und Fortentwicklung mit den baulichen Mitteln unserer Zeit eine geeignete Strategie für die Zukunft? Wie können und müssen Planer und Architekten auf die vorgegebenen materiellen Fakten angemessen reagieren? Eine praktische Lösung für den Umgang mit den Plattenbauten wird möglicherweise eine ganz andere Architektur erzeugen und neue Vorgehensweisen brauchen. Und bei alledem ist es notwendig, Fehler, die beim Aufbau westdeutscher Städte gemacht wurden, zum Beispiel in der Verkehrsplanung oder bei der Flächensanierung, nicht zu wiederholen und eine aktive Teilnahme der Bürger bei der Gestaltung ihrer Umwelt zu ermöglichen. Nicht zuletzt von der Intensität und Qualität der kommunikativen Prozesse wird es abhängen, ob die Bürger sich mit dem Neuen identifizieren.

Baukultur ist auch kein Exportartikel. Eine Revitalisierung wird eher möglich sein, wenn der geschichtlich überlieferte Grundriß der Städte und Dörfer im Kern bewahrt und zugleich sich neuen Nutzungen und Zwecken behutsam anpassend weiterentwickelt werden kann. Der »Genius loci«, so Christian Norberg-Schulz zur architektonischen Qualität des Ortes, »verlangt nach neuen Interpretationen, um überleben zu können. Er kann nicht eingefroren werden, sondern muß in Beziehung zu den Forderungen der Gegenwart verstanden werden.« Damit stellt sich die zentrale Frage nach dem Selbstverständnis von Bauherren, Architekten und Denkmalbehörden bei der Integration neuer Architektur in die historische Umgebung und beim Umgang mit denkmalgeschützter Bausubstanz. Sicherlich haben die Bewahrung und Fortentwicklung des baulichen Erbes damit zu beginnen, daß zunächst am richtigen Ort die richtigen Aufgaben gestellt werden. Gute Bauwerke können unzureichende Rahmenbedingungen, also schlechten Städtebau und fehlerhafte Stadtplanung, nicht ersetzen, sondern müssen diese als Bedingung vorfinden, damit der so notwendige urbane Dialog zwischen Alt und Neu gelingen kann.

Bei der Situation in den neuen Bundesländern schiebt sich zwischen die Fragen nach der Erhaltung des baukulturellen Erbes und der Entfaltung zeitgemäßer Architektur ein dritter Aspekt: der Umgang mit den gebauten Ergebnissen vierzigjähriger Planwirtschaft. Darüber hinaus stehen wir vor einem institutionellen Neubeginn. Der Berufsstand des Architekten war in der DDR kaum existent und muß wiederbelebt werden. Bauhandwerk und Bauwirtschaft müssen in Vielfalt, Angebot, Qualität und Struktur neue Kräfte entfalten. Mit Bürgergesellschaft und privatem Eigentum war in der ehemaligen DDR auch das verschwunden, was wir die klassischen Tugenden des Bauherrn nennen: das Verständnis dessen, was wirtschaftlich, sozial und kulturell die Wahrnehmung von Bauaufgaben im wohlverstandenen Eigeninteresse sowie in der Perspektive öffentlicher Verpflichtungen beinhaltet. Die Wiedergewinnung dieser drei institutionellen Säulen des Planens und Bauens ist eine unverzichtbare Voraussetzung für das Entstehen einer Baukultur in den neuen Bundesländern. Das sind einige Fragen und Hinweise für eine Diskussion darüber, mit welchen Chancen und Risiken die Sanierung und der Aufbau in Gang gesetzt und gestaltet werden können – ein Prozeß, für den es in der Geschichte keine historischen Vorbilder gibt.

Das Symposium »Zukunft der Gegenwart – über neues Bauen in historischem Kontext« im Juli 1992 in Dresden, das im Auftrag der Wüstenrot Stiftung Deutscher Eigenheimverein von den Fakultäten für Architektur der Universitäten Stuttgart und Dresden gemeinsam organisiert und durchgeführt wurde, hat besonders diese Fragen und Themen aufgegriffen und darüber aufzuklären versucht. In der Konzeption und Förderung von Veranstaltungen dieser Art sieht die Wüstenrot Stiftung eine wichtige Aufgabe, ihrer sozialen Verpflichtung und kulturellen Verantwortung gegenüber der gebauten Umwelt gerecht zu werden. Dabei ist es Ziel der noch jungen Stiftung, Impulse für eine innovative und qualitätvolle Entwicklung des Planens, Bauens und Wohnens im öffentlichen wie im privaten Sektor zu geben und die Erhaltung und behutsame Fortentwicklung des geschichtlich überlieferten baulichen Erbes wissenschaftlich zu begleiten. Architektur und Denkmalschutz waren beide auf ihre Weise Stiefkinder in der ehemaligen DDR. Es wäre falsch, jetzt in eine Konfrontation einzutreten. Die offene und konstruktive Zusammenarbeit beider Disziplinen kann wesentlich dazu beitragen, daß der Wandel der Gesellschaft eine würdige bauliche Präsentation findet, die vor der Geschichte bestehen kann.

Die vorliegende Dokumentation dieses zweitägigen Symposiums faßt die Vorträge und Werkberichte der eingeladenen internationalen Referenten zusammen. Sie ist auch eine Momentaufnahme zeitgenössischer Architekturdiskussion in Europa und vermittelt die Vielfalt der Ideen, Konzepte, Entwürfe und nicht zuletzt der gebauten Werke, die Vorbildcharakter haben. Möge dieses Buch für die Praktiker am Bau im allgemeinen, aber insbesondere der nachwachsenden Generation von Architekten, die in der Zukunft für die bauliche Gestalt der Städte und Dörfer Verantwortung tragen, anregend und orientierend für die eigene Praxis wirken. Und nicht zuletzt wird der Band den bei der öffentlichen Hand für das Bauen Verantwortlichen und der wachsenden Schicht privater Bauherren einen Fundus für weiterführende Überlegungen und Problemlösungen bieten. Es bleibt zu wünschen, daß der hier begonnene Dialog eine positive Fortsetzung findet.

**Vorwort** Egon Schirmbeck

Vom 1.-3. Juli 1992 veranstaltete das Institut Grundlagen der modernen Architektur und Entwerfen der Universität Stuttgart in Zusammenarbeit mit dem Institut für Gebäudelehre und Entwerfen der Technischen Universität in Dresden im Auftrag der Wüstenrot Stiftung ein internationales Symposium mit dem Thema »Zukunft der Gegenwart – über neues Bauen in historischem Kontext«.
An drei Tagen haben Vertreter aus der Kunstgeschichte und Architekten über ihre Arbeiten und ihre Architektur berichtet. Die Vorträge und die sich daran anschließenden Diskussionen konzentrierten sich im wesentlichen auf die Grundfragen des Symposiums, nämlich die Chancen, die Möglichkeiten und die Forderungen im Hinblick auf ein neues Bauen in unmittelbarer Nachbarschaft von heute noch erhaltener Baugeschichte.
Die Auseinandersetzung mit der vorhandenen Bausubstanz und mit den noch bestehenden historischen Stadtstrukturen wird auch im zukünftigen Arbeitsbereich von Architekten und Stadtplanern, von Kommunen und Ländern sowie bei allen am Planen und Bauen Beteiligten eine zentrale Rolle spielen. Das Bauen »auf der grünen Wiese« wird von der Beschäftigung mit der noch bis in die Gegenwart hineinreichenden Vergangenheit weiter verdrängt werden. Das Bauen im historischen Kontext, die Sanierung und Umnutzung sowie die nachträgliche Verdichtung bestehender Strukturen erfordern besondere Vorgehensweisen und ein einfühlsames Umgehen mit der überlieferten Geschichte.
Die Entwicklung der letzten Jahre zeigt die zunehmende Bedeutung und die aktuelle Notwendigkeit, sich mit der veränderten Herausforderung an die Architektur zu beschäftigen. Die Diskussionen um Anpassung und Einfügung oder den Kontrast mit Mitteln unserer Zeit markieren als Gegenpositionen das weitgespannte Spektrum möglicher Gestaltungsziele, Grundsatzfragen und Meinungen, die Planer und Nutzer oft in tiefgespaltene Gruppierungen trennen. In einem internationalen Erfahrungsaustausch wurden die Chancen und Möglichkeiten der Erhaltung und der Erneuerung sowie der Gestaltung unserer zukünftigen Lebensräume diskutiert. Neben den spezifischen Forderungen an zukünftige Bedürfnisse und Funktionen wurde auch den Fragen nach möglichen Freiräumen zur Kennzeichnung der eigenen architektonischen Identität jeder Generation nachgegangen. Im Mittelpunkt der Veranstaltung stand die Vorstellung von internationalen Projekten, von denen bereits wesentliche Impulse und differenzierte Denkanstöße für das Bauen im historischen Kontext ausgegangen sind.
Vor dem Hintergrund der vor uns stehenden Aufgaben am Ende dieses Jahrhunderts hoffen wir, mit diesem Symposium Denkanstöße und Anregungen für alle am Planen und Bauen Beteiligten gegeben zu haben – Aufgaben, die in allen europäischen Regionen mit wechselnden Schwerpunkten zu bewältigen sind. Dieses Gemeinschaftsprojekt der Universität Stuttgart und der Technischen Universität Dresden hat darüber hinaus eine weitere Normalisierung des Informationsaustausches und eine Vertiefung bestehender Kontakte ermöglicht. Ergänzend zu den professionellen Beiträgen aus der praktischen Arbeit war es auch ein Ziel

dieser Veranstaltung, die nachfolgenden Generationen in die Diskussionen einzubeziehen. Um die Studierenden für die Problemfelder des neuen Bauens im historischen Kontext zu sensibilisieren, wurden in Stuttgart und Dresden einzelne Entwurfsprojekte im Dresdner Kontext bearbeitet und während des Symposiums im Rahmen einer Ausstellung präsentiert und zur Diskussion gestellt. Zur Bearbeitung dieser Entwurfsaufgaben in dem anspruchsvollen historischen Rahmen von Dresden wurde bewußt ein großer Freiraum zugestanden, um ein möglichst großes Spektrum von Antworten formulieren und pointierte Auffassungen entwickeln zu können.

An den Vorträgen des Symposiums und an den Diskussionen über die Entwurfsprojekte der Studierenden hat eine überraschend große Zahl von Zuhörern teilgenommen. Aufgrund des großen Interesses und der Vielzahl von Anfragen freue ich mich, hier alle wesentlichen Teile dieses internationalen Symposiums dokumentieren zu können. Entsprechend dem Auftrag der Wüstenrot Stiftung sind die Berichte und Erfahrungen des Symposiums in dieser Publikation zusammengefaßt, ermöglicht doch dieses Medium, einem erweiterten Interessentenkreis die in Dresden diskutierten Inhalte zugänglich zu machen und Denkanstöße für die Zukunft zu geben. Mit dieser Veröffentlichung möchte ich mich, zugleich auch im Namen der Veranstalter, bei den Referenten für ihre Mitwirkung an diesem Projekt herzlich bedanken. Nur durch ihr Verständnis, Entgegenkommen und Vertrauen konnte diese Veranstaltung überhaupt durchgeführt und die jetzt in dieser Form vorliegende Publikation realisiert werden. Die spontane Zusage und die engagierten Beiträge haben entscheidend zu dem großen Interesse für dieses Symposium beigetragen. Bei der Wüstenrot Stiftung Deutscher Eigenheimverein e.V. Ludwigsburg bedanke ich mich für das Vertrauen, diesen Auftrag durchführen zu können.

Für die anregende und fruchtbare Zusammenarbeit mit Frau Nora von Mühlendahl von der Deutschen Verlags-Anstalt möchte ich ihr meinen besonderen Dank sagen. Ihrer überragenden Erfahrung und Geduld ist es zu verdanken, daß die oft so verschiedenen Beiträge hier in einem selbstverständlichen Zusammenhang erfaßt sind. Für das besondere Engagement bei der redaktionellen und organisatorischen Mitarbeit danke ich Frau Nicola Trescher sehr herzlich. Mein Dank gilt auch Frau Andrea Röck, die mit Ausdauer die Abwicklung des Symposiums begleitet und mit großer Sorgfalt die Mitschnitte der Vorträge dokumentiert hat.

**Begrüßung**  Helmut Trauzettel

Am Anfang stehen drei Fragen:
Warum dieses Symposium?
Warum dieses Thema hier in Dresden?
Warum wird es von zwei Architekturschulen als gemeinsames Anliegen behandelt?
Meine Einleitung soll Antwort auf diese Fragen geben.

Dresden war am 5. Oktober 1989 – als die Flüchtlingszüge von Prag in die Bundesrepublik umgeleitet wurden, mit den Ausschreitungen am Hauptbahnhof und in der Prager Straße, aus denen sich die »Gruppe der 20« herauslöste und zum Rathaus zog – zum Katalysator für eine friedvolle Revolution geworden. Sie führte zur ersehnten und doch unerwartet rasanten Vereinigung der beiden deutschen Nachkriegsstaaten.

Nach dem Fall der Mauer waren auch Freundschaften wieder verbunden, so die in gemeinsamer Nachkriegsstudienzeit in Weimar begründete zwischen mir und Jürgen Joedicke. War auch das Zueinander beider Lehrstühle blockiert, unsere gleichgerichtete Positionierung zur Entwicklungslinie der Architektur dieses Jahrhunderts, auch zu ihrer Infragestellung durch postmoderne Strömungen oder historisierende Tendenzen, konnten wir durch den Austausch unserer Bücher und Veröffentlichungen gegenseitig verfolgen. Die Stuttgarter Streitgespräche, wie zum Beispiel das zum Thema »Zukunft der Architektur, Architektur der Zukunft«, dienten dem Klärungsprozeß in der Architekturszene, auch hier, und auf beiden Seiten im Rahmen der pädagogischen Ziele unserer Lehrstühle. Mit diesem Symposium ist eine aktuelle Auseinandersetzung nach Dresden gezogen worden, d.h. an einen sensiblen Standort, an dem die historisch ablesbare Kontinuität ständigen Weiterbauens im gegenwärtigen Planungsgeschehen auf eine Fülle allergischer Ansatzpunkte trifft.

Wenn eine geschundene Stadt gegenwärtig Hoffnungen hat, in einem zukünftigen europäischen Städteverband eine bestimmte Rolle zu spielen, dann ist es Dresden. Sicher ist Dresden deshalb als Podium für das Thema »Zukunft der Gegenwart – über neues Bauen in historischem Kontext«, gut gewählt.

Wohl keine Stadt ist einem Mythos mehr verhaftet als diese sächsische Residenz. Er ist in Canalettos Bildern einzigartig bewahrt und läßt sich nicht zurückgewinnen. Das einmalige Charakterbild dieser lieblichen, landschaftsverflochtenen Stadt am Strom ist jedoch mehr als ein vergangener Mythos, der sich auf barocke Blütezeit ausrichtet. Er wurde in geschichtlicher Kontinuität geprägt, wobei die wirtschaftlichen Hochzeiten baulich dominierten: Der Silberbergbau in der Renaissance war materielle Grundlage des gigantischen Festungsbauwerkes mit Schloß und Zeughaus, der barocke Aufschwung des Handwerks und aller Künste schuf den augusteischen Glanz in einer unvergleichlichen Silhouette; aber die vielseitige Entfaltung als ausgedehntes Großstadtgebilde vollzog sich mit der frühen industriellen Revolution in Sachsen. Von Semper bis Wallot reicht die zeitliche und befruchtende Spannweite, in der großartige Stadträume und Bauten entstanden.

Die Frage ist: Können wir in dem heutigen, ebenfalls durch einen Bauboom sich ankündenden Erneuerungstrend eine Gestaltrenaissance auf dem dazu auffordernden Brachland erwarten? Wird sie barocke Leitbauten imitieren, oder werden in heutigen Gründerjahren neue Architekturqualitäten die Kontinuität in ihrem Charakterbild fortsetzen?

Als Beispiel: Ein Denkmalpfleger dieser Stadt hat den Satz geäußert: »Von den 4 Belvedere auf der Brühlschen Terrasse, dem historischen Paradestandort für die jeweils modernste Architektur, wollen wir das Knöffelsche wiederhaben.«

Von Nossenis Lusthaus, das in der neuesten Mode der italienischen Renaissance als Eckpfeiler auf der Venusbastion stand, und Knöffels reifstem Werk, dem Schauobjekt des Rokoko in Brühls Garten, hat hier, auch mit Schurichts modernstem klassizistischem Pavillon bis zu Wolframsdorfs Festlichkeit ausstrahlenden Bau in Semperscher Neorenaissance immer ein zukunftsweisendes Architekturzeichen gestanden, unwiederholbar.

Aus dieser Erkenntnis haben wir in die das Symposium begleitende Ausstellung von Studentenentwürfen der Dresdner und Stuttgarter Architekturschulen u. a. unsere Positionierung zu diesem Standort mit einem 5. Belvedere aufgenommen, das eine solche Kontinuität des jeweils zeitgemäßen Architekturschaffens von den Vorgängerbauten bis in unsere Gegenwart verfolgt.

Auf einem Podium, das im April dieses Jahres in Athen zum Thema »Tradition und Funktionalität im städtischen Raum« stattfand, wurden Meinungen von Denkmalpflegern, Städtebauern und Architekten vor einem interessierten Publikum ausgetauscht. Als schriftlichen Diskussionsnachtrag schrieb mir Gabriele Papanikolaou, die in Aachen bei Rudolf Steinbach ihr Architekturstudium absolvierte: »Was bedeutet denn historische Kontinuität? Ist ein Krieg etwa keine Historie, können die Spuren, die er hinterläßt, so verwischt werden, als ob nichts geschehen wäre? Ist das denn ein Geschichtsbewußtsein? Und noch weiter: Wenn die folgenden Generationen so fleißig nachbilden, wie Bayerns Landeskonservator vorschlägt, wird die historische Kontinuität gerade abgebrochen, weil die jeweils lebenden Baumeister die Geschichte nicht weiterschreiben dürfen in Stein: die Geschichte erstickt an sich selber! Man nimmt damit den folgenden Generationen das Recht, sich auszudrücken in räumlichen Gebilden, im Gebauten.« Soweit die Ansichten aus dem Athener Brief.

Welche Widersprüche gibt es?

Auf dem vor zwei Jahren hier in Dresden von zwölf namhaften Architekten in Zwiegesprächen mit sechs der anerkanntesten Architekturkritiker bestrittenen Forum trug Leon Krier die Meinung vor, daß der beste Aufbauplan von Dresden in den berühmten Hahnschen Luftaufnahmen vorhanden sei. Sein Bruder Rob Krier hat sie in seinem Beitrag zum Postplatzwettbewerb als Vorbild eingebracht. Auf dem großen Architektenforum, das im großen Saal des Rathauses stattfand, wurden Befürchtungen einer dritten Zerstörung geäußert. Sie wachsen jetzt im Angesicht erschreckend niveauloser Projekte, mit denen Bauträger über ihre Hausarchitekten unsere Stadt bedrängen. Nur selten werden bei den vielen hochrangigen Bauvorhaben Qualitätsansprüche durch vorausgehende Wettbewerbe bestimmt.

Welche in diesen Auseinandersetzungen hilfreichen Positionen wird unser Symposium vertreten? Wird es zu einem Klärungsprozeß beitragen mit Beispielen und Leitpositionen für die Rettung unserer zwar desolaten, aber so oft noch urwüchsigen und ungeschminkten Städte des Ostens?

Gibt es Regeln der Baukunst für ein neues Bauen im historischen Bestand? Oder gelten vielmehr Vorsichtsmaßregelungen in Ortsgestaltungskonzeptionen, Vorschriften in den Baugesetzbüchern, die alle Kunst aufzubieten fordern, um den Spielraum der Entfaltung auszuloten, oder aber den schöpferischen Prozeß einengen. Bei meinen skandinavischen Aufenthalten habe ich Gunnar Asplunds Lehrmeinung erfahren. Er sagte seinen Studenten: Als zukünftige Architekten sollt ihr bei der Begegnung von Alt und Neu von den vier wesentlichen Komponenten architektonischer Gestaltung
– Proportionsverhältnisse,
– Maßstabsbeziehungen,
– Architekturmerkmale sowie
– Material- und Farbwerte
jeweils nur zwei aufnehmen, damit unsere gegenwärtige Zutat, das Weiterbauen, nicht den Vorwurf eklektizistischer Verhaftung erhält. Ein Jahrzehnt hat er sich bei seiner Erweiterung des Göteborger Rathauses um eine wegweisende Lösung für das Zueinander von Alt und Neu bemüht.

Immer geht es im Zueinander von historisch Wertvollem zu neu hinzugebauten Qualitäten um gegenseitige Wertsteigerung. Unser Symposium ist dem neuen Bauen in historischem Kontext gewidmet. Wir werden von hervorragenden Architekten über Beispiele, die aus dem Geist ihres Handelns entstanden, Verhaltensweisen und damit Haltungen vorgestellt bekommen, aus denen sich Einsichten und Erkenntnisse und wohl auch Regeln gewinnen lassen, die unserer Gegenwartsarchitektur ihre Zukunft sichern.

# Grußwort

Hans Joachim Meyer

Zu Ihrem internationalen Symposium über neues Bauen in historischem Kontext möchte ich Sie im Namen der Sächsischen Staatsregierung herzlich begrüßen und zugleich den Initiatoren und Förderern dieser Veranstaltung – der Technischen Universität Dresden, der Universität Stuttgart sowie der Wüstenrot Stiftung – meinen Dank für ihr besonderes Engagement aussprechen.

»Zukunft der Gegenwart – Neues Bauen in historischem Kontext« lautet das Thema Ihres Symposiums. Den Ergebnissen schöpferischer Leistung der Vergangenheit im Rahmen des Neuen eine Zukunft zu geben, ist das Ziel, das Sie anstreben. Ich weiß um die Kompliziertheit dieser Aufgabe: auf der einen Seite der Anspruch nach städtebaulich überzeugenden Lösungen, auf der anderen Seite die von der Idee des Architekten häufig abweichenden Vorstellungen des Bauherrn – und nicht zuletzt dessen häufig knappe Kasse.

Politischen Weitblick und Entscheidungsbereitschaft der kommunalen Körperschaften fördern zu helfen – auch das ist Ihr Auftrag. Beeindruckende Ergebnisse in Städtebau und Architektur beweisen, daß auch diese Aufgabe lösbar ist.

Das Ambiente der Innenstadt bestimmt in entscheidendem Maße die Identität einer Stadt. Städte, insbesondere Innenstädte, werden gleichermaßen vom Landschaftsraum und von der Unverwechselbarkeit ihrer Architektur geprägt. In Dresden sind es Elblandschaft, Elbbrücken, Brühlsche Terrasse, Zwinger und Theaterplatz mit Kathedrale, Schloß, Semperoper und Galerie, die den Charakter und den Rahmen für Neues bilden. Auch in einer Vielzahl von anderen sächsischen Städten sind die Voraussetzungen für eine unseren Ansprüchen genügende Gestaltung in besonderer Weise gegeben.

Der reglementierte Städtebau vierzigjähriger DDR-Geschichte hat vielfach weiträumige Stadtkerne hinterlassen, die darauf warten, mit städtischen Strukturen ausgefüllt zu werden. Dabei kommt es auch darauf an, die in den sechziger und siebziger Jahren in den alten Bundesländern begangenen Fehler nicht zu wiederholen und die Innenstädte durch eine große Nutzungsvielfalt zu beleben. Auch Eingriffe in die seit dem Jahre 1945 entstandene Bausubstanz werden unumgänglich sein. Eine Reihe städtebaulicher Fehlleistungen sind ohne Abrisse oder Teilabrisse wohl nicht korrigierbar.

Mit ihren Leistungen von heute bestimmen Städteplaner und Architekten in besonderer Weise die Befindlichkeit auch nachfolgender Generationen. Dessen sollten Sie sich in all Ihrem Handeln stets bewußt sein.

Für die Lösung der vor Ihnen stehenden interessanten wie komplizierten Aufgaben wünsche ich Ihnen Sensibilität, Einfallsreichtum, kooperative Partner und Gesundheit. Ihrem Symposium wünsche ich einen ergebnisreichen Verlauf und seinen Teilnehmern einen angenehmen Aufenthalt in der sächsischen Landeshauptstadt.

**Zur Eröffnung**   Hans K. Schneider

Wenn heute und in den nächsten beiden Tagen hier in Dresden so viele renommierte Persönlichkeiten über unser Tagungsthema referieren und diskutieren werden, so zeigt uns dies, wie treffsicher Themen und Referenten ausgewählt wurden, und es belegt zugleich, welch hohe Wertschätzung die Veranstalter im Fach genießen.
Gestatten Sie mir, meine Damen und Herren, ein kurzes Wort zum Selbstverständnis der Wüstenrot Stiftung. Stiftungen, so denken viele, sind von Privaten veranstaltete Wohlfahrtseinrichtungen. Eine solche Gleichsetzung »Stiftung gleich private Wohlfahrtseinrichtung« wird in der Tat durch den aus dem Steuerrecht stammenden Gemeinnützigkeitsbegriff nahegelegt, einen Begriff, der ja auch für die Stiftungen bindend ist. Die modernen Stiftungen wie die Wüstenrot Stiftung sehen ihre Aufgabe jedoch nicht in der privaten Wohlfahrtspflege, sondern in den Bereichen Wissenschaft, Kultur und sozialem Wandel, und zwar dort, wo der Staat mit seinen Institutionen und finanziellen Möglichkeiten nicht hinreicht oder wo er wichtige, in unser aller Wohl liegende Aufgaben nicht wirksam anzupacken vermag. Es ist eines der Kennzeichen der offenen Gesellschaft, daß sie im Staat nicht den allzuständigen Wohltäter sieht, sondern von den einzelnen und den privaten Institutionen erwartet, daß sie sich selbst – in freier Entscheidung – in den Dienst des Ganzen stellen. In diesem Geiste will die Wüstenrot Stiftung die in der Stiftungssatzung vorgegebenen Satzungszwecke in einer von ihr *selbst* gestalteten Förderarbeit verwirklichen. Sie begnügt sich also nicht damit, darauf zu warten, welche mehr oder weniger zufällig ausgewählten Projekte an sie herangetragen werden, sondern sie entwickelt eigene Konzeptionen und setzt für ihre Förderarbeit Schwerpunkte. Letztere umfassen zwar verschiedene Interessenbereiche, sind aber durch übergeordnete Zielvorstellungen miteinander verbunden und sind somit Bestandteil einer übergreifenden Konzeption. Es geht der Wüstenrot Stiftung dabei nicht allein um das Bewahren von Bewährtem in der gemeinnützigen Tradition, wie sie von der Gemeinschaft der Freunde Wüstenrot vor sieben Jahrzehnten begründet wurde, sondern vor allem auch darum, die staatliche Wissenschaftsförderung in gesellschaftlich bedeutsamen Feldern zu ergänzen, um hier vernachlässigte Anliegen wahrzunehmen.
Der Vorstand der noch jungen Wüstenrot Stiftung hat bewußt die geographischen Förderschwerpunkte in die neuen Bundesländer verlegt und dabei Themen und Projekte aufgegriffen, von denen er glaubt, daß mit ihrer Bearbeitung ein Beitrag einerseits zur Sicherung unseres gemeinsamen Kulturgutes und andererseits auch zum Zusammenwachsen der so lange getrennten Teile Deutschlands geleistet werden kann. Aus diesen Überlegungen entsprang die Idee, dieses Symposium mit dem anspruchsvollen Ziel zu veranstalten, über neues Bauen in historischem Kontext zu diskutieren.
Einen Förderschwerpunkt der Wüstenrot Stiftung bildet die Denkmalpflege in den neuen Bundesländern. Der Stiftungsvorstand hat beschlossen, jedem der neuen Bundesländer zur Restaurierung eines Baudenkmals einen beachtlichen Betrag zur Verfügung zu stellen. Als erstes Projekt steht die Restaurierung der Goethe-Schiller-Gruft in Weimar an. Die Entschei-

dung über das Baudenkmal, das im Freistaat Sachsen gefördert werden soll, ist noch nicht gefallen; gründliche Voruntersuchungen sind notwendig, und diese dauern nun eben ihre Zeit – wer wüßte dies besser als Sie, die hier besonders sachkundigen Damen und Herren. Es geht uns aber nicht nur um die Einsicht, daß zu knappe zeitliche Ansätze oder zu kurz ansetzende Vorüberlegungen später negative Auswirkungen haben werden. Vielmehr wird die geistige Auseinandersetzung mit Baudenkmälern und über die ihnen gemäße Sicherung, Erhaltung und Pflege sehr oft kontrovers geführt, und diese Kontroversen *müssen* sein. Das »Bauen in historischem Kontext« hat nicht allein mit Geschichtsbewußtsein zu tun – und schon hier stößt das streng Rationale auf seine Grenzen –, sondern eben auch viel mit Empfindungen, Neigungen und Meinungen der betroffenen Bürger und ihrer Sachwalter in Gesellschaft, Politik und Verwaltung.

In dem Wunsch nach Wiederaufbau in Respekt vor der Geschichte, aber mit Blick auf das Lebensgefühl der lebenden Generation, steckt nicht nur die Hoffnung auf Wiedererweckung des Vergangenen, sondern auch die Sorge, mit der bloßen Rekonstruktion lediglich Vergangenes in die Gegenwart zurückholen zu wollen. Ich kann mir gut vorstellen, daß es gerade hier in Dresden eine lebhafte Diskussion über die rechte Gewichtung der verschiedenen Gesichtspunkte geben wird. Während die einen sagen: Altes kann man nicht neu produzieren, sondern nur bewahren und schützen, argumentieren die andern: Es geht darum, möglichst viel von der Identität dieser stolzen Stadt zurückzugewinnen, es geht um anschaulich gemachte, um quasi greifbare Geschichte.

Die Teilnehmer dieses Symposiums werden sich diesen Fragen und vielen anderen mehr stellen und in der Diskussion versuchen, Antworten zu finden und die Konturen der unterschiedlichen Positionen deutlicher zu machen. Zu welchen Ergebnissen die Fachleute in den nächsten beiden Tagen auch kommen mögen: Der Wert eines wissenschaftlichen Symposiums wird nicht an »gemeinsamen Beschlüssen« gemessen – diese sind das Kennzeichen von Parteitagen –, sondern an der Art und Weise, wie das Gespräch geführt wird und wie sich die Gesprächsteilnehmer mit ihren Ideen und Meinungen in die Fachdiskussion einbringen.

In diesem Sinne wünsche ich im Namen der Wüstenrot Stiftung dem Symposium »Bauen in historischem Kontext« einen erfolgreichen Verlauf.

**Zum Thema**  Egon Schirmbeck

Die Abhaltung wissenschaftlicher Symposien dient im allgemeinen dem Erfahrungsaustausch über neue wissenschaftliche Erkenntnisse. Diesem Verständnis über den Inhalt solcher »wissenschaftlicher Dispute« werden wir morgen und übermorgen wohl nur schwer gerecht werden können. Zum einen gibt es für den zu diskutierenden Themenbereich – wie so oft in der Architektur – keine exakt wissenschaftlich erfaßbaren Daten, Statistiken oder Schnittmengen, die womöglich zu Aussagen von »richtig« oder »falsch« führen oder die es gar erlauben würden, exakte Wirkungen zukünftiger Architekturkonzepte zu prognostizieren. Zum anderen sind die Probleme und Anliegen, die in den nächsten beiden Tagen hier vorgetragen und diskutiert werden, im Grunde nichts Neues. Seit sich der Mensch mit dem Bauen beschäftigt, hatten sich die nachfolgenden Generationen immer wieder – oft kontrovers – mit dem auseinanderzusetzen, was Generationen zuvor aufgebaut hatten.

Warum also diese Veranstaltung?

Für den gegenwärtigen und vor allem für den zukünftigen Alltag der Architektur- und Stadtplanung gibt es meines Erachtens einige Indikatoren, die eine erneute Auseinandersetzung mit den Chancen und Möglichkeiten im Umgang mit der Vergangenheit aktuell und notwendig machen. Ich möchte einige Gründe anführen:

1. Das »Bauen auf der grünen Wiese« wird weiter reduziert werden und im allgemeinen nur noch außerordentlichen Bauaufgaben vorbehalten bleiben. Vor allem in den Ballungsregionen sind die Ressourcen für neu auszuweisende Baugebiete begrenzt oder bereits erschöpft.

2. Daraus folgt die Wiederbenützung von zur Zeit noch brachliegenden innerstädtischen Quartieren, die Umnutzung von Industriebrachen zum Beispiel oder die Überbauung von ehemaligen Bahnanlagen. – »Nachverdichtung« und »Weiterbauen«, beides neue Schlagworte, führen zu Ergänzungen bestehender und zum Teil historisch wertvoller Quartierstrukturen sowie zur Erweiterung von Einzelobjekten.

3. Vor etwa zwei Jahren erschien in Paris das Buch »Rasender Stillstand« (Lit. 1). Darin charakterisiert der französische Architekt Paul Virilio unsere Zeit und beschreibt neue Sichtweisen in der Wahrnehmung unserer Umwelt. Virilio beschäftigt sich mit dem Phänomen des Verschwindens von vertrauten Räumen. Vor diesem Hintergrund werden auch die Architekten mit einem neuen Auftragsphänomen konfrontiert. – Qualitätsvolle Bauten der fünfziger und sechziger Jahre werden bereits einer Totalsanierung unterzogen. Im Recyclingprozeß wird lediglich das Traggerüst einer neuen Verwendung zugeführt. In zahl-

reichen Städten droht plötzlich eine ganze Architekturepoche zu verschwinden. Während die Denkmalämter gerade bei der Bewältigung der frühen Moderne angelangt sind, werden die Architekten als Auftragnehmer verdingt, ihren Teil zum Beispiel für ein neues Firmenimage im Stil der neunziger Jahre beizutragen. Die Zukunft dieser noch jungen Vergangenheit liegt also – im allgemeinen – noch alleine in der Verantwortung der Architekten und natürlich im Bewußtsein der Eigentümer.

4. Die Ergänzung und vor allem auch die Anpassung an heutige Bedürfnisse und moderne Standards werden besonders im Bereich des Wohnungsbaues einen breiten Raum in unserem zukünftigen Tätigkeitsfeld einnehmen. Nach der Ziffer 2 der ermutigenden »Berliner Erklärung zur Beziehung zwischen Architektur, Städtebau und Denkmalpflege« (Lit. 2) stellt sich die Aufgabe, »eine Lebensform und damit gleichzeitig auch ein Modell für die Stadt zu entwickeln, in der geschichtliche Bedeutung auf der einen und Fortschritt in die Zukunft auf der anderen Seite sich nicht ausschließen, sondern gegenseitig bedingen, indem sie sich gegenseitig verständlich machen«. – Fortschritt als geschichtliche Idee. Danach erfordern berühmte Projekte wie die Weißenhofsiedlung in Stuttgart, die Werkbundsiedlungen in Wien und Berlin oder hier in Dresden die erste deutsche Gartenstadt in Hellerau, die Wohnanlage in Trachau und die zahlreichen qualitätvollen Dokumente unterschiedlicher Epochen eine einfühlsame Sensibilität im Umgang mit der Tradition und gleichzeitig den Mut zur Fortschreibung der Geschichte.

5. Die Entwicklung der letzten Jahre zeigt, daß die Menge der künstlerisch oder allgemein kulturhistorisch wertvollen und damit schützenswerten Bausubstanz weiter zunehmen wird.
   – Bahnhöfe und Schlösser werden zu Museumsbauten umfunktioniert (Gare d'Orsay, Paris, nach 70 Jahren bereits ohne Funktion).
   – Kirchen werden für Wohnzwecke umgenutzt (so in Holland).
   – Für berühmte Industrieanlagen – Fiat-Werke in Turin – werden neben der Einrichtung von Kunst- und Medienzentren noch weitere Nutzungen gesucht.
   – Für den Erlweinspeicher oder das Tabak-Kontor hier in Dresden werden bis heute an zahlreichen Hochschulen immer wieder neue Nutzungskonzepte ausgedacht.

Seit der Einführung der neuen Denkmalschutzgesetze in den einzelnen Bundesländern in den sechziger und siebziger Jahren hat sich die Zahl der Denkmäler und der zu schützenden Ensembles zum Teil verdoppelt und verdreifacht – Tendenz steigend. In Bayern haben sich die neu zu definierenden Ensembles bis heute fast verfünffacht. Aus dieser Ausweitung der Verantwortungsbereiche der Denkmalämter entstehen neue Problem- und Konfliktfelder für den Architekten und den Bauwilligen. Das Bauen in der Nachbarschaft eines der vielen Denkmäler – bzw. dessen »Strahlkraft« – oder innerhalb eines Ensembles unterliegt in zunehmendem Maße behördlich »festgelegten« und verordneten ästhetischen Wertvorstellungen. Allzuoft wird bereits gefordert, daß sich der Neubau dem Denkmal unterzuordnen hat, oder daß er sich in das Ensemble einzufügen und sich ihm anzupassen hat. Es gibt Auflagen für Volumen, für Materialien, für Farben oder auch für die Anzahl der Fenstersprossen. – In der Berliner Erklärung wird diese »Geschmacksadministration und die ›Anbiederung‹ mit verlogenen Ausprägungen eines ›Heimatstils‹« abgelehnt! – Ein Reflektieren über die Inhalte, Funktionen oder Nutzungen zeitgenössischer Bauaufgaben ist in diesem Umfeld nicht möglich. Die Schwierigkeit im Umgang mit dem Alten liegt oft in der Fremdheit des Neuen. Architektur in einer Zeit zu betreiben, wo vieles, ja fast alles neu ist, die Materialien, die Konstruktionen sowie die veränderten Herstellungs- und Fertigungsprozesse und nicht zuletzt die Funktionen selbst, ist ein schwieriges Unterfangen (Lit. 3). Die ästhetischen Konventionen alleine genügen in den seltensten Fällen, der Art und dem Umfang neuer Aufgaben gerecht zu werden. – Für den französischen Philosophen Jean Jaurès bedeutet »Tradition nicht Asche bewahren, sondern eine Flamme am Brennen erhalten« (Lit. 4).

Das heute allseits geschätzte Ensemble der gotischen Kings' Chapel in Cambridge aus dem Jahre 1446 und dem 300 Jahre später selbstbewußt hinzugefügten Fellows' Building (1749) wäre nach der heutigen Auslegung zahlreicher Denkmalschutzrichtlinien nicht möglich. Berninis eigenwillige Kolonnaden (1656–1670) vor dem damals bereits seit 100 Jahren existierenden Petersdom wären erst recht undenkbar. – Demgegenüber wurde der Abriß des Eiffelturmes gefordert und war fast schon an einen Schrotthändler verkauft. Nur gegen größten Widerstand wurde das inzwischen meistbesuchte Museum der Welt, das Centre Pompidou, als ein Mosaikstein einer späteren Generation in das faszinierende historische Flechtwerk einer Stadt erfrischend selbstverständlich eingefügt.

Soweit einige Stichworte zur Notwendigkeit einer Auseinandersetzung mit einem Teil der Aufgabenfelder, die uns bis ins 21. Jahrhundert begleiten werden.

Es ist allerdings unsere Aufgabe, »... auch mal zu thematisieren, wie die neue, die ›malerische‹ Architektur, ohne zu historisieren, aussieht« (Berliner Landeskonservator Helmut Engel, Lit. 5). Nach Engel muß die »Architektur Antworten entwickeln auf ein gesellschaftliches Bedürfnis nach einer Architektur, die Emotionen befriedigen kann«.

Unser Anliegen mit diesem Symposium ist es, an den kommenden beiden Tagen internationale Erfahrungen über die Chancen und Möglichkeiten der »Zukunft der uns bis in die Gegenwart« erhaltenen Lebensräume auszutauschen. An Projekten aus unterschiedlichen Regionen und Kulturräumen – an Projekten, die bereits wesentliche Impulse und differenzierte Denkanstöße für das Bauen im historischen Kontext bewirkt haben. Es ist der Versuch, mögliche Freiräume aufzuzeigen, die den nötigen Sauerstoff für das Weiterbrennen der Flamme liefern und gleichzeitig den Raum beschreiben, in dem jede Generation ihre eigene architektonische und damit kulturelle sowie soziale Identität formulieren kann. Karl Kraus hat das sehr kurz formuliert: »Ich muß den Ästheten eine niederschmetternde Mitteilung machen: Alt-Wien war einmal neu« (Lit. 6).

Nach den ersten Anfragen zu dieser Veranstaltung waren wir über die große Resonanz überrascht. Die spontanen Zusagen zur Mitwirkung haben uns zur Durchführung dieses Projektes ermutigt. Ich möchte mich deshalb im Namen der Veranstalter – und erlaube mir auch, das Auditorium einzuschließen – zu Beginn bei allen Referenten für ihr Kommen sehr herzlich bedanken. Ich danke Ihnen, daß Sie unsere Einladung angenommen haben und den weiten Weg in diese herrliche Stadt auf sich genommen haben, um über Ihre Arbeiten und vor allem über Ihre Erfahrungen zu berichten.

Dieses erstaunlich große Interesse hat dazu geführt, daß wir morgen und übermorgen ein Programm von großer Dichte vor uns haben werden. Ich bin guten Mutes, daß wir trotzdem auch den nötigen Freiraum zu Diskussionen und Gesprächen haben werden.

Daß diese Veranstaltung überhaupt durchgeführt werden kann, ist dem großzügigen Auftrag der Wüstenrot Stiftung zu verdanken. Ein solches Projekt übersteigt die Möglichkeiten einer Hochschule bei weitem. Um so dankbarer sind wir für diese private Initiative und den an uns erteilten Auftrag im Rahmen von Forschung und Lehre. Dafür mein ganz besonderer Dank. Insbesondere bei Ihnen, Herr Direktor Langer von der Wüstenrot Stiftung, möchte ich mich für das entgegengebrachte Vertrauen zur Durchführung dieses Projektes bedanken.

Besonders freue ich mich über die Tatsache, daß es möglich ist, dieses Symposium als eine gemeinsame Veranstaltung der Technischen Universität Dresden und der Universität Stuttgart durchführen zu können. Für die spontane Zusage, die Gastfreundschaft und die großzügige Unterstützung durch Sie, verehrter Herr Trauzettel, möchte ich mich sehr herzlich bedanken. Dieses Projekt bietet neben dem Informationsaustausch von wissenschaftlichen Einrichtungen vor allem die Möglichkeit, uns gegenseitig wieder näherzukommen und wieder gemeinsame Ziele und Wege in der Zukunft diskutieren zu können.

Literaturangaben

Lit. 1: Virilio, Paul: Rasender Stillstand. Originalausgabe Paris 1990, deutsche Ausgabe München/ Wien 1992

Lit. 2: Berliner Erklärung zur Beziehung zwischen Architektur, Städtebau und Denkmalpflege. Berlin, im August 1991. In: Bauwelt, Heft 22 vom 5. Juni 1992

Lit. 3: Seidlein, Peter C. von: Denkmalpflege und Baugestaltung aus der Sicht des Architekten. In: Architektur und Wettbewerbe, Heft 148, Stuttgart, Dezember 1991: Neues Bauen in Altbaugebieten

Lit. 4: Jaurès, Jean: Zitiert in: Neues Bauen in alter Umgebung. Ausstellung der Neuen Sammlung, München 1978

Lit. 5: Zwischen Baudenkmal und Lenindenkmal. Ein Gespräch über die Rolle der Denkmalpflege im wiedervereinigten Berlin mit dem Berliner Landeskonservator Helmut Engel. In: Bauwelt, Heft 22 vom 5. Juni 1992

Lit. 6: Wollschläger, Hans (Hrsg.): Das Karl Kraus Lesebuch. Zürich 1980

# Stadtgestaltung oder Denkmalpflege

Georg Mörsch

## Vom falschen Gegensatz und von verpaßten Chancen

Wer »Zukunft der Gegenwart« als Titel eines Symposiums wählt, muß etwas Besonderes meinen. Ohne Hintersinn, für sich allein, wären die drei Worte zu banal: Wenn wir wieder hoffen dürfen, daß die Menschheit sich nicht morgen ihren Weltuntergang bereitet, hat die Gegenwart genauso automatisch eine Zukunft, wie sie selbst, also die Gegenwart, Vergangenheit wird. Es kann nicht anders sein, als daß die Veranstalter fragen wollen: »Welche Gegenwart soll welche Zukunft haben?« Diese Frage gefällt mir gut. Sie gibt uns Gelegenheit, wenigstens andeutungs- und beispielsweise zu überlegen, wie vielfältig das Angebot unserer Gegenwart ist, wie viele Wahlmöglichkeiten sie grundsätzlich bereithält und wie falsch der Eindruck wäre, unausweichlich einer angeblich schon festgelegten Zukunft ausgeliefert zu sein.

*Berlin-Kreuzberg*
*Bologna*
*Die europäische Altstadt, heilungsbedürftig und heilungsfähig.*

*Bologna*
*Vergangenheit und Zukunft.*

Mechenich
Paris
Der Maßstabsbruch – hier nur spekulativ begründet und banal, dort inhaltlich und künstlerisch verantwortet.

Zürich, Lindenhof
Pfalzstätte Karls des Großen. Die historische Oase in der Altstadt. Tiefgarage – das eine unter dem anderen – das eine ist der Tod des anderen.

Canterbury
Zürich-Neubühl
Die Köstlichkeit des Einfachen: Wohnanlagen, die Heimat werden können.

Köln-Chorweiler
Louvain-la-Neuve
Die großen Würfe – nur wenn sie sich auch in der Zeit bewähren, sind sie geglückt.

Georg Mörsch

*Köln 1945–1992*
*Ausgangspunkte in der Vergangenheit und wohin sie oft führten – und trotzdem ist das eine geliebte Stadt!*

*Berlin*
*Bad Godesberg*
*Die großen Manifeste und was aus ihnen wurde.*

*Grande Motte*
*Port Grimaud*
*Architektur als Ferienvergnügen. I like it – genügt das?*

*Aurigeno*
*Bensberg*
*Moderne Typensuche: die Ferienhaussiedlung, das Kinderdorf für schutzbedürftige Randgruppen.*

*Bologna*
*Ladenumbau von Carlo Scarpa*
*Bonn*
*Architektur als Kundenfang: Qualität und Ramsch.*

Stadtgestaltung oder Denkmalpflege

*Augsburg, Textilviertel*
*Unsere große Verschwendung:*
*10 000 Quadratmeter besterhaltener ungenutzter historischer Bausubstanz – und für den ersten Nutzungsbedarf zerstört ein neuer Lagerschuppen das Ensemble.*

*Basel*
*Museum für Gegenwartskunst*
*Utrecht*
*Geschäftshaus*
*Der zeitgenössische Eingriff als kreative Therapie.*

*Halberstadt*
*Halle*
*Der verordnete Verfall.*

*Erfurt*
*Hotel Kosmos*
*Bad Godesberg*
*Flächensanierung am Burgberg*
*Zerstörung durch Bauen –*
*Zerstörung durch Sanierung, was ja Heilung heißen sollte.*

Bologna, Via S. Caterina
Bonn, Münsterstraße
Sanfte und harte Sanierung:
sozial und denkmalpflegerisch.

Warschau, Markt
Köln, Senatshotel
Europäische Formen des
Wiederaufbaus – vor
40 Jahren.

Düsseldorf, an St. Lambertus
Wiederaufbau 1950.
Frankfurt, Römer
Wiederaufbau 1985

Dresden, Prager Straße
Wiederaufbau damals hier.
Hildesheim, Markt
Wiederaufbau heute dort.

Aus der Fülle des Gegenwärtigen, das als Potential der Prüfung auf seine Zukunftsfähigkeit harrt, schlägt Denkmalpflege solche Dinge zu Verständnis, Erhaltung und Integration in zukünftiges Leben vor, von denen sie wissenschaftlich nachweisen kann, daß sie historisches Zeugnis sind und als geschichtlicher Beweis menschlicher Möglichkeiten Elemente unserer Gegenwart und unverzichtbarer Teil unserer Zukunft sind. In Auswahl und Schutz der Denkmäler nimmt Denkmalpflege an gegenwärtigem und zukünftigem Leben teil. Sie verschläft ihren Auftrag, wenn sie die objektive Sichtung baulicher Geschichtsdokumente unterläßt – was offenbar nach vierzig Jahren DDR von meinen Kollegen hie und da erwartet wird, wenn ihnen die Benennung von Denkmälern der jüngeren Vergangenheit verwehrt wird. Sie flieht vor ihrem Auftrag, wenn sie ihn gerade da nicht wahrnimmt, wo er schwierig wird, wenn also die Schützlinge noch nicht öffentlich anerkannt, zu teuer, unbequem sind oder wenn sie in Konkurrenz mit anderen Interessen stehen, und sie verrät ihren Auftrag, wenn sie die Überlieferung wirklicher Zeugnisse gegen die Herstellung gefälliger Scheindenkmalwelten vertauscht.

Wenn Architekten zu einem Symposium mit dem Titel »Zukunft der Gegenwart« einladen, dann meinen sie damit insbesondere – oder vielleicht ausschließlich? – »Zukunft gegenwärtiger Architektur« und formulieren damit gleichzeitig ein kämpferisches Programm. »Eine Zukunft für die Vergangenheit«, »un avenir pour le passé«, war das Motto des europäischen Jahres für Denkmalpflege 1975, das in keinem Mitgliedsstaat des Europarats so erfolgreich war wie in der alten Bundesrepublik. Gemeint war natürlich auch damals, und in jedem Text ist es nachzulesen, daß diese materiell überlieferte Vergangenheit als Teil der Gegenwart Anteil an einer bereicherten Zukunft haben sollte. Mit einigen Jahren Vorlauf, in denen sich vor allem Hunderte von Bürgerinitiativen gegen die durch Verkehrs- und Flächensanierung bewirkte Zerstörung ihrer gebauten Umwelt wandten, in denen das 1970 in Kraft getretene Städtebauförderungsgesetz von einem Flächensanierungsgesetz auch zu einem Instrument der – sozial und baulich – erhaltenden Sanierung umgewandelt wurde, entstanden seit 1975 im Bewußtsein der Bevölkerung und in den Instrumenten der Verwaltung Voraussetzungen für moderne Denkmalpflege, an die noch wenige Jahre vorher nicht zu denken gewesen wäre und um die Deutschland in Fachkreisen heute beneidet wird.

Nur in Stichworten seien genannt:
- die wissenschaftliche Aufarbeitung des aktuell erkennbaren Denkmalbestands in neuen Inventartypen, zum Beispiel der länderübergreifenden Denkmaltopographie;
- Subventionstypen und ergiebige Subventionsmittel für praktisch alle Arten denkmalpflegerischer Arbeit: für die Voruntersuchungen und die unrentierlichen Kosten der erhaltenden Stadtsanierung, für die bauarchäologische Klärung der Vorzustände eines Umbaukandidaten, für die Restaurierungsmaßnahmen selbst, für werterhaltende und wertsteigernde Umbaumaßnahmen in Form äußerst attraktiver Steuerregelungen gemäß § 81 i und k des Einkommensteuergesetzes;
- die Möglichkeit, gemäß § 117 des Baugesetzbuchs ganze Stadtareale sozial und baulich als Erhaltungsgebiete zu schützen;

- die Bereitschaft der Kommunen, politisch, das heißt zum Beispiel über den Immobilienhandel, korrigierend in stadtzerstörerische Grundstücksbewegungen einzugreifen;
- Bebauungspläne, die den Ist-Bestand als höchste Ausnutzungsziffer festschreiben und so den Anreiz zum Abbruch ebenso drastisch verminderten, wie dies durch die Festlegung verträglicher Nutzungen geschieht;
- zahlreiche offizielle Begegnungen zwischen den wichtigen Partnern des Denkmals: Handwerkern, Journalisten, Politikern, Planern und nicht zuletzt Architekten, bei denen die Rolle des Denkmals in unserer Zeit diskutiert wurde, seine Erhaltungschancen verbessert werden sollten und seine Leistung für die Zukunft erörtert wurde;
- die Verabschiedung moderner Denkmalschutzgesetze.

Es konnte bei der politischen Durchsetzung dieser neuen Möglichkeiten nicht ausbleiben, daß zu ihrer Begründung die planerische und bauliche Situation der sechziger und frühen siebziger Jahre in ihren denkmalzerstörenden Konsequenzen angeprangert wurde. Dennoch wäre es nachweislich falsch, zu behaupten, damals, oder je zuvor, habe nur ein polemischer Riß zwischen Denkmalpflege und Architektur existiert. Das Gegenteil ist richtig: Wer den Willen und die Augen hat zu sehen, erkennt unschwer, daß das fruchtbare Miteinander zwischen Denkmalpflege und Architektur seit der Jahrhundertwende, als es mit kompetenter Leidenschaft erarbeitet wurde, nicht abgerissen ist. Dresden hat diesem Miteinander schon früh viel gegeben, als auf dem ersten Tag für Denkmalpflege 1900 in dieser Stadt dieses Thema von Cornelius Gurlitt zu einem Schwerpunkt gemacht wurde, als er, der Dresdener Hochschullehrer, früh und deutlich wie keiner auf der Nicht-Imitierbarkeit des Denkmals bestand und auf dem erkennbaren Miteinander von Alt und Neu. Ihm verdanken wir die gläserne Vorhalle vor der Goldenen Pforte des Freiberger Doms, ihm verdanken wir auch die einzig sinnvolle Deutung des schillernden Wortes von der »schöpferischen Denkmalpflege«, daß nämlich mit dem Denkmal als authentischem Dokument der neue architektonische Eingriff schöpferisch lesbar zu machen sei.

Max Dvořak, der österreichische Verfasser des »Katechismus der Denkmalpflege«, hat diese Botschaft aufgegriffen, als er schrieb: »Ein rückständiger Dilettantismus, eine rückständige Kunst kann... alten Denkmälern ebensoviel schaden als eine vorsätzliche Zerstörung« (zit. nach N. Huse, S. 158).

Adolf Loos wiederholte sie in seinen »Richtlinien für ein Kunstamt« (1919), als er forderte: »Neubauten fügen sich nur dann harmonisch in das Stadtbild ein, wenn sie im Geiste ihrer Zeit... ausgeführt werden« (zit. nach N. Huse, S. 180), und Hermann Muthesius hoffte 1904,

*Aachen, Peterstraße*
*Bonn, Herold*

*Köln, St. Alban*

daß, nachdem die Architekten im 19. Jahrhundert »neue Bauten wie alte und alte wie neue gemacht« hätten, dies der Vergangenheit angehören möge (zit. nach N. Huse, S. 121). Clemens Holzmeister hat diese Botschaft 1929 in St. Georg in Köln in die Restaurierungspraxis umgesetzt. Und wenn sich das »Dritte Reich« im dumpfen Mißbrauch der Geschichte so verhielt wie Heinrich Himmler, der in den gotischen Chor der Stiftskirche von Quedlinburg eine romanische Fälschung einbauen ließ, dazu bestimmt, den makabren Ritualen seiner SS pseudogeschichtlichen Hintergrund zu verleihen, so lebte nach 1945 die aufgeklärte Botschaft dieses Miteinanders von Alt und Neu wieder auf – zum Teil in einer neuen, bußfertigen Dimension, wenn nicht nur der Kriegsschaden Anlaß für neue Eingriffe wurde, sondern die Ursache dieses Kriegs in das Miteinander von Ruine und Reparatur ikonologischen Eingang fand. Die Kargheit der Frankfurter Paulskirche in der Redaktion von Rudolf Schwarz, die Ruine von St. Alban in Köln, Gehäuse für das trauernde Elternpaar von Käthe Kollwitz (das Original hatte sie 1931 für das Totenmal in Dixmuiden in Flandern geschaffen), und, alles übertreffend, das Münchner Oeuvre von Hans Döllgast, heute schon wieder im modischen Perfektheitswahn gefährdet, sind nur einige Beispiele der zahlreichen erhaltenden und Früchte tragenden Begegnungen zwischen dem Denkmal und dem Neubau, dem Denkmalpfleger und dem modernen Architekten.

Trotz dieser Tradition an guten gemeinsamen Gedanken und Taten scheint mir das Verhältnis heute belastet. Wir müssen fragen, ob denn wirklich Denkmalpflege wesentlich oder gar ursächlich an den unbestreitbaren aktuellen historisierenden Verkitschungen in Europa teilhat, ob Architekten Grund haben zu der für einen Denkmalpfleger unüberhörbaren Spitze »Zukunft der Gegenwart« »statt«, so muß ich argwöhnisch ergänzen, »Zukunft der Vergangenheit«.

Trotz vieler guter Begegnungen darf ein wenig vereinfachend doch behauptet werden: Architekten bewerten einzelne Denkmalpfleger oder sogar das ganze Anliegen der Denkmalpflege in der Regel nach den Freiräumen, die Denkmalpflege der modernen Architektur läßt, ähnlich als ob die Köchin im Konzert den ersten Geiger nach der Art beurteilt, wie er Boeuf Stroganoff zubereitet. Das höchste Lob ist dem Denkmalpfleger von vielen Architekten sicher, wenn er ein Schutzobjekt zugunsten eines »besseren Neubaus«, wie man zu sagen pflegt, aufgibt. Das ist so ähnlich, als ob der Hirte seine Schafe verfüttert, um den Wolf zu streicheln, und da muß ich passen. Neues Bauen mit der Denkmalpflege heißt immer *zusätzliche* Schöpfung, nie Neues *statt* schützenswertem Alten.

Zur Entstehung des Irrtums, Aufgabe der Denkmalpflege sei es vor allem, Architekten die Flügel zu stutzen, hat auch die Denkmalpflege bei ihrem Erhaltungskampf beigetragen, hat hin und wieder didaktisch ungeschickte und sachlich ungerechte Signale in Richtung Architektenschaft gegeben, die dort den Eindruck von strategischer Fixiertheit der Denkmalpflege auf moderne Architektur als Gegnerin erwecken mußte. War es etwa geschickt, im Jahre der Denkmalpflege 1975 mit einer Fotoausstellung durch die Lande zu ziehen, in welcher die ästhetischen Vorzüge historischer Bausubstanz unbarmherzig mit einer tendenziösen Auswahl von modernen Unsäglichkeiten konfrontiert wurden?

Damit wurde gleich mehreren alten Mißverständnissen Nahrung gegeben:

Zum einen wurde die Öffentlichkeit in der falschen Meinung bestärkt, Denkmäler seien hauptsächlich oder nur wegen ihrer uns heute erschließbaren Schönheit erhaltenswert, und zum anderen wurden Architekten in der hartnäckigen Meinung bestärkt, ihr Entwurf müsse nur genügend »schön« sein, um den Altbau, der noch auf seiner Baustelle steht, entbehrlich zu machen.

Auf der anderen Seite, also bei vielen Architekten, besteht in der Tat eine geradezu pathologische Kritikempfindlichkeit gegenüber Einwänden der Denkmalpflege, von denen sie glauben, sie beträfen die künstlerische Qualität ihrer Entwürfe. Statt sich klarzumachen, daß die Ablehnung von geplanten Neubauten am Platz von Baudenkmälern pflichtgemäß zu deren Schutz formuliert wird und nicht als Kritik am Neubau gemeint ist, wird das Wirken der Denkmalpflege nur als Angriff auf die künstlerische Freiheit gesehen. Für den Denkmalpfleger muß es befremdlich wirken, wenn ein großer Teil der Architektenschaft, deren Schaffen eigentlich doch viel empörenderen Sachzwängen unterliegt, nämlich vielerlei juristischen Regelungen, technischen Normen, Bauherrenansprüchen, Investitionszwängen und Zeitvorgaben, über kaum etwas so herziehen – verbittert und oberflächlich zugleich – wie über die Denkmalpflege. Angesichts dieser Situation ist es wenig sinnvoll, wenn die Denkmalpflege sich über die Grenzen und Freiheiten architektonischen Schaffens einig wird und der Öffentlichkeit und den Architekten vorträgt, ohne gleichzeitig zu fragen, ob Architekten heute überhaupt bereit sind, sich vom verbindlichen Grundanliegen der Denkmalpflege überzeugen zu lassen, und bereit sind, aus diesem Grundanliegen Formen und Grenzen der Freiheit selbst abzuleiten oder andere ableiten zu lassen.

Ist, um dieses Problem in eine generelle Frage zu kleiden, Architektur heute überhaupt bereit, gesellschaftliche Bindungen als verbindlichen Rahmen ihrer Tätigkeit zu akzeptieren? Zu diesen gesellschaftlichen Bindungen gehören die ökologischen Herausforderungen, die sozialen Verteilungsprobleme, die gestaltende Mitwirkung beim Realisieren von unverzichtbaren Grundwerten eines Habitats, also zum Beispiel die architektonische Gestaltung von Sicherheit in Tiefgaragen. Dazu gehört sicherlich auch die verständnisvolle Aneignung der geschichtlichen Erinnerung einer Gesellschaft, von der die materiell erhaltenen Geschichtszeugen so wesentliche und unverzichtbare Bestandteile sind. Ist es nicht so, daß die postmoderne Architektur, welche die Verkrustungen der Moderne aufzubrechen versprach, um mit vielfältigeren Angeboten auch die Bezüge zur Vergangenheit in die Gestaltung der Gegenwart zu tragen, sich weitgehend im »anything goes« (und ich ergänze: »anywhere«) erschöpft hat? Ist heutige Architektur nicht gerade dadurch definiert, daß sie weitgehend Bindungen aller Art ablehnt? Wer unter diesem Gesichtspunkt die Architekturszene unserer Tage beobachtet, begreift scheinbar Unzusammenhängendes: die menschenverachtenden Wohnsiedlungen eines Ricardo Bofill, die Freigabe nationalsozialistischer Architekturformen für heutiges Entwerfen durch Leon Krier, die Bereitschaft seines Bruders Rob Krier, Stadtbaumeister von Amiens, selbst die dortige Kathedrale abzureißen, wenn er sie neu bauen dürfe, die Angewohnheit einiger Stararchitekten, architektonische Typenentwürfe in völlig unterschiedliche historische Kontexte zu plazieren, die Architekturtheorie eines Colin Rowe (»Collage City«), für den selbst kostbarste historische Zusammenhänge nur als Collage wahrgenommen werden, in die man entsprechend zusammenhanglos eingreifen kann, weil die »historisch

*Bivio, Schweiz
Touristensiedlung.
Berlin, Feilnerstraße
»Schinkelfassade« von R. Krier.*

begründete Form«, um es mit Karl Friedrich Schinkel auszudrücken, als Zusammenhang gar nicht wahrgenommen werden will, und schließlich natürlich auch die Reduktion des Denkmalbestands auf die »wirklich guten Denkmäler«, das heißt die nach unseren modischen Maßstäben schönen Denkmäler – auch sie verzichtbar, wenn statt ihrer Schöneres versprochen wird. Und welcher Architekt wäre davon bei seinem Werk nicht überzeugt?

In diesem Zusammenhang einer folgenschweren Beliebigkeit gegenüber der Geschichte sehe ich auch den billigen architektonischen Historismus unserer Tage. Wegen ihrer scheinbaren Verfügbarkeit sind wir vor dem Mißbrauch geschichtlicher Formen nirgends mehr sicher. Unsicher geworden in einer schwierigen Welt, wird hilflos oder nur clever zu den Formen der Geschichte gegriffen, die ihre orientierenden Hinweise in solcher Oberflächlichkeit natürlich nicht preisgibt.

*Frankfurt, Römer*

Es war doch in aller Regel nicht Denkmalpflege, die hinter den traulich-historischen oder dumm-dreisten Touristensiedlungen überall in Europa steckt. Es war auch nicht die Denkmalpflege, welche die Fassade des Schinkelschen Feilnerhauses neu errichtete. Auch der unglaubliche Neubau des Hannoverschen Leibnizhauses – an neuer Stelle, mit neuer Funktion, mit neuer Typologie – ist gegen den jahrzehntelangen Widerstand der Denkmalpflege durchgesetzt worden, ein Beispiel für »sinnlos historisch«, genauso wie die Rekonstruktion, das heißt der Neubau der Fachwerkhäuser am Frankfurter Römer und genauso gegen den Widerstand der Denkmalpflege. Und selbst wenn in diesem dümmlichen Taumel eines sinnentleerten Historismus hier und da auch Denkmalpfleger in nicht entschuldbarer zeitgenössischer Blindheit und übrigens von ihren Fachkollegen am schärfsten kritisiert, den Schritt von der materiellen Erhaltung des Geschichtlichen zur imitierenden Gestaltung des Neuen getan haben, rechtfertigt dies nicht, das offenkundige Debakel der in der Tat überhandnehmenden historisierenden Neubauten der Denkmalpflege als Entwerferin anzulasten. Nein, schon 1900 hatte Cornelius Gurlitt hier in Dresden recht, als er gegenüber den Restaurierungs- und Stilanpassungsthesen eines Paul Tornow argumentierte: »Das, was wir schaffen, ist stets zwanzigstes Jahrhundert« (Erster Tag für Denkmalpflege, Dresden, 24. und 25. September 1900, S. 50, Berlin 1900). Und auch die imitierende, kopierende, selbst die ironisch zitierende, aber eben nach einigen Jahren gleichwohl historisierend verstandene Architektur ist nicht Vergangenheit, sondern Gegenwart. Soll ihr die Zukunft, die in unserem Kolloquiumsmotto genannt wird, nicht gehören, dann müssen wir unserer Gesellschaft begreifbar machen, daß moderne Eingriffe in den historischen Kontext nötig und erkennbar, friedfertig aber herausfordernd, ergänzend und hilfreich, nie aber langweilig oder imitierend sein dürfen.

Moderne Architektur hat bei dieser Aufgabe keinen natürlicheren Partner als die Denkmalpflege. Auch wenn es die zeitgenössische Architektur mit ihren berechtigten Gestaltungsansprüchen nicht sagen würde: Denkmalpflege wäre auch in ihrem eigenen Selbstverständnis in der Lage, die historische Kopie als Gestaltungsmöglichkeit zurückzuweisen, nicht weil es die bessere zeitgenössische Alternative gibt, sondern weil jede Kopie, jeder ungerechtfertigte Wiederaufbau die Unwiederholbarkeit des Baudenkmals scheinbar widerlegt – nur scheinbar zwar, aber mit der fatalen Konsequenz für die Denkmäler selbst, beliebig manipuliert, wiederholt, abgerissen und funktional verbessert wiederaufgebaut werden zu können.

Für die Verbindlichkeit dieses Denkmalbegriffs muß Denkmalpflege vermutlich noch überzeugender werben; für die, welche sich der gebauten geschichtlichen Wirklichkeit bewahrend im kreativen Dialog stellen wollen, muß Denkmalpflege Freiheit und Grenzen ihren Partnern erkennbar machen. Sie muß beweisen, daß die Formulierung jeder denkmalpflegerisch begründeten Grenze oder, mit einem besseren, partnerschaftlicheren Wort, daß die Formulierung jeder Bindung nur die Kehrseite einer Medaille ist, deren andere Seite »Freiheit des architektonischen Schaffens« heißt.
Anfangen muß ich bei der verpflichtendsten Forderung, die Denkmalpflege stellen kann, nämlich bei der Erhaltung der Denkmäler. Denkmalpflege darf sie nur erheben wegen der zeugnishaften geschichtlichen Aussage eines Werks, nicht aber aus Angst vor Neubauten. Es darf also nicht sein, daß Denkmalpfleger angesichts schreckenerregender Neubauentwürfe für den Ort der Baustelle behaupten, dort stünden Baudenkmäler, und, ist die Gefahr vorbei, diese Behauptung augenzwinkernd wieder fallenlassen.

Mitarbeit des Architekten bei der Denkmalerhaltung verlangt von ihm das tiefe Verständnis des jeweiligen Denkmalwerts: Der von Architekten oft gehörte Vorwurf, man könne ein altes Bauwerk bei aller dokumentarisch genauen Bewahrung doch gar nicht original erhalten, weil sich sein Gegenüber, seine Nutzer und seine Umgebung, zwangsläufig verändert hätten, findet seine Aufhebung in der bewußten Gestaltung eben dieses neuen Wirkungszusammenhangs zwischen altem Objekt und neuer Öffentlichkeit. Ist das etwa nicht architektonisches Schaffen, anspruchsvolle Ergänzung der übrigen Arbeitsfelder des Architekten?
Wird dies als Architektenaufgabe – wer anders könnte sie denn übernehmen? – akzeptiert, dann sind auch die denkmalpflegerischen Arbeitsbedingungen keine Grenzen, sondern entweder Arbeitswerkzeuge oder bereichernde Lösungschancen. Arbeitswerkzeug ist die genaue Kenntnis des Baus, bevor man ihn beplant, also Bauaufnahme, Raumbuch, restauratorische Voruntersuchung, Baugrundprüfung, Erschließung des individuellen Tragverhaltens und vieles andere mehr. Arbeitswerkzeug ist auch die möglichst objektive, um Gerechtigkeit bemühte Abwägung der einzelnen geschichtlichen Werte im Altbau, die ja nicht immer alle zur Wirksamkeit gebracht werden können, zum Beispiel wenn sie als Befunde übereinanderliegen. Solange es allerdings viele und namhafte Architekten gibt, die glauben – und danach handeln –, daß zuviel an Wissen ihre Sicherheit als handelnde Architekten untergräbt, ist es schwierig, denkmalpflegerische Baubegleitungsmethoden in das architektonische Arbeiten als hilfreiche Selbstverständlichkeiten einzuführen.

*Bad Godesberg*
*Straßburg, Münster*
*Steinersatz dat. 1897.*

Andere denkmalpflegerische Arbeitsbedingungen sind für den sensiblen Architekten eindeutig bereichernde Lösungschancen. Er wird sich diesen Bedingungen auch dann stellen, wenn die Denkmalpflege sie nicht eigens formuliert. Er wird zum Beispiel nicht nur die Form, sondern auch das ganz besondere gealterte Material des alten Baus ernst nehmen, nicht nur durch konstruktive, sanfte Intelligenz, sondern auch durch subtile künstlerische Reaktion, wie ich sie etwa beim Ausbau der Godesburg 1956 durch Gottfried Böhm erkenne, der dem patinierten, beigefarbenen mittelalterlichen Tuffmauerwerk einen gelblichen, gestockten Beton an die Seite gab, der ebenfalls längst begonnen hat, in Schönheit zu altern. Er wird aus der notwendigen Reparatur ästhetische Möglichkeiten schöpfen, die der Überlieferung der Denkmäler ohne den Architekten eindeutig fehlen würden und die auch die Denkmalpflege als Freiheit nur offenlassen, bestenfalls andeuten, aber nie künstlerisch formulieren kann.

Dabei wird der Architekt sich um so weniger als freiheitsberaubter Knecht der Denkmalpflege fühlen, als es im wesentlichen Architekten im 19. Jahrhundert waren, die im Gegensatz ihrer Positionen den Primat des Konservierens und Weiterentwickelns vor dem Restaurieren und Rekonstruieren herausarbeiteten. Den imitierenden Historismus, dem die deutsche Denkmalpflege erst in den Debatten nach 1900 abschwor, lehnte 1842 schon der Architekt Gottfried Semper mit den Worten ab: »Unsere Kirchen sollen Bauwerke und Schöpfungen des 19. Jahrhunderts sein, man soll sie hinfürdero nicht halten für Schöpfungen des 13. und des 15. Jahrhunderts oder irgendeiner anderen Zeit. Man begeht sonst ein Plagiat an der Vergangenheit, und man belügt die Zukunft. Am schmählichsten aber behandelt man die Neuzeit, denn man spricht ihr die selbständige Schaffenskraft ab und beraubt sie der künstlerischen Urkunden.«

Architekten waren es auch, die eine der wichtigsten Forderungen moderner Denkmalpflege, nämlich die Ablesbarkeit notwendiger Ergänzungen und Reparaturen, mit gestalterischer Qualität erfüllten. Zunächst war diese Forderung, erhoben nach den gewaltigen, möglichst täuschenden Rekonstruktionen des 19. Jahrhunderts, nur als philologische, gleichsam textkritische Verdeutlichung der neuen Zufügungen gemeint: Um die Jahrhundertwende wurde ein System von Datierungen entwickelt, die neu versetzte Steine von der alten Substanz zu unterscheiden erlauben sollten. Das Ganze blieb verdienstvoll, aber recht trocken, bis Architekten das Thema der berechtigten Ergänzung zum Ziel ihrer Entwürfe machten. In der Paarung von denkmalpflegerischer Überlieferung und künstlerischer Bewältigung der erforderlichen oder auch erlaubten Ergänzung diene sie der formalen Schließung oder der funktionalen Verbesserung des alten Objekts, erblicke ich das fruchtbare Modell für die Begegnung von Alt und Neu auch in viel größerem Maßstab; zum Beispiel in dem der Gesamtstadt.

Leichtfertiger Streit, voreilige Schuldzuweisungen verstellen die Einsicht, daß viele denkmalschädliche Neubauentwicklungen nicht durch architektonische Fehlleistungen, sondern durch stadtplanerische oder nutzungsplanerische Mißgriffe entstanden sind. Ein lieblos entworfenes Kaufhaus an gefährlicher Stelle in der Altstadt wird nur oberflächlich besser durch einen weniger schludrigen Entwurf. Überhaupt darf man sagen, daß der Architekt, der sich bei seinen Entwürfen bewußt desinteressiert am Wirkungszusammenhang mit dem Denkmal zeigt, zwar kein wirklich guter Architekt ist, aber bei weitem nicht der ärgste Widersacher der Denkmäler. Die Tatsache, daß beim Neubau nach Abbruch eines Denkmals oder bei einem, nach welchen Maßstäben auch immer, unpassenden Neubau *neben* dem Denkmal ein Architekt mitbeteiligt ist, darf die Tatsache nicht vernebeln, daß in der Regel vorher viel grundsätzlichere Fehlentscheidungen vorarchitektonischer Art gefallen sind: Stadtplanerische Entscheidungen haben höheres Bauen erlaubt, und der Baumarkt vollzieht diese wirtschaftliche Möglichkeit selbstverständlich nach. Standortentwicklungen und Umsatzströme führen zur Attraktivitätssteigerung hochrangiger Denkmalbereiche: Die entsprechenden Ankaufsstrategien im Immobilienbereich, etwa das langjährige Ansammeln von altstädtischen Einzelparzellen in der Hand eines Großanbieters, führen über kurz oder lang zu Neubauten, deren Unverträglichkeit nicht primär in ihrer architektonischen Formensprache liegt.

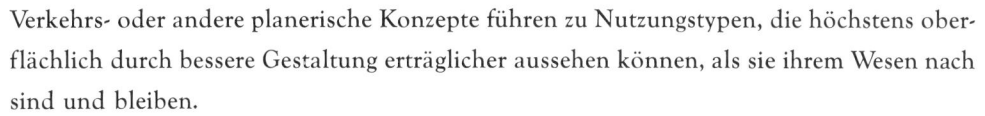

Verkehrs- oder andere planerische Konzepte führen zu Nutzungstypen, die höchstens oberflächlich durch bessere Gestaltung erträglicher aussehen können, als sie ihrem Wesen nach sind und bleiben.

Für die obengenannten und fast alle nennbaren Gefährdungen der Denkmalwelt können Architekten dank ihrer beruflichen Kompetenz mindestens soviel alarmierendes Verständnis haben wie Denkmalpfleger: Auch sie erleben als an den Rand gedrängte Entwerfer den Anonymisierungsprozeß heutiger Architektur in den Händen großer Gesellschaften und anderer Bauträger. Sie leiden bei Neubauten ähnlich unter der Verabsolutierung technischer Vorgaben und modischer Standards, unter den Zwängen der Wegwerfgesellschaft, wie die Denkmalpfleger dies bei Umbauten tun. Die Seltenheit des Auftrags auf kleiner Parzelle nimmt ihnen die Sicherheit, die nur ständiges Üben ergibt, ebenso, wie diese Sicherheit dem historischen Kontext fehlt, in welchem wir diese Neuformulierung auf alter Struktur immer wieder brauchen. Und wie die Denkmalpflege die geschichtlichen Beispiele für die angemessene, historisch begründete Formenfindung für unterschiedliche Bauaufgaben bereithält und erhält, so kann – oder könnte – die entwerferische Diskussion über das Angemessene an formaler Erfindung für die jeweils besondere Bauaufgabe am jeweils besonderen Ort zu einer Kultur der kreativen Angemessenheit führen. Geschieht dies ausreichend? Obwohl es für alle diese Einfluß- und Entwurfsbereiche des Architekten, in denen er sich aus seiner selbständigen Position mit dem Erhaltungskampf der Denkmalpflege trifft, positive Beispiele gibt, ist seine Präsenz hier mangelhaft. Man hat den Eindruck, als lehen im Glauben an die Allmacht »guter Formen« Architekten ihre entwerferische Kompetenz der vermeintlichen formalen Bewältigung aller Fehlentwicklungen in unserer gebauten Umwelt, und seien sie noch so gravierender städtebaulicher und sozialer Art.

*Lübeck, Parkhaus*

*Basel*
*Bank für internationale Beziehungen.*
*Pieter Bruegel, Turm zu Babel*
*Rom, Engelsburg*
*Stabio, Schweiz*
*Einfamilienhaus.*

Stadtgestaltung oder Denkmalpflege

Mit solcher Abstinenz gegenüber Grundfragen von Erhaltung und Fortentwicklung und solcher Überschätzung der Möglichkeiten von formaler Gestaltung entzieht sich ein großer Teil der Architekten nicht nur ihrer sozialen Aufgabe, sondern auch den ganz besonderen gestalterischen Möglichkeiten, die Denkmalpflege in ihrem Feld anzubieten hat: Freiräume, die geprägt sind von so grundsätzlichen denkmalpflegerischen Aufgaben wie etwa der Erhaltung einer über viele Jahrhunderte erfolgreichen, kostbar gewordenen Parzellenstruktur, der in solchen Strukturen verträglichen Nutzung und auch der Erkennbarkeit der historisch begründeten Gewichte in einer städtischen oder ländlichen Denkmallandschaft.

In solchen verpflichtenden Rahmen ist das besondere Handeln des Architekten eingebettet. Er ist keine Grenze, welche die Denkmalpflege setzt, sondern Grundgesetz architektonischer Beteiligung bei der Gestaltung unserer Umwelt, gültig auch, wenn es eine staatliche Denkmalpflege gar nicht gäbe. Es gehört zu den tragischen Beziehungskrisen in unserer Baukultur, daß so viele Architekten sich solchen Selbstverständlichkeiten entziehen zu müssen glauben, weil diese Selbstverständlichkeiten auch – und gar nicht oft genug – von Denkmalpflegern formuliert werden.

Innerhalb solcher Grenzen sind die gestalterischen Freiheiten des architektonischen Schaffens im Wirkungsfeld der Denkmalpflege gewaltig – quantitativ und qualitativ. Wir müssen fragen, ob solche Möglichkeiten von der Denkmalpflege immer gesehen und freigegeben werden und ob Architekten heute zur Wahrnehmung dieser Freiheit bereit sind.

Neues Bauen in alter Umgebung ist kein Spezialfall des Bauens, der nur im historisch bedeutenden Umfeld vorkommt. Jede Umgebung, in der neu gebaut wird, ist älter als der Neubau und stellt Forderungen an ihn. Und jeder neue Bau, selbst die übelste Altbauimitation, ist Neubau im Sinne eines neuen Produkts und muß sich die Fragen nach seinem Dialog mit der Umgebung, seinem gestalterischen Beitrag gefallen lassen. Gehört zum guten Entwurf das Eingehen auf die Umgebung dazu, so wie zur guten Antwort das Hinhören auf den Frager, dann ist die Architektenbehauptung, »Gutes Neues paßt immer zu gutem Alten«, erstens nur richtig, wenn zur Güte des Neuen auch sein entwerferisches Dialogverhalten gehört und wenn zur Güte des Alten auch die außerformale Qualität gehören kann, beim Baudenkmal also die außerkünstlerische historische Zeugenschaft.

Unter dieser Voraussetzung darf der Architekt, der die Freiräume seines Entwurfsschaffens im historischen Kontext auslotet, formale Forderungen der Denkmalpflege durchaus kritisch hinterfragen. Wenn er verstanden hat, daß die Aufgabe der Denkmalpflege, zu erhalten, in einer viel eindeutigeren Form erhoben werden kann als die Forderung der Denkmalpflege, beim Neubau daneben auch das Wirkungsfeld des Denkmals zu schonen, dann ist der Architekt geradezu aufgerufen, die Erhaltungsaufgabe der Denkmalpflege mitzuverfechten, um mit der Verteidigung seines baulichen Dialogpartners seinen Neubau um so überraschender zu gestalten.

Wenn dies von einem Denkmalpfleger selbstverständlich, ja gerne gesehen wird, dann darf er doch umgekehrt darauf hinweisen, wie mißverständlich und kontextfeindlich es wirkt, wenn heute zu viele Architekten hohen Ranges sich gegenüber dem konkreten historischen lokalen Zusammenhang bewußt unverpflichtet zeigen. Der von der Öffentlichkeit bestellte Pflichtverteidiger der materiell überlieferten historischen Substanz, eben der Denkmalpfleger, kann sich für das Ausweichen vieler Architekten vor dieser konkreten Überlieferung auch dadurch nicht entschädigen lassen, daß solche Architekten sich auf andere Formen von Erinnerung und Kontinuität berufen. Die Behauptung, mit historischen Typologien zu arbeiten, in postmodernem Zugriff historische Formen zu benutzen, im Kontinuum antiker Geometrie überall die gleichen Würfelhäuser auf quadratischem Grundriß vorzuschlagen, mit Le Corbusier zu beteuern, man lerne ja ausschließlich aus der Vergangenheit, deren materielle überlieferte Hülsen man nach solcher geistigen Begegnung aber verachtet, sind Entwurfsideologien, von denen der Beitrag zur konkreten Auseinandersetzung mit der gebauten Überlieferung nicht erwartet werden kann.

Ich habe aus dem Motto unseres Kolloquiums »Zukunft der Gegenwart« einen falschen Gegensatz herausgelesen. Diesen habe ich formuliert mit »Stadtgestaltung oder Denkmalpflege?«. Nicht nur, so habe ich versucht zu argumentieren, beruht dieses oft gehörte, aber nichtsdestoweniger unsinnige Entweder-Oder auf einem im wesentlichen falschen Bild von der Denkmalpflege, sondern es vergeudet auch die Möglichkeit einer potentiell äußerst fruchtbaren Partnerschaft. Darüber hinaus scheint sich mir im zitierten Motto noch ein weiterer, grundsätzlicher Denkfehler zu verbergen. Er liegt im Gegenwartsbegriff. Weder im Bereich künstlerischer noch anderer Produktion ist Gegenwart nur das, was wir jeweils selber herstellen und was wir jährlich im Bruttosozialprodukt definieren.
Es wäre ein schwerwiegender Denkfehler zu glauben, es gäbe hier einen scharfen Schnitt zwischen alten und neuen Gedanken, alten und neuen Dingen. Auch Altes ist auf neue Weise gegenwärtig. Ganz zwangsläufig gibt ja jede alte Architektur unserem Verständnis, unserer kulturellen Auseinandersetzung andere Anstöße als in der Zeit ihrer Entstehung. Die gegenwärtige Existenz dieser Dinge, die älter sind als unsere eigenen Entwürfe, aber nicht weniger gegenwärtig, geben eine besondere Form von Freiheit: In ihrer bestürzenden Vielfalt und Vieldeutigkeit befreien sie aus dem vermeintlichen Diktat der Tagesnotwendigkeiten, ergeben aus der punktuellen Gegenwart einen sich unauslotbar erweiternden Blick in die Vergangenheit und lassen uns auf eine Zukunft von entsprechender Vielfalt hoffen.

Ganz zwangsläufig müssen politische Systeme, welche die Vielfalt der Zukunft einengen zugunsten eines ideologisch vorfixierten Weges, auch die Vielfalt der Vergangenheit einschränken auf eine eindimensionale historische Linie, die mit scheinbarer Zwangsläufigkeit auf dem a priori festgelegten Weg in die Zukunft führt. Wir wissen alle, haben es zum Teil selbst erlebt, daß solche lineare Festlegung von Vergangenheit und Zukunft nicht nur in Parteiprogrammen und Schulbüchern vollzogen wird, sondern auch in Interpretation und Erhaltung (oder Zerstörung) von Denkmälern. Ideologisch begründete Abbrüche von Schlössern, Kirchen und Altstadtquartieren beweisen geradezu, wie unbequem gegenwartsmächtig die Überlieferung der Vergangenheit sein kann. In einer tragischen Stimmigkeit steht denn auch die weitgehende Zerstörung oder Verwahrlosung der historischen Substanz in der DDR Seite an Seite mit einer ebenso weitgehenden, verordneten Absenz einer individuellen modernen Architektur. Angesichts dieser – darf ich es so nennen? – Leidensgemeinschaft von Denkmalwelt und moderner Architektur wäre es von großer Tragik, Scheinfronten aufzubauen und bestehende Beziehungsprobleme nicht aufzuarbeiten.

*Urbino, Facolta di Magistero*

Der Architekt, der die Entwurfsqualitäten aus den Begegnungen mit dem Denkmal, zu dem natürlich auch die geschichtlich geformte Gesamtstadt gehört, begriffen hat, darf kritisch allzu vereinfachende Bauregeln der Denkmalpflege – oft ist es nur die Bauverwaltung – hinterfragen: Was heißt »einordnen«, wenn es bei der Bauaufgabe des Neubaus nicht um einen kleinen Wohnhausbau in der historischen Zeile geht, sondern um ein neues Rathaus? Denkmalpflege muß es sich gefallen lassen, Begriffe wie »harmonisches Gesamtbild«, »Dachlandschaft«, »historische Materialwahl« von Architekten – und der Öffentlichkeit – auf ihre wirklich verbindliche Schutzfunktion befragen zu lassen. Natürlich gibt es die geschlossen erhaltenen europäischen Stadtgestalten, in deren manchmal über Jahrtausende gleicher Materialverwendung auch der Architekt die Herausforderung erblickt, im gleichen Material mit seinen Entwurfsmöglichkeiten die moderne Ergänzung zu leisten. Das verputzte barocke Rom, Venedig in Backstein und Verputz für »normale« Bauten, Bologna als Stadt des Backsteins erlauben es vielleicht wirklich nicht, über solche grundsätzlichen Eigenschaften kostbarer Ensembles leichtfertig hinwegzugehen. »Normale Bauten«, »leichtfertig hinweggehen« weist darauf hin, daß es auch für heutige exponierte Bauten ebenso die begründete Ausnahme geben muß wie für den Dogenpalast in Venedig oder S. Petronio in Bologna, das als einziger Bau der mittelalterlichen Stadt eine kostbare Marmorfassade erhielt. Doch wer begründet solche exponierte Sonderrolle eines Neubaus? Das Selbstvertrauen eines Architekten oder die finanzielle Potenz seines Bauherrn allein dürften kaum ausreichen, um im historisch gewachsenen Allgemeinbesitz ein Sonderrecht zu begründen. Hier hilft nur die öffentliche Auseinandersetzung über eine auch heute nachvollziehbare Hierarchie der Gestaltungsaufgaben im öffentlichen Raum. Der profane Stern, der sich heute über fast allen deutschen Städten dreht, hoch über den Kirchtürmen und Rathäusern, Theatern und Museen, zeigt als groteskes Beispiel, daß für eine solche Auseinandersetzung heute kaum eine öffentliche Sensibilität besteht. Dennoch muß diese Auseinandersetzung insbesondere von Architekten geführt werden, kann nicht behördlich dekretiert werden, auf keinen Fall von der Denkmalpflege. Bestimmte Voraussetzungen können hilfreich sein: Besonders die öffentlichen Bauherren, Stadtverwaltungen, Staatshochbauämter, der Bund, die Kirchen sollten *solche* Neubauaufgaben stellen, für welche die Suche nach einer erkennbaren und typologisch definierbaren Baugestalt Erfolg verspricht. Die heutige Mode der kombinierten Einkaufs-Wohn-Verwaltungs-Bahnhofs- und Kulturzentren verhindert, neben allen anderen Problemen, die sie mit sich bringen, auch die Entwicklung selbständiger Bauindividuen als Bereicherung für den historischen Kontext. Bauten, die so wichtige neue Akzente setzen dürfen und sollen, müssen im gestalterischen Wettbewerb möglichst vieler begabter Architekten entwickelt wer-

*Die Wies*
*Kirchenmauer mit*
*Ecktürmchen.*
*Castel del Monte*

Georg Mörsch

den. In solchen Wettbewerbsverfahren klärt sich nicht nur die konkrete Form für die gestellte Bauaufgabe, sondern entwickelt sich auch ein Stück Kultur des Architekturdiskurses, den wir dringend brauchen. Die Erfahrung zeigt, daß solche Verfahren auch am ehesten in der Lage sind, die Barrieren zwischen Architekten und Denkmalpflegern niederzulegen. Welche Überraschung in der Jury, wenn der Kollege aus der Denkmalpflege, der so streng über den historischen Bestand wacht, beim Neubau mehr künstlerische Freiheit akzeptiert, als die meisten Projektverfasser es wagten!

Der Neubau in der altstädtischen Straßenzeile oder im Dorfzusammenhang, alltäglich im guten Sinne, unterliegt nur scheinbar einfacheren Gesetzen. Die Vielzahl der historischen Bauten, auf die der Neubau reagieren sollte, ist ja oft nur auf einen ersten oberflächlichen Blick einheitlich. Und selbst wenn er es wäre, zeugte es von einem sehr oberflächlichen Harmoniebegriff der Denkmalpflege, wollte sie Neubauten als Imitationen der vorhandenen Architektur erzwingen.

Bei Einhaltung des städtebaulichen Rahmens wie Bauflucht, Parzellenbreite und Bauhöhe ist selbst ein noch so rücksichtsloser Neubauentwurf auch denkmalpflegerisch weniger empörend als die Kopie des historischen Nachbarbaus oder seine Imitation. Das eine ist Unfähigkeit oder Rücksichtslosigkeit auf beschränktem Platz; das andere ist ein Grundsatzverstoß gegen das denkmalpflegerische Prinzip der Unwiederholbarkeit des Denkmals und damit gegen die Existenzbegründung des Denkmals. Leider setzt auf diesem Gebiet auch gemeindliche oder staatliche Denkmalpflege immer wieder falsche Akzente. Es gibt sie ja wirklich, die Satzungen als örtliches Gestaltungsrecht, in denen als Bildbeispiele klassizistische Haustüren und Dachgauben für Neubauten vorgegeben werden. Solche Kritik bedeutet nicht die generelle Unbrauchbarkeit des Instruments der Ortssatzung im Dienste der Denkmalpflege. Gepaart mit einer korrekten Liste der Erhaltungsobjekte, darf sie zum Beispiel durchaus darauf hinweisen, daß die Dachneigung und das Dachmaterial einer Siedlung so konstituierend zu deren Entstehung und Fortbestand gehörten, um auch in Zukunft daran festzuhalten; darf erzwingen, daß der Neubau im Backsteinquartier bei aller erwünschten modernen Erkennbarkeit das historische Baumaterial fortsetzt. Architekten sollten es sich nicht zu leicht machen mit der Behauptung, solche allgemeinen Festlegungen seien schon der Zwang zur Imitation, der Verlust jeder Freiheit. Wer ernsthaft behauptet, mit der Festlegung des Baumaterials, etwa verputzter Massivbau, der Dachneigung und hochrechteckiger Fensteröffnungen sei ein erkennbarer kreativer Entwurf nicht möglich, hat nicht begriffen, bis in welch köstliche Detailerfindungen architektonisches Entwerfen gehen kann. Als ob man

*Löwen, Groot Begijnhof*
*Rom, Piazza S. Ignazio*

nicht allein durch neu erfundene Fensteranschläge und Fensterladendetails einen ensemblebewußten Neubau verzaubern kann! Auf diesem Gebiet müßten Denkmalpflege und architektonisches Entwerfen viel enger und fördernder zusammenarbeiten: Die Denkmalpflege müßte mit den guten Gründen der Erkennbarkeit und der modernen Fortsetzungsbedürftigkeit historischer Architektur dem Architekten den Beweis abfordern, daß er die Schönheit des Einfachen ebenso kompetent beherrscht wie die festliche große Geste.

Daß Denkmalpflege vor manchem geplanten Neubau Sorge hat wegen der Wirkfähigkeit ihrer Schützlinge, kann ein berechtigtes Motiv ihrer Einsprüche sein. Daß sie diese Einsprüche zurückzieht, sobald sich der Neubau historisierend verpackt oder, in den letzten Jahren zunehmend beliebter, vergräbt, kann nicht ihr Beitrag zu einem fruchtbaren Dialog von Alt und Neu sein.

Der Dialog, von dem hier die Rede war, läßt sich äußerst schwierig über den Vollzug eines Denkmalschutzgesetzes garantieren. Das gilt inhaltlich wie gruppendynamisch. Inhaltlich sind die Grundsätze und ihre fallweise Anwendung so empfindlich, daß sie schnell in die Fallen von behördlichem Schematismus und architektonischer Überempfindlichkeit oder auch vorschneller Anpassung geraten. Gruppendynamisch, das heißt bezüglich der möglichst fruchtbaren Form der Auseinandersetzung, ist es erkennbar lähmend und unfruchtbar, die eine Seite als behördlichen Korrektor oder Verbieter und die andere Seite bestenfalls als nimmermüden kreativen Anbieter zu institutionalisieren in einer Sache, in der es ja, wie ausgeführt, eigentlich um die gemeinsame Aufgabe mit der Verteilung spezieller Stärken geht. Schlimmer als dieses Arbeiten gegeneinander ist eigentlich nur noch, wenn der Denkmalpfleger über den architektonischen Entwurf das Pergamentpapier legt und ihn mit dem 6 B-Stift denkmalgerecht umzeichnet.

Nötig sind Formen der Begegnung zwischen Denkmalpfleger und Architekt, in denen ohne den behördlichen Zwang des anstehenden Genehmigungsfalls die Achtung vor dem Partner und die Chance zu gemeinsam getragenen Lösungen wachsen können. Da das architektonische Anliegen des Bauens in historischem Kontext ja auch von Architekten nicht prinzipiell in Frage gestellt wird, sollte die Auseinandersetzung über die Qualität dieses Bauens auch unter Architekten selbst lebhafter, kritischer, rationaler stattfinden als bisher.

Sichtet man als Kunsthistoriker und Zeitgenosse herausragende Leistungen der Architektur in Vergangenheit und Gegenwart, dann fallen die vielen überragenden Beiträge in der Auseinandersetzung mit extrem verpflichtenden Vorgaben, auch mit dem Zusammenhang von Alt und Neu, auf. Die Grenzen, die das Vorhandene setzte, waren immer auch die fruchtbaren Voraussetzungen für die konkrete Wahrnehmung der künstlerischen Freiheit. Architekten und Denkmalpfleger sollten das gemeinsam wissen und zusammen danach handeln.

In der Diskussion um Erhaltung und Entwicklung unserer Städte wird die Zeit als vermutlich wichtigster Maßstab kaum erwähnt: Zum einen steht das historisch Überlieferte, von dem wir doch wissen sollten, daß es das Ergebnis ständiger Eingriffe in zeitlicher Folge ist, in scheinbarer zeitloser Fertigkeit vor uns, wie der Fluß hinter der Staumauer seine ehemalige Bewegung verbergend. Und zum anderen empfinden wir solche Zeitlichkeit der Umwelt, wenn wir sie uns bewußtmachen, offensichtlich sogar als Provokation an eine unreparierbare Unfähigkeit des Menschen, als Erinnerung an etwas, das seiner Manipulation grundsätzlich entzogen ist: Eine zerstörte Stadt kann wiederaufgebaut werden, eine verbrannte Kirche rekonstruiert, ein Bildwerk kopiert werden – der Durchgang dieser Dinge durch ihre Geschichte ist nicht wiederholbar. Wer dies einem Architekten gegenüber, der im Zuge einer Sanierung einfachheitshalber abreißen und originalgetreu rekonstruieren will, betont, wird oft der Aggression begegnen, die uns Verwöhnte des Machbaren so leicht überfällt, wenn wir an unsere Grenzen stoßen.

Wir haben in den letzten Jahrzehnten für die Entwicklung unserer Städte und Dörfer gelernt, daß das finanziell, organisatorisch und technisch Machbare kein hinreichender Maßstab war für notwendige Entscheidungen und Handlungsabläufe. Auf der Suche nach der weitgehend verlorenen Wirtlichkeit unserer Städte ist immer wieder Maßstäblichkeit für unsere Siedlungen gefordert worden, die bei Erhaltung und Neuschöpfung anzuwenden sei. Bei solcher Orientierung geht es um abmeßbare Größen, wie Giebelbreite oder Dachneigung, Stockwerkanzahl und Fensterachsen, oder zumindest um formal beschreibbare Eigenschaften. Ohne diese Arbeit relativieren oder gar in Frage stellen zu wollen: Es fehlte in aller Regel die klare Einsicht in die Tatsache, daß unserer geschichtlich gewachsenen Umwelt vor aller formal beschreibbaren Maßstäblichkeit ein anderes Schrittmaß viel grundsätzlicher eigen ist: das der Zeit. Zeit läßt sich freilich nicht erhalten wie eine Häuserzeile und beschreiben wie die unterschiedlichen Formen ihrer Giebel, aber wir haben ein Organ, sie zu erleben, auch wenn sie vergangen ist, und wir spüren sie in den Benutzungsspuren eines alten Buches, in der Patina auf alten Dächern, in ihren unzähligen Spuren in unserer historischen Umwelt, auch und gerade ohne Geschichtsdaten und gelehrte Kenntnisse.

Dieser Maßstab ist formal mit einmaligen Schöpfungstaten weder zu wiederholen noch zu imitieren. Für die alte Stadt ist er – vor der Prüfung ihrer eventuellen Schönheit – das Unwiederholbarste; und für unser neues Bauen ist solcher Maßstab weder erzielbar noch ersetzbar durch formale Kunstfertigkeiten, wie zum Beispiel der Planung von Unregelmäßigkeiten, die in echter Überzeugungskraft eben nur durch die Zufälle der Zeit entstehen können.

Was wir jedoch wiederholen könnten, wenn wir nur wollten, ist die Schaffung von Verhältnissen, die es erlauben, daß unsere Städte auch in Zukunft wieder kontinuierlicher wachsen und heilen als bisher, nicht explosiv vergrößert oder ausgetauscht würden, sondern sich kornweise wie der Sand in der Sanduhr veränderten, verstehbar und miterlebbar. Solcher Vollzug städtischer Entwicklungen über längere Zeiträume hat ja auch früher schon gewaltige Baumaßnahmen in ihre Umgebung hineinwachsen lassen. Der Turm der Kathedrale im belgischen Mecheln wuchs im 15. und 16. Jahrhundert in einem Zeitraum von 126 Jahren bis zu einer Höhe von 97 m, bevor er als Torso stehenblieb, erreichte also ein jährliches Durchschnittswachstum von 76 cm und streckte sich so nur schrittchenweise und für jeden gewöhnungsfähig seinem nie erreichten Ziel entgegen, der höchste Turm der Christenheit zu werden.

Zeitliche Maßstäblichkeit als Richtschnur für unser Tun in der Stadt würde nicht nur der Erhaltung bewährter und wertvoller baulicher Strukturen und dem langsameren und möglichst nur stellenweisen Austausch und Ergänzen, Erweitern und Verbessern unserer Städte dienen, sondern in erster Linie ihren Bewohnern. Tempo und Qualität der Bewohnerfluktuation müssen dringend überprüft werden. Wenn Sie grundsätzlich mit mir der Meinung sind, daß ein gutes Instrument gespielt, ein Haus genutzt und eine Stadt mit allen ihren Werten erlebt werden sollen, und mit mir für richtig halten, daß eine angestammte einheimische Bevölkerung in der seit Generationen gewachsenen Vertrautheit mit ihrer Umwelt die sinnvollsten Nutznießer dieser Umwelt sind, dann müssen wir fordern, daß wesentliche Änderungen in dieser Hinsicht, Entwicklungen, die geeignet sind, diese fruchtbare Symbiose zu stören oder zu zerstören, unterbleiben. Das Planen oder auch nur Zulassen von Bevölkerungsumschichtungen zugunsten höherer Kaufkraft oder der Austausch von ganzen Nutzungstypen, zum Beispiel Wohnen gegen Verwalten, müßten einer wesentlich stärkeren Beweislast der Veränderer unterliegen. Die Analyse bestehender Symbiosen, nur schrittweise, schonende Entwicklung in notwendigen Bereichen, Kontinuität eben, hätte auch unseren Großstädten eine Bevölkerung erhalten, die kompetent und verantwortlich mit ihrer Stadt zu leben und zu wirtschaften wüßte. Statt dessen haben wir in ihr Nutzungsstrukturen zugelassen und gefördert, welche die Stadt weitgehend und nur zu deren Gunsten ausbeuten.

Zugunsten dieses Maßstabs »Zeit« sind zu fordern:

1. Keine radikalen Änderungen von Nutzungen, die ihre Stadterhaltungsfunktionen bewiesen haben. Sie dürfen keinesfalls nur an erzielbarer Maximalrendite gemessen werden.

2. Keine geplanten oder geförderten sozialen Austauschaktionen! Die sogenannte »Verbesserung der Sozialstruktur« ist nur ein Euphemismus für die Vertreibung meist langjähriger Bewohner.

3. Den Baubestand auch da schonend behandeln, wo nicht der Denkmalpfleger seine Hand darüber hält. Fast immer ist alter Baubestand vertraute Wohnung und in seiner offensichtlichen Bejahrtheit Teil der Geschichtlichkeit und Verständlichkeit einer Stadt. Vergleichen Sie als Parallele eine Fichtenmonokultur mit einem Mischwald voller Arten und Baumgenerationen, wie er in der heutigen Forstwirtschaft wieder modern geworden ist, nicht nur, weil er schöner, sondern weil er vernünftiger ist.

4. Aktive Beteiligung der städtischen Liegenschaftsämter am Bodenverkehr: nicht zur Immobilienhortung, sondern um den parzellenweisen Bodenverkehr zu stützen und die zunehmende Monopolisierung des Grundbesitzes und damit des Baugeschehens und der Preisgestaltung zu reduzieren.

5. Festlegung von Maximalgrundstücksgrößen in gefährdeten Bereichen nach den Kriterien gewachsener und erwünschter baulicher und sozialer Strukturen.

6. Auflösung öffentlicher und möglichst auch privater Großbauvorhaben in Bauabschnitte und Einzelbauten.

7. Aufteilung des potentiellen Bauvolumens an möglichst viele Bauherren und dadurch Vervielfältigung der Eigentümerverantwortung in unseren Städten.

8. Tätigwerdenlassen möglichst vieler Architekten. Die Gefahr architektonischer Willkür in vielen Einzelbauten kleineren Volumens erscheint mir erstens oft übertrieben, dünkt mich zweitens weniger schlimm als die mindestens ebenso möglichen Fehlleistungen großen Maßstabs und läßt sich außerdem reduzieren durch gestalterische Rahmensetzungen und eine intensive Diskussion über das gestalterische Verhältnis von Neu zu Alt.

9. Bei Stadtsanierung nicht nur möglichste Vermeidung von Flächensanierungen, die zum Glück ja weithin kaum mehr ein Thema sind, sondern auch bei erhaltenden Sanierungen die Einhaltung eines zeitlichen Ablaufs, der für die betroffenen Bewohner und für die Gesamtstadt erträglich ist. Die Forderung nach der Zweckmäßigkeit einer Sanierung in § 3 (1) Städtebauförderungsgesetz verstehe ich auch in bezug auf ein verdauliches Zeitmaß, und die Forderung nach zügiger Durchführung der Sanierung in § 13 (2) und (3) des gleichen Gesetzes bedeutet ja nicht unvernünftige Hetze.

10. Zum Schluß eine Forderung an die Architekten, und bei weitem nicht die einzige, die ich hätte: Planen Sie die Zulässigkeit künftiger Zeitspuren in Ihre Bauten ein. Verwenden Sie Materialien und Techniken, die mit Anstand altern, aber auch reparierbar sind, und bauen Sie Gehäuse, die einer kommenden Generation sinnvolle Veränderungen möglich machen, so wie das bei alter Bausubstanz auch der Fall ist. Anderenfalls zwingen wir unsere Nachkommen geradezu, mit unseren heutigen Bauten die gleichen Fehler, nämlich den viel zu schnellen Totalaustausch, zu wiederholen, die wir heute beklagen.

# Weiterbauen in Zürich I

Ueli Marbach

Der Zusammenhang von Altem und Neuem, letztlich das Thema der Stadterneuerung, bildete für unser Büro seit den siebziger Jahren einen Schwerpunkt der Arbeit.

## Rucksäcke

Als Beispiel eines lokalen Eingriffs in das Gefüge einer Blockrandstruktur möchte ich Ihnen das Konzept der Rucksäcke erläutern. Blockränder weisen bekanntlich klar unterschiedene Vorder- und Rückseiten auf. Der Straßenraum galt als repräsentativ-öffentlich, der Hof als Rest- und Abfallraum, der gerade noch für Kleinindustrien genutzt werden konnte und in vielen Fällen auch noch so genutzt wird.

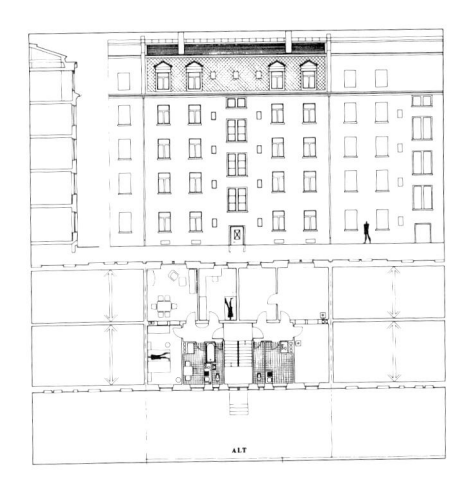

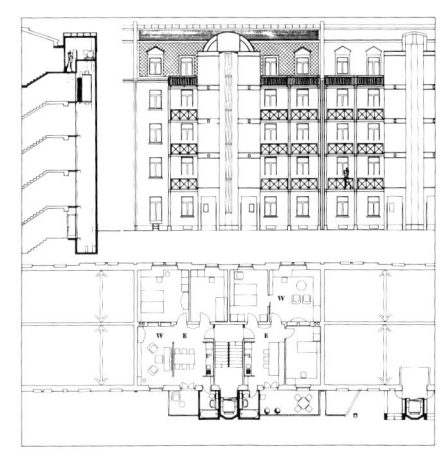

Die Grundrisse der Wohnungen dieser Blockränder sind praktisch alle vom gleichen Typ. Die Haupträume, das Wohnzimmer und das große Schlafzimmer, sind zur Straße, nur Treppe, Küche und, wo möglich, ein zusätzliches Zimmer sind zum Hof orientiert.
Die sanitären Einrichtungen dieser Wohnungen bedürfen meist einer Standardanpassung, ist doch normalerweise lediglich ein WC vorhanden. Anstelle eines kostspieligen *Ein*baus der installationsintensiven Bäder mit gleichzeitigem Verlust vorhandener Wohnfläche sahen wir den *An*bau einer Badezimmerzelle an der Hoffassade vor, ergänzt, wo dies erwünscht wäre, mit einem Lift und einem Balkon, so daß die neuen Teile sich zu einer additiven Schicht an das bestehende Haus anfügen. Dies hat eine Reihe von Änderungen im Grundriß, im Gebrauch der Wohnung, des Hauses und, zunächst unerwartet, auch des Hofes zur Folge: Die Wohnung wird neu auch gegen den Hof hin orientiert, der somit seine Bedeutung als bloßer Abfallraum verändert. Das Haus erhält zum Hof hin eine fertige Fassade, und in der Wohnung ist nicht mehr der Korridor der Hauptverteiler, sondern die neue, zentrale Wohnküche übernimmt diese Funktion.

Gedacht waren diese Rucksäcke aus vorfabrizierten Teilen, die Mitte der siebziger Jahre günstig zur Verfügung standen. Die neue Hoffassade konnte mit dem Mittel der Rucksäcke auch in der gleichen Weise wie die Straßenfassade gegliedert werden, nämlich in eine Sockel-, Mittel- und Dachzone.

Diese Sanierungsidee konnten wir zwar nie ausführen, sie war aber einer der Ansatzpunkte für das folgende Projekt.

Manessehof in Zürich-Wiedikon

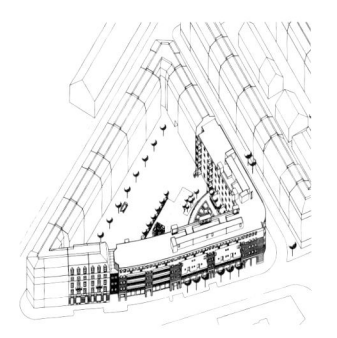

In der Wohn- und Geschäftsüberbauung Manessehof stellte sich das Problem, ein Grundstück neu zu überbauen, das um 1850 als Blockrandbebauung eingeplant worden war, aber wegen eines kurz vor dieser frühen Planung erbauten Bauernhauses, das bis 1981 stehenblieb, nie vollständig in der beabsichtigten Weise so bebaut wurde.

Das Projekt stand im Zeichen des in den in den siebziger Jahren erfolgten Umbruchs im städtebaulichen Denken. Die Straße – und damit der öffentliche Raum – erhielt wieder Beachtung. Ältere Häuser wurden nicht mehr abgerissen, sondern renoviert, Lücken in Straßenbebauungen im ursprünglichen Sinn geschlossen. Zunehmend wurden nicht mehr nur totale, große Lösungen gesucht, die Stadt wurde vielmehr als ein Konglomerat von kleineren Einheiten, als eine Collage von Bebauungen aus verschiedenen Zeiten begriffen.

Unser Projekt verstanden wir denn auch als eine Stadtreparatur, als ein Zuendeführen der ursprünglich gedachten Blockrandüberbauung. Damit verbunden war die Vervollständigung der Straßenräume als wesentliches Merkmal dieses Stadtmusters. Wichtig wurde die Formulierung des Hofes als neues urbanes Element mit halböffentlichem Charakter.

Als grundsätzliche Änderung gegenüber damaligen Blockstrukturen konnten die Wohn- und Schlafzimmer dank der Süd- und Westlage zum Hof, lärmunempfindlichere Räume wie Wohnküche, Bäder und Arbeitsdielen zur Straße gerichtet werden. Damit wurde nicht nur das Lärmproblem des heutigen Stadtverkehrs gelöst, sondern auch der Hof als wiederentdecktes Bindeglied zwischen Wohnung und Quartier aufgewertet bei gleichzeitig präziser Definition des ursprünglich gedachten Straßenraumes.

Ueli Marbach

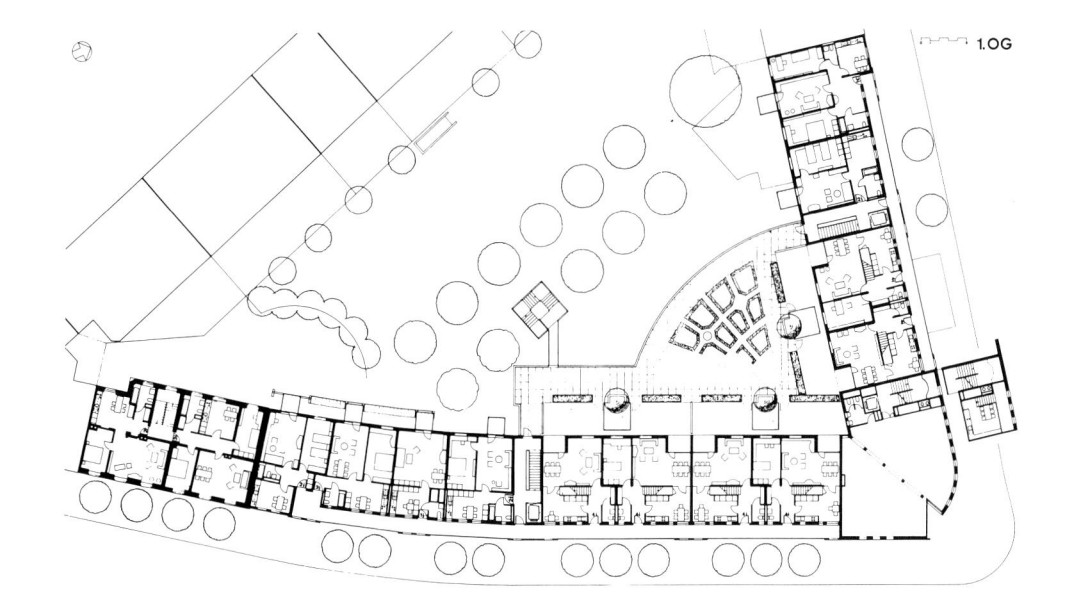

Im Raumprogramm waren einerseits Familienwohnungen verlangt, die dazu beitragen sollten, daß Mittelstandsfamilien die Stadt nicht zugunsten eines Einfamilienhauses in der Peripherie verlassen und damit der Stadt eine wichtige Bewohnerschicht entziehen, andererseits Altenwohnungen, dank derer in der Folge größere und ältere Wohnungen im Quartier wieder jüngeren Familien zugeführt werden sollten.

Weiterhin hatte das Raumprogramm im Erdgeschoß Läden und Gewerbe vorgesehen, die nun aber unter dem eigentlichen Blockrand zuwenig Platz fanden und als Hofeinbauten eine willkommene Gliederung des Hofes ergaben. Um die dadurch entstehende Terrasse für möglichst viele Wohnungen nutzbar zu machen, planten wir Duplexwohnungen, wobei über einer unteren Terrassenduplex eine obere Duplex mit Dachgarten angeordnet wurde.

In den Abbildungen kann die Struktur dieser übereinandergelagerten Duplexwohnungen abgelesen werden. Auf dem Terrassenniveau sind der Tagteil der unteren Wohnung mit der Wohnküche zu sehen, die zur Straße gerichtet ist, sowie die Verbindung zur vorgelagerten Terrasse über einen eingezogenen Sitzplatz und die Treppe in den darüberliegenden Nachtteil.

Dem Schlafgeschoß ist eine Arbeitsdiele zugeordnet. Die Diele als Teil des gemeinschaftlichen Bereichs ist zur Straße gerichtet und vermag so zusammen mit der Wohnküche die Stimmung eines bewohnten Hauses zu vermitteln, da dies durch die hofseitig ausgerichteten Haupträume nicht möglich ist.

Das dritte Obergeschoß ist praktisch identisch mit dem bereits gezeigten, es gehört aber zur oberen Duplexwohnung und wird von oben erschlossen.

Das vierte Obergeschoß mit dem Tagteil der oberen Duplex entspricht wiederum dem Grundriß der unteren mit dem Unterschied, daß hier der Außenraum nicht vorgelagert ist, sondern als Dachgarten ein Stockwerk höher liegt. Der eingezogene Sitzplatz wird zur zweistöckigen Loggia, die Dachgarten und Wohnzimmer räumlich verbindet und damit den Charakter einer Duplexwohnung verdeutlicht.

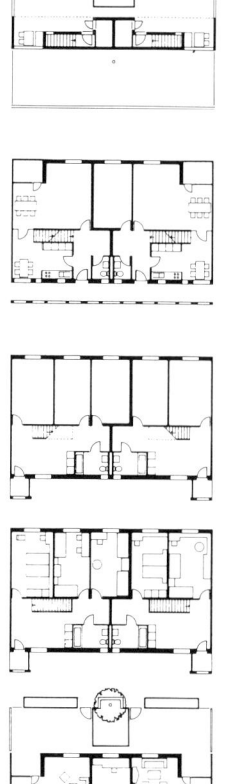

Weiterbauen in Zürich I

Der Dachgarten ist ein privater, großzügiger Außenraum mit Ausblick auf den Hausberg von Zürich. Insbesondere an dieser Stelle wird deutlich, daß Wohnungen dieser Art als Reihenhaus im Block aufgefaßt werden können und eine echte Alternative zu den Einfamilienhäusern am Stadtrand zu bilden vermögen. Ansonsten sind es »normale« Wohnungen, die den Anforderungen des modernen, des funktionalen, Wohnungsbaus nach Sonne, Licht und Grün genügen.

Mit der Umkehrung der Wohnungsorientierung erhielt die straßenseitige Wohnungsfassade zunächst eine an sich ähnliche mindere Bedeutung wie die früheren Hoffassaden. Eine neue repräsentative Straßenfassade, welche die vorgestellte Erschließungsschicht abdeckt, erlaubte es nun, sowohl das Gebäude als auch den Straßenraum zu gestalten. Die Einbindung dieser Fassadenschicht und damit des Neubaus im städtebaulichen Kontext wurde verstärkt durch die Formulierung der Sockel-, Mittel- und Dachzonen durch ein streifenartiges Ornament, das die Wesensart der angrenzenden Bauten des 19. Jahrhunderts interpretiert.

Die notwendigerweise auf die Straßenkreuzung ausgerichtete Blockecke ist separat erschlossen und wurde für quartierbezogene Dienstleistungen konzipiert. Traditionell waren solche Ecken immer raumsymmetrisch ausgebildet. Diese Symmetrie wurde hier durch eine Konstruktionsachse interpretiert, die anschließenden Bereiche wurden aber entsprechend der Hierarchie der angrenzenden Straßen differenziert ausgebildet. Die Überbauung fügt sich nutzungsmäßig und räumlich nahtlos in das städtische Gewebe ein; sie bildet kein dominantes neues »Objekt«, gewinnt aber ihre Eigenständigkeit im übergeordneten und vervollständigten Block durch die konsequente zeitgenössische Durcharbeitung, die alte und neue städtebauliche Bedingungen respektiert.

Lehren aus dem Manessehof: Strukturerhaltung

Die Ausführungszeit des Manessehofs fiel zusammen mit dem Beginn der Diskussionen um eine neue Bau- und Zonenordnung der Stadt Zürich. Dabei mußte davon ausgegangen werden, daß Zürich innerhalb seiner politischen Grenzen praktisch ausgebaut ist. Notwendig wurde daher nicht mehr eine auf das Neubauen ausgerichtete Neu-Bau-Ordnung, sondern vielmehr eine Um-Bau-Ordnung.

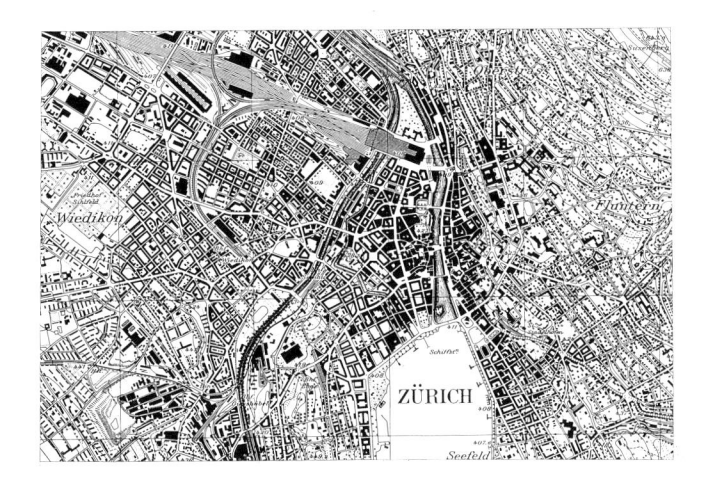

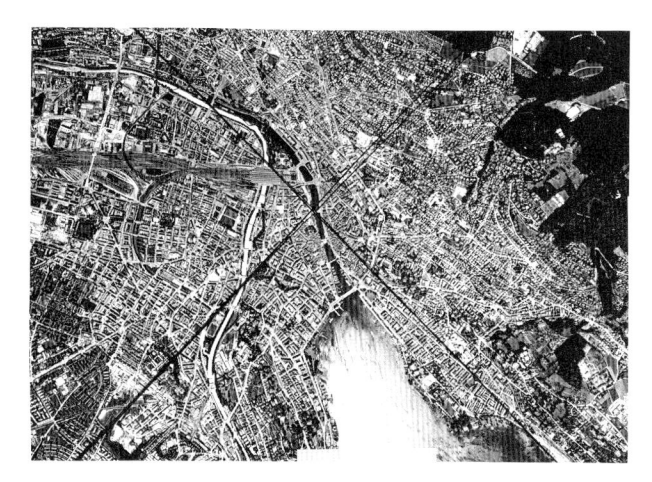

Im Rahmen einer kleinen Arbeitsgruppe ergab sich die Gelegenheit, die Überlegungen der Strukturergänzung und der Strukturerhaltung als Grundlage für eine neue Ordnung zu prüfen. Die bisherige, auf das Neubauen ausgerichtete Ordnung von 1962 ging nämlich nicht auf die spezifischen Situationen der unterschiedlichen Stadtformen ein, sie war vielmehr – mit wenigen Ausnahmen – ein über das ganze Stadtgebiet gleichmäßig gültiges Regime.

Daß für den Manessehof, der baurechtlich gesehen lediglich Vorgegebenes weiterbaute, eine Ausnahmebewilligung bei der der Stadt übergeordneten Behörde eingeholt werden mußte, mag dies illustrieren.

Der Grundgedanke für eine neue Bauordnung war, daß diese nicht einheitlich zu sein brauchte, sondern in einzelnen Kapiteln auf die verschiedenen stadträumlichen Strukturen in bewahrendem Sinn eingehen sollte. Mit solchen Strukturen war nicht die Summe der einzelnen Bauten gemeint, sondern das stadträumliche Konzept, das diesen zugrunde liegt.

Die Abbildungen rechts zeigen im Kern der Stadt die mittelalterlich geprägte Altstadt, darum herum den Gürtel der barocken Erweiterung, die in Zürich ursprünglich mit einer stark geometrisierten Schanze abgeschlossen wurde. Auf den folgenden Abbildungen sieht man einerseits die an diesen vorindustriellen Bereich angegliederten großen Erweiterungen mit Blockrandbebauungen und

andererseits Gebiete mit dichten Einzelbebauungen, die als aufgelöste Blockrandstrukturen begriffen werden können. An diese Schicht schieben sich lockere Einzelbebauungen und die damit teilweise verwobenen Gebiete der Zellenbauweise mit vorwiegender Wohnnutzung auf der Grundlage des modern-funktionalen Städtebaus.

Die Studien ergaben rasch, daß es relativ einfach ist, spezifische Bauordnungen für Gebiete mit eindeutigen Strukturen zu definieren. Interessant wird natürlich die Frage in strukturell unbestimmteren Gebieten und an Nahtstellen. Der Entwurf eines neuen Reglements sah hier denn auch die Möglichkeit vor, über separate Verfahren spezifische Vorschriften zu entwickeln. Deutlich erkennbar im Zonenplanentwurf ist jedoch die direkte Abbildung der gewachsenen Stadtform durch die einzelnen Bauzonen. Diese Grundhaltung der Strukturabbildung wurde wie folgt zusammengefaßt:

Zonen mit gleichartigen Raumstrukturen entsprechen der jahresringartigen Wachstumgestalt unserer Stadt; es ist das Bild vieler europäischer Städte. Die Entwicklung von innen nach außen kann man auch an der immer stärkeren Auflösung des klar gefaßten öffentlichen Rau-

Weiterbauen in Zürich I

mes, der geformten Straßenzüge, erkennen. Mit dem neuen Willen, den Charakter der einzelnen, gewachsenen Zonen zu akzeptieren, halten wir das über Jahrhunderte entstandene Bild der Stadt in seinen wesentlichen Zügen fest. Jede Zeit hat ihre besonderen Spuren hinterlassen. Die Besonderheit unserer Zeit ist es, mit diesen zu leben, mit ihnen umzugehen, diese zu verwalten und sinnvoll zu erneuern. Allerdings darf dies nicht zu einem bloßen Kopieren etwa der Fassaden führen. Die Erhaltung der Strukturen ist gleichzeitig Aufruf zu einem engagierten Dialog, zu einer respektvollen Kreativität im Umgang mit dem städtebaulichen Erbe. Vor einem Monat wurde in Zürich die neue Bau- und Zonenordnung übernommen. Trotz einer langen Bearbeitungszeit blieben die Grundgedanken der Strukturerhaltung und Strukturergänzung wesentlich. Diskutiert wurde übrigens zur Hauptsache die Frage, wie Industriebrachen neu genutzt werden können.

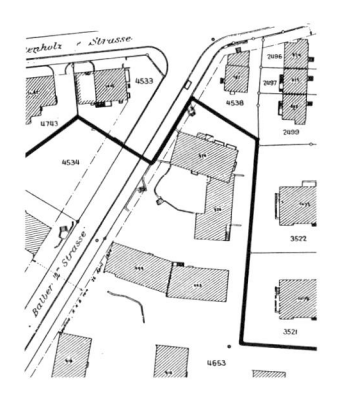

### Balberstraße in Zürich-Wollishofen

Als Probe aufs Exempel für das Konzept der Strukturerhaltung und -ergänzung ergab sich der Auftrag, in einem 1948 erstellten Zeilenbaugebiet eine Verdichtung zu studieren.
Im Rahmen einer einfachen Sanierung der Wohnbebauung war der Wunsch entstanden, die bestehenden Familienwohnungen mit Altenwohnungen zu ergänzen, um die soziale Struktur zu verbessern und den Wohnungsbestand optimaler nutzen zu können. Dabei wurde an den Abbruch einer Randzeile und an die Möglichkeit gedacht, an eine bestehende Zeile anzubauen. Die Lösung wurde im Abbruch der Randzeile und – etwas überraschend – im Teilabbruch einer weiteren Zeile gefunden. Dadurch war es möglich, einen neuen zeilenartigen Bau zu entwickeln, der die Verbindung zu dem bestehenden herstellte. Für die Bauherrschaft war die damit erzielte Maximierung der Wohnungsanzahl wichtig.

Die Wohnungen mit Laubengangerschließung haben eine große Wohnküche, über die Wohn- und Schlafzimmer direkt zugänglich sind. Diese Wohnküche bildet einerseits einen Übergangs- und Kontaktraum zur halböffentlichen Erschließung und andererseits einen den eigentlichen Zimmern übergeordneten gemeinschaftlichen Raum. Interessant wurde die Ausbildung der Nahtstelle zwischen Neu und Alt, die mit einer räumlichen Verknüpfung der horizontalen und vertikalen Erschließung gelöst werden konnte. Das erweiterte Podest als Knotenpunkt der Erschließung bildet gleichsam eine kleine Aufenthaltshalle, in der sich die Bewohner gerne zum Gespräch treffen.

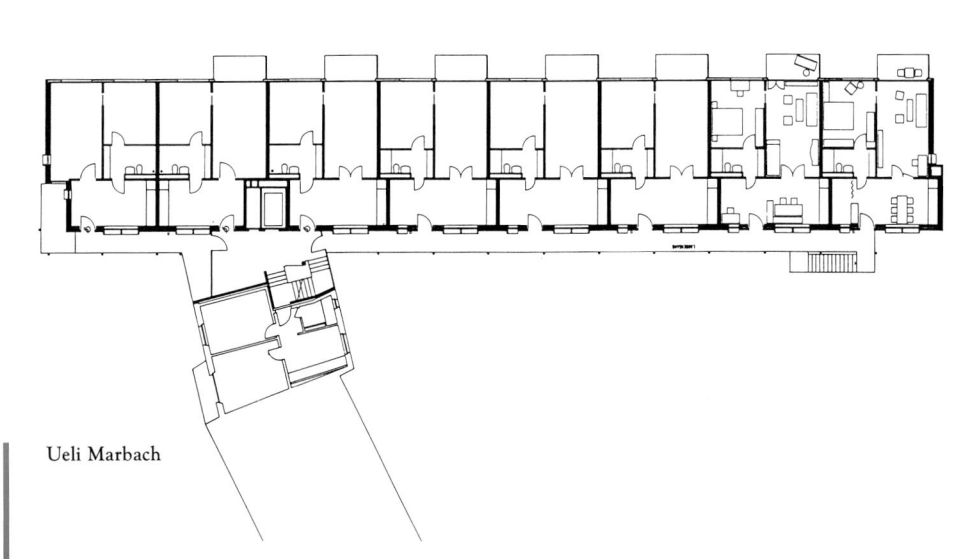

Ueli Marbach

Der Bau hat zwei Seiten, die aus unterschiedlichen konstruktiven Bedingungen heraus differenziert gestaltet wurden: eine Zugangsseite, die auf eine Grünfläche gerichtet, und eine Hauptnutzseite, die über einen schmalen Vorgartenbereich auf einen größeren gegenüberliegenden Grünbereich orientiert ist. Obwohl der Bau parallel zur Straße steht, wurde so vermieden, ihn städtebaulich als eine Art Blockrandfragment zu gestalten; vielmehr steht er, verwandt mit den bestehenden Zeilen, in einem größeren Grünbereich, der von der Straße durchschnitten wird. Im architektonischen Ausdruck hätte das Gebäude ohne weiteres den bestehenden angepaßt werden können; durch die eigenständige Gestaltung etwa des Daches und der Fassade wollten wir es aber als neuen und *ein*gepaßten Teil in die alte Umgebung eingliedern.

Arthur Rüegg  **Weiterbauen in Zürich II**

Nach den Ausführungen meines Partners ist wohl klar, daß wir nicht die Stadt neu erfinden, das Vorhandene durch eine »neue Stadt für neue Menschen« ersetzen wollen. Es ist uns leidlich wohl dabei, am Bestand »weiterzubauen«, das Vorhandene seinen inhärenten Möglichkeiten gemäß weiterzuentwickeln.

Daß man dabei nicht nur auf einheitliche Muster und auf einen Zusammenhalt von etwas zielen darf, das niemals völlig gleichartig und geschlossen sein kann, ist selbstverständlich. Wir haben mit den Brüchen und den Grenzbereichen gerade der historischen Städte zu leben, und wir müssen mit ihnen umgehen lernen. Sie gehören zu jenen architektonischen und städtebaulichen Gegebenheiten, die wir in unserem Büro als Spielregeln für den Entwurf auch kleinerer Arbeiten benutzen, um eine zwingende Einbindung in den größeren Zusammenhang zu erreichen.

Ich erörtere anhand von drei Beispielen einige Konsequenzen, die sich aus diesem entwerferischen Ansatz ergeben.

Baulücke in der Spalenvorstadt in Basel

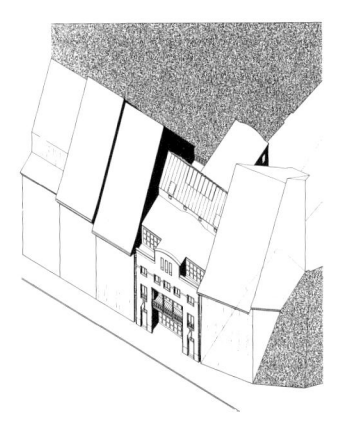

Diesen Bau haben wir vor ungefähr sechs Jahren in Basel fertiggestellt. In der denkmalgeschützten Spalenvorstadt war eine Baulücke zu schließen, die ihrerseits bereits hundertjährig war. Die Aufgabe lieferte das Thema für einen landesweit ausgeschriebenen Wettbewerb. Das Programm war allgemein gehalten; es umfaßte Wohnungen, Büros und Ladenlokale sowie eine angesichts des kleinen Projekts überdimensionale Durchfahrt für die Basler Feuerwehr, deren Betriebsgebäude an den Innenhof grenzt.

Uns interessierte im Zusammenhang mit diesem Entwurf gerade die *Vermeidung* eines Bruchs in der kontinierlichen Abwicklung der Gassenwand. Damit war eine auffällige oder auf Gegensätzlichkeit beruhende Formulierung bereits ausgeschlossen. Anderseits lehnen wir natürlich das »historisierende Weiterbauen« ebenfalls ab. Wie kann man die unterschiedlichen Anliegen einer zeitgemäßen Architektur, der lokalen Architekturtradition und des städtebaulichen Zusammenhangs zur Deckung bringen? Kann dies überhaupt gelingen, ohne daß ein Neubau zum bloß nostalgisch geprägten Versatzstück gerät?

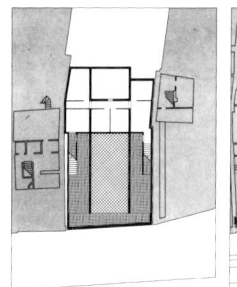

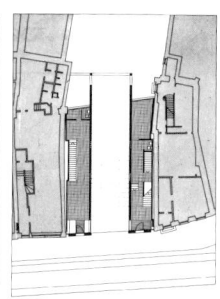

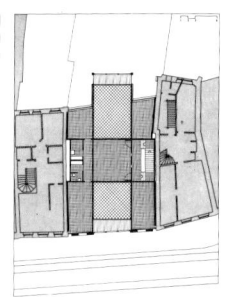

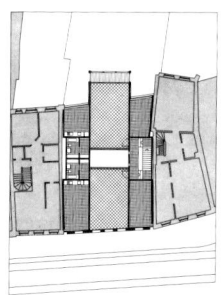

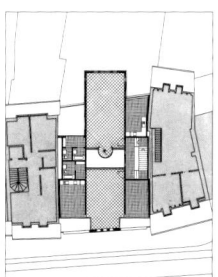

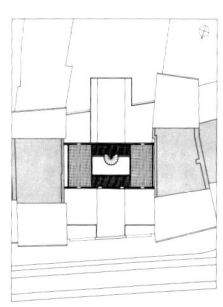

In der Folge bildeten die scharfgeschnittenen Basler Fassaden mit ihren in rotem Sandstein gerahmten Putzflächen den Ausgangspunkt der Untersuchung. Die verwendete Methode bestand darin, die in der Tradition verankerte Konstruktion auf ihre heutige Verwendbarkeit zu prüfen und dann das Projekt so zu modifizieren, daß ein präziser Bezug *und* eine sinnvolle Anwendung möglich werden.

So entstand ein Fassadenaufbau mit einer verputzten, ca. 30 cm starken Mauer, die *innen isoliert* und darum von der in Querrichtung gespannten Konstruktion des Neubaus abgelöst ist – keine Zweischalenmauer also, sondern eine massive Wand, die genau auf die Flucht der Nachbarhäuser gestellt ist. Die Lochfenster sind von dünnen Sandsteinplatten eingefaßt, so wie dies bei Bürobauten bis in die fünfziger Jahre üblich war. Gleiche Platten sind im Sockelbereich eingesetzt wie Intarsien. Während der flächige Charakter bis in die bündige Konstruktion der Fensterbänke durchgehalten wurde, sind die Proportionen der Öffnungen selbst unabhängig von bestehenden Vorbildern gewählt.

Diese »naturalistische« Verwendung der Materialien wurde auf der Hofseite fortgesetzt mit einem *außen isolierten* Wandaufbau, dessen Holzverkleidung auf die Ausbauten der Nachbarhäuser Bezug nimmt. Während diese Fassaden eine Art Gratwanderung darstellen, welche die Interpretation bestehender *Morphologien* zum Thema hat, ist das Innere des Gebäudes ganz von Überlegungen zur *Typologie* bestimmt. Die Durchfahrt der Feuerwehr bildet sich durch alle Stockwerke hindurch ab und thematisiert die Schotten- oder Brandmauerkonstruktion der gotischen Stadt; ein Lichthof erhellt nicht nur die Sekundärräume, sondern belichtet auch die mittigen Haupträume zusätzlich. Die architektonischen Elemente sind hier ohne jede äußere Angleichung an traditionelle Architekturen ausgebildet.

Diese nur durch ihre *Struktur*, nicht aber durch ihre *äußere Gestalt* der Umgebung angepaßten Räume erhalten ihren spezifischen Charakter dort, wo sie auf die Außenhaut treffen, etwa auf die getäfelte, innen isolierte Straßenfassade oder auf die großen Verglasungen der auf den Hofraum orientierten Balkone.

Aus dem dialogischen Gegensatz von äußerer Gestalt und innerer Struktur entsteht die Identität dieses Hauses; der Bruch zwischen den beiden Verhaltensweisen findet nicht außerhalb, sondern innerhalb unseres Projekts statt. Derartige komplexe – wenn Sie wollen unreine – architektonische Verhaltensweisen interessieren uns, selbst wenn sie die Gefahr eines Abstur-

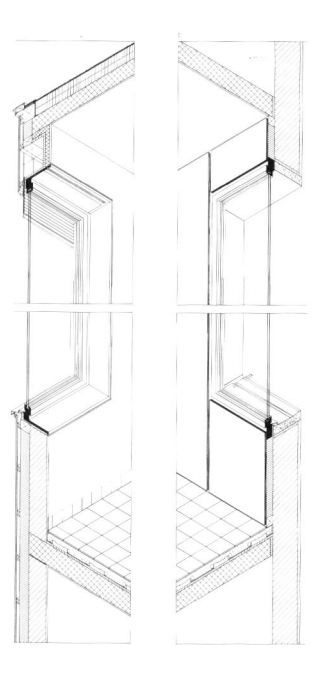

Weiterbauen in Zürich II

zes bergen. In diesem Zusammenhang versuchen wir auch, innerhalb größerer Eingriffe die Freiräume für architektonische Gestaltungen mit starker Identität klar zu definieren – besonders in jenen Fällen, wo gewachsene Strukturen verändert, umgenutzt oder verdichtet werden.

Seniorenzentrum »Karl der Große« beim Großmünster in Zürich

Bei drei Häusern an der Kirchgasse in Zürich – nahe des Großmünsters – betraf die Ausgangslage eine komplexe, verschiedenartig zusammengesetzte Bausubstanz: zuoberst ein Haus aus dem 19. Jahrhundert, das zwar außen verstümmelt, innen aber einfach proportioniert und leidlich gut konstruiert war. In der Mitte ein über Jahrhunderte gewachsenes Gebilde, dessen Kern ein Wohnturm aus dem 12. Jahrhundert bildete. Dann ein Eckgebäude, das bereits früher ausgehöhlt und mit einer eher flüchtig ausgeführten Holzkonstruktion wieder gefüllt wurde. Im Erdgeschoß unterhält der Zürcher Frauenverein einen alle drei Häuser umfassenden Restaurantkomplex, dessen in den dreißiger Jahren geprägte Gestalt fest im Bewußtsein der Quartierbewohner verankert ist.

Arthur Rüegg

Diese Häuser konnten für zwei verschiedene Ämter der Stadtverwaltung saniert werden. Ziel der Arbeit war es einerseits, ein Raumprogramm nicht im vorhinein aufzustellen, sondern es aus einer sorgfältigen Analyse des räumlichen Potentials aller drei Häuser abzuleiten. Andererseits ging es eben um die Bestimmung der für die verschiedenen Raumzusammenhänge adäquaten Entwurfsstrategien.

Schlußendlich wurde aus einem Personalhaus mit den Mitteln einer »sanften Renovation« ein Mehrfamilienhaus mit Dreizimmerwohnungen; im mittleren Gebäude entstand ein Quartier- und Seniorenzentrum, das die historischen Räume gut nutzen kann. Im Hofraum konnte ein dringend gewünschter Saal untergebracht werden; dazu wurden mit einem sauberen Schnitt die bestehenden Anbauten herausgetrennt. Im Eckhaus schließlich konnte man ohne Hemmungen die Tragstruktur ein weiteres Mal auswechseln und korrekte Altenwohnungen einbauen.

Entscheidend war für uns die Bestimmung des architektonischen Charakters der neuen Eingriffe. Sie sollten zwar ablesbar, aber nicht in dialektischer Weise abgesetzt und auf diese Weise inszeniert werden. Der »gewachsene« Aufbau der Häuser verlangte ein differenziertes Vorgehen. Verschiedenartige Zellen werden unterschiedlich behandelt, wobei der Freiheitsgrad der architektonischen Setzungen verschieden groß ist. So stellt etwa die »Blaue Halle« des mittleren Hauses eine exemplarische Demonstration des »Weiterbauens« dar, ein Beweisstück, das sorgfältig bewahrt und mit einigen Möbeln aus zweiter Hand ergänzt wurde: Es enthält Doppelbogenfenster aus dem 13. Jahrhundert, eine barocke Treppenanlage, Stahl-Holzverstärkungen des 19. Jahrhunderts, Verkachelungen und Schlosserarbeiten von ca. 1918/19. Zu beachten sind die damals in die Gipsdecke eingesetzten Rosetten zur Aufnahme von Glühlampen. Anders verhielt es sich beim *Restaurant*, das vollständig erneuert und zur Cafeteria umgebaut wurde, wobei aber die konstituierenden Elemente des alten Raumes – die Wandtäfelung aus Kirschholz und die »Bauhauslampen« – als Ausgangspunkte des neuen Entwurfs dienten. Gewisse Elemente wurden hier bewußt neu gestaltet und unvermittelt in die vertraute Umgebung gestellt, etwa die Patisserievitrine. Der Korridor hingegen, der im Erdge-

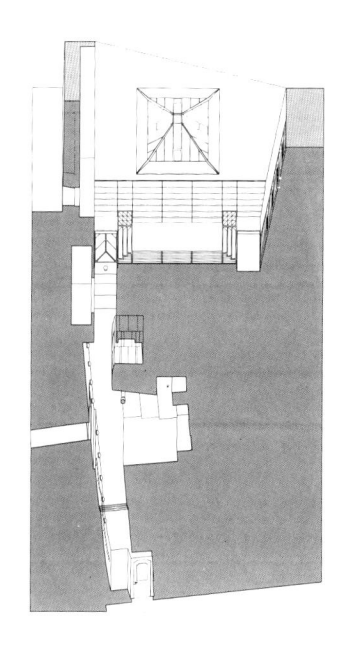

Weiterbauen in Zürich II 55

schoß die ganze Tiefe des Hauses durchmißt, transportiert keine solchen historischen Stimmungen, sondern hilft durch Lichtsituationen beim Übergang vom Vorderhaus zum Hinterhaus und durch Markierungen in den Plattenböden den komplexen Aufbau der Anlage ablesbar zu machen. Der Saal wiederum konnte als neuer Einbau in den Hof überhaupt frei formuliert werden.

Auf diese Weise versuchten wir, die architektonischen und städtebaulichen Gegebenheiten als Spielregeln des Entwurfs einzusetzen, um einerseits die vorhandenen Werte nicht zu zerstören, anderseits aber die beachtlichen Freiheitsgrade wahrzunehmen, die auch in derartigen Sanierungsaufgaben enthalten sind.

### Schweizerisches Institut für Kunstwissenschaft in der Villa Bleuler in Zürich

Ich schließe mit einem Projekt, das jetzt in Ausführung begriffen ist. Es zeigt die an den beiden Beispielen demonstrierten Auffassungen in einem für Zürcher Verhältnisse brisanten und zugleich typischen Kontext. Es geht um eine jener Villen aus dem ausgehenden 19. Jahrhundert, die wie Ketten die beiden Zürcher Seeufer säumen. Die Villa Bleuler ist ein Werk des bedeutenden Semperschülers Friedrich Bluntschli, das zusammen mit seinem Park leidlich erhalten ist und in der Folge von Auseinandersetzungen um eine Überbauung des Parks von der Stadt Zürich gekauft wurde.

Der eigentliche Landschaftsgarten befindet sich auf der Südwestseite der Villa; im Nordwesten steht ein später erstelltes Kutscherhaus, davor befindet sich der terrassierte Gemüsegarten, und daneben liegt – künftiger Stein des Anstoßes – eine künstlich angelegte Terrasse, die an das Sockelgeschoß des Hauses anschließt und zur Anlage einer Vorfahrt vor der Villa diente. Die Stadt Zürich war – schon vor der aktuellen Finanzknappheit – darauf angewiesen, einen Bauträger zu finden, der das Haus in ihrem Sinne betreibt und – vor allem – die Kosten für eine korrekte Restaurierung aufbringt. Bei der Auswahl der Bewerber wurde dennoch auf die Kompatibilität von Nutzungsvorstellung und Raumangebot geachtet. Schließlich erhielt das Schweizerische Institut für Kunstwissenschaft die Liegenschaft im Baurecht zugeschlagen, nachdem es mit einer Vorprojektskizze seine Absichten kundgetan hatte. Erst jetzt konnten in einem Auswahlverfahren die für den Entwurf verantwortlichen Architekten bestimmt werden. Unser Projekt sah in den *Obergeschossen der Villa* Büro- und Konferenznutzungen vor. Hier war der mögliche architektonische Eingriff bereits vorgegeben: Restaurierungen auf höchstem Niveau und behutsames Einfügen von neu zu schaffendem Mobiliar, möglichst ohne Störung der Wandabwicklungen. Der Plan des Hochparterres zeigt die Repräsentationsräume der Villa, die Vorfahrt und eine Wohnung im Kutscherhaus.

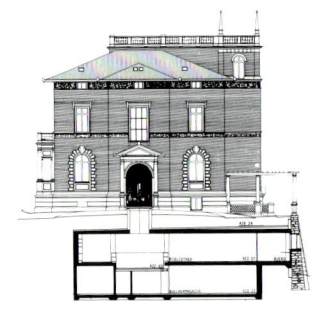

Die *Untergeschosse der Villa* eignen sich hervorragend für die Einrichtung von Archiven – die Gewölbekeller der rückwärtigen Zone als Lagerräume, die talseitigen belichteten Bereiche für die Bearbeitung der Archivalien. Hier werden wir darauf achten, daß trotz der notwendigen Eingriffe die Identität des Hauses nicht verlorengeht. So werden die Themen der traditionellen Innenarchitektur unter Verwendung heutiger Konstruktionsdetails weiterverfolgt. Die Außenmauern der Villa definieren also die Grenze eines Bereichs, der weiterhin als homogen wahrgenommen werden soll.

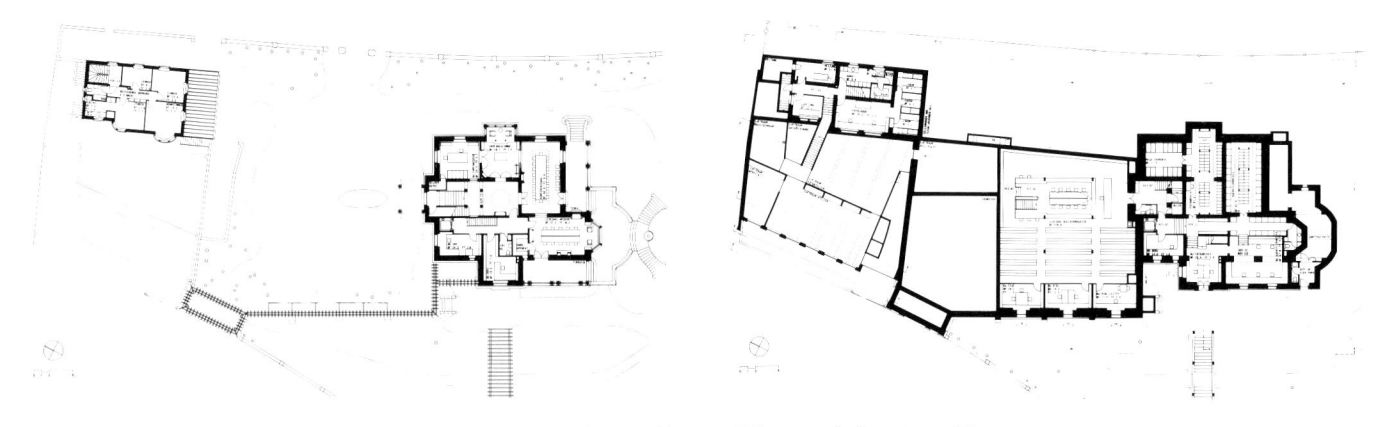

Die Grundrisse des Untergeschosses zeigen aber auch – auf krasse Weise –, daß weitere Eingriffe außerhalb der Villa geplant sind, die das räumliche Potential der verschiedenen Bereiche ausnützen.

Auf dem Gelände des ehemaligen Gemüsegartens entstehen neue *Atelierbauten*, während unter der Vorfahrt zur Villa – hinter den historischen Stützmauern – der Einbau eines *unterirdischen Bücherlagers* nach langen Diskussionen schließlich ebenfalls bewilligt wurde mit der Begründung, daß der Park von außen weiterhin als intakt wahrgenommen werde.

Die Atelierbauten, die neben dem eigentlichen Park entstehen, sind als Fortsetzung der angrenzenden Handwerksbetriebe formuliert. Die Photomontage zeigt das mit Oberlichtern versehene Restaurierungsatelier; dahinter liegt das Photoatelier im Dunkel des Hangs. Die Abtreppung des Geländes wird durch den Wechsel des statischen Systems von stehenden zu liegenden Balken erreicht. Die Innenräume sind einerseits durch diese statischen Dispositionen, andererseits durch die verschiedenartige Belichtung geprägt.

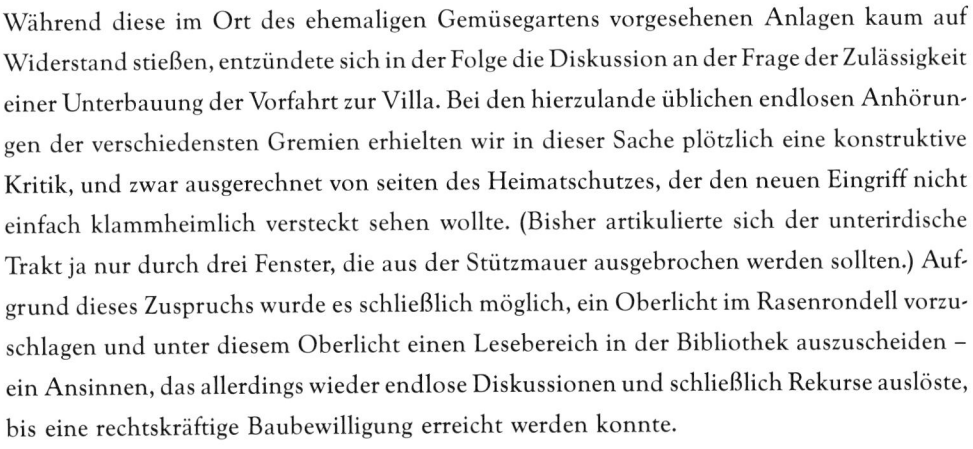

Während diese im Ort des ehemaligen Gemüsegartens vorgesehenen Anlagen kaum auf Widerstand stießen, entzündete sich in der Folge die Diskussion an der Frage der Zulässigkeit einer Unterbauung der Vorfahrt zur Villa. Bei den hierzulande üblichen endlosen Anhörungen der verschiedensten Gremien erhielten wir in dieser Sache plötzlich eine konstruktive Kritik, und zwar ausgerechnet von seiten des Heimatschutzes, der den neuen Eingriff nicht einfach klammheimlich versteckt sehen wollte. (Bisher artikulierte sich der unterirdische Trakt ja nur durch drei Fenster, die aus der Stützmauer ausgebrochen werden sollten.) Aufgrund dieses Zuspruchs wurde es schließlich möglich, ein Oberlicht im Rasenrondell vorzuschlagen und unter diesem Oberlicht einen Lesebereich in der Bibliothek auszuscheiden – ein Ansinnen, das allerdings wieder endlose Diskussionen und schließlich Rekurse auslöste, bis eine rechtskräftige Baubewilligung erreicht werden konnte.

Hier erfolgte zunächst das Ausbrechen der Fenster in der Stützmauer, die ohne Veränderung des statischen Gefüges der Bruchsteinkonstruktion einfach ausgesägt wurden. Die Öffnungen werden mit breiten Rahmen aus Baubronze versehen, gegen die dann Kippflügel in der Art von Garagentoren schlagen. Diese im offenen Zustand horizontal stehenden Flügel finden in der Stärke der Wandkonstruktion Platz. Während diese Verletzung der historischen Substanz auf verhältnismäßig wenig Widerstand stieß – sie ist wegen des Baumbestandes im übrigen kaum wahrnehmbar –, spielte sich die eigentliche Schlacht, wie bereits erwähnt, um die Bewilligung des vorgeschlagenen Oberlichts im Rondell der Vorfahrt ab.

Dabei war auch dessen architektonische Formulierung keineswegs eine einfache Aufgabe. Das übliche Zeltoberlicht, das den Mitgliedern des Zürcher Heimatschutzes vorschwebte, ist im geneigten Rasenrondell und vor dem Giebel der Porte Cochère kaum denkbar.

Wir gingen eher von Vorstellungen aus, wie sie in Arbeiten von Rebecca Horn zum Ausdruck kommen. Wir suchten eine Formulierung, die in bezug auf den Kontext eindeutig ist und möglichst ohne technisch geprägte Details wie Glasleisten, Schrauben und ähnliches auskommt. Eine erste Umsetzung des Vorbilds konnte allerdings seiner sargähnlichen Form wegen nicht überzeugen.

Besser erschien die Anordnung einer rechteckigen Glasplatte, die direkt auf der Rasenfläche aufliegen sollte. Erst die Photomontage der nächtlichen Lichtsituation machte auf eine fatale Ähnlichkeit mit den Fenstern der Villa aufmerksam, so daß auch dieser Ansatz verworfen werden mußte.

Auch ein in den Boden versenkter Glasschlitz, der das Rondell halbieren sollte, scheiterte – einerseits an den Möglichkeiten der technischen Durchbildung, andererseits an der penetranten Wirkung des Eingriffs.

Schließlich entschieden wir uns – übrigens nach Zuspruch von Georg Mörsch und Karljosef Schattner – für einen im Grundriß linsenförmigen Keil, der einen »Spalt« im Erdreich freigibt und als eine Art Periskop die unterirdische Lage der Bibliothek thematisiert. Die Sichtbetonwände des Oberlichts werden mit Kalkstein verkleidet wie die Spritzwasserzonen der Villa; in einem Rahmen aus Baubronze liegen praktisch horizontale, direkt eingekittete Glasscheiben: eine Art Detaillierung ohne Details, die nicht von der Wahrnehmung der einfachen Form ablenken soll.

Es wird spannend und lehrreich zugleich sein, die Reaktionen auf den ausgeführten Bau zu verfolgen. Wird die Verletzung der Einheit von historischem Park und wertvoller Villa die Gemüter erregen, oder wird die architektonisch korrekte und zurückhaltende Umwidmung einzelner Zonen im Gegenteil als selbstverständlich empfunden, als »Weiterbauen« an unserem historischen Erbe?

Die Zukunft wird es erweisen.

# Sinnlos modern

Roger Diener

Im Kreise von Kollegen am Beispiel der eigenen Arbeit und der eigenen Erfahrung über Architektur und Stadt zu sprechen, verlangt Beschränkung und Abgrenzung. Ich werde unsere Auffassung über die Möglichkeiten einer zeitgenössischen, städtischen Architektur darlegen. Zur Illustration verwende ich unsere eigenen Projekte, das heißt einige Arbeiten des Büros Diener & Diener. Es sind keine abgeschlossenen Betrachtungen, sondern provisorische Resultate unserer Beschäftigung mit der Architektur der Stadt.

Das entscheidende Kriterium für die Qualität einer zeitgenössischen, »modernen« Architektur, die sich in dem besonderen Zusammenhang der gebauten Stadt bewähren soll, scheint uns ihr Wert als eigenständige Architektur zu sein. Logik und Sinn eines jeden Bauwerks sind in ihm selbst zu suchen. Eine Architektur, die nicht in sich selbst ruht, wird nie in der Lage sein, einen verbindlichen Part zu übernehmen in dem Zusammenspiel, das der Stadt eigen ist und hier zur Debatte steht. »Kontextuelle« Architektur als Auftrag ist unvorstellbar. Ein Gebäude kann kein anderes spiegeln, eine Architektur nicht eine benachbarte reflektieren. Jedes Haus verweist zuerst auf sich selbst. Durch das Reproduzieren oder Spiegeln von Architektur läßt sich auch keine Kontinuität erzielen. Die Verwendung von Formen, die dem städtischen Kontext entnommen sind und neu montiert werden, beraubt ein Bauwerk seines Vermögens, selbst Teil jener »größeren Kontinuität« der Stadt zu werden, nämlich seiner eigenen Zeitachse. Erst die innere Kohärenz eines Hauses, sein Aufbau aus Teilen, die in einem engen, fast unlösbaren Zusammenhang stehen, verleiht dem Bauwerk eine authentische Dimension der Zeit. Um so hoffnungsloser erscheint es uns, Formen zu verwenden, die in sich selbst zeitgebunden sind und die gerade deshalb nicht in einem echten inneren Zusammenhang stehen können.

Das soll nun nicht heißen, daß sich eine mögliche Beziehung neuer Architektur zu der bestehenden Stadt auf ihren allgemeinen, autonomen Status beschränkt. Wir versuchen vielmehr, unsere zeitgenössische, »moderne« Architektur besonders auszurichten, um sie in einen städtischen Zusammenhang zu setzen. Während die Städtebau-Konventionen der Moderne in ihrer Gültigkeit relativiert worden sind, hat uns die Analyse der Stadt, wie sie in den letzten fünfzig Jahren vor allem in Italien entwickelt worden ist, für das Entwerfen neue methodische Ansätze geliefert.

Die Arbeit an den Projekten hat uns aber über den rationalistischen Ansatz der typologischen Untersuchung hinausgeführt, zuerst zu der bewußten Wahrnehmung und Inanspruchnahme weiterer Charakteristika eines bestimmten Ortes für den Entwurf. Sie erlauben, den Typ, definiert als die Summe der Konventionen, die mit sozialen Strukturen, kulturellen Modellen und konstruktiven Systemen verbunden sind, als Architektur für einen bestimmten Ort konkret auszuformen.

Noch entscheidender für das Entwerfen ist in unserer Arbeit jedoch die Suche nach dem »inneren Zusammenhang« geworden. Das Auflösen und Neuzusammenfügen von Architektur und ihren Teilen, die Inanspruchnahme von Fragmenten, das assoziative Denken, das damit verbunden ist, all das sind Prozesse, die schließlich zur Bestimmung der Form führen. Aber die Form bildet diese Prozesse nicht ab. Wir versuchen nicht, den fragmentarischen Charakter unserer Wahrnehmung auf die Architektur zu projizieren. So wie »der Ausdruck von Kräften in der statischen Schwere des Baus von selbst zur Ruhe kommt« (Erich Mendelsohn), so sollen die Teile, die wir zu bestimmen suchen, in einem Gefüge neuer Ordnung aufgehen. Immer intensiver versuchen wir, in unseren Entwürfen die einzelnen Teile zu binden und ein Gleichgewicht zwischen den verschiedenen Elementen zu finden.

Die architektonischen Teile, die wir an einem bestimmten Ort für einen Entwurf gefunden haben, werden durch die innere Bindung mit den anderen Elementen aus ihrem unmittelbaren, »lokalen« Zusammenhang gelöst. Die Architektur gewinnt so eine Unabhängigkeit und entgeht dem anekdotischen Ausdruck einer mimetischen Montage, ohne deshalb gezwungen kontrastierend zu wirken. Die Projekte entwickeln sozusagen ihre eigene »parallele« Geschichte. Dort, wo wir unsere Arbeit ziemlich gut gemacht haben, sind die Projekte unspektakulär ausgefallen. Sie wirken lapidar, bescheiden, manchmal anonym. Es gibt keine erkennbare Handschrift oder Signatur des Architekten. Waren in den frühen achtziger Jahren noch Referenzen zur klassischen Moderne zu erkennen, so sind sie in den letzten Jahren immer mehr zurückgetreten. Die Gebäude erzählen keine Geschichte. Eher vermitteln sie den Eindruck, der gleichen Geschichte unterworfen zu sein wie die Häuser, die schon dort stehen, denn das »andere« an ihnen ist in sich selbst aufgehoben.

»Sinnlos modern« heißt, daß für uns Architektur sich selbst genügt – genügen muß. Wir verwenden keine Metaphern, wenn wir über Architektur sprechen, und das heißt auch, wenn wir entwerfen. Jeder Gegenstand, den wir verwenden, soll einfach und erkennbar bleiben. Grundrisse, Gebäudestrukturen und Fenster beispielsweise bewahren so auch ihren Sinn im Zusammenhang mit dem Gebrauch.

Unsere Arbeit ist auch scharf abzugrenzen von den Tendenzen der Gegenwartskunst, zum Beispiel der Minimal Art. Der Reduktionsprozeß ist ein ganz anderer. Wir bemühen uns nicht darum, ein Objekt so weit zu reduzieren, bis es seinen allgemeinen Zusammenhang eingebüßt hat, um so neue Erfahrungen auszulösen. Im Gegenteil: Wir versuchen, die Objekte zu verdichten. Wir suchen eine allgemeine Form, die ihre verschiedenen Ausbildungen in sich aufgenommen hat. Das Objekt wird nicht aus seinem funktionalen Zusammenhang herausgelöst, es bleibt an seinen Gebrauch gebunden.

Wenn Bildhauer beispielsweise für ihre Werke auf der Korrosion des Eisens bestehen, das sie verwenden, und so die Hinfälligkeit der Materie in der Zeit wahrnehmbar werden lassen, werden wir immer versuchen, ein Bauteil vor der Korrosion zu schützen. Vielleicht würden wir dazu eine typische rötliche Rostschutzfarbe verwenden, die durch langen Gebrauch bekannt ist, eine Farbe, welche auf die Technik des Korrosionsschutzes verweist.

Die wechselseitige Bindung von Form und Gebrauch, welche die Architektur der Moderne geprägt hat, wird durch den Umgang mit dem Typ, wie wir ihn pflegen, modifiziert. Der Raum wird nicht nach seiner funktionalen Bestimmung ausgeformt wie – bildhaft ausgedrückt – ein Futteral, das einen besonderen Gegenstand aufzunehmen hat. Es ist aber auch nicht der Raum von Mies van der Rohe. Wir versuchen nicht, den Raum zu transzendieren – ein Fenster bleibt ein Fenster, eine Wand bleibt eine Wand. Es findet keine Abstraktion des Raumes statt.

Die Räume besitzen Formen, die »schon immer« mit einem bestimmten Gebrauch verbunden waren. Der Charakter der Räume ist allgemein, sie sollen Funktionalität nicht beweisen, sondern sie ruht einfach in ihnen. Das Verfahren schafft Distanz. In den Räumen, die uns besser geglückt sind, entsteht etwas von der bewegten Ruhe, wie sie im bekannten »Intérieur Co-op« von Hannes Meyer wahrnehmbar ist. Unbewegt evozieren sie in uns die Idee ihrer vielfältigen Aneignung. Dennoch werden sie manchmal auch wahrgenommen wie Dinge, die ihrer Bestimmung bereits enthoben sind, und werden dadurch zu ästhetischen Objekten. Aber im Unterschied zu Objekten der Kunst halten sie sich zur Verfügung, harren ihrer Aneignung durch den Gebrauch. Jede Benutzung solcher Räume, auch die erste, wird zu einer unter vielen, jeder Gebrauch scheint in einer Reihe zu stehen von früheren und solchen, die noch folgen werden.

Formen, die schon immer mit dem sich wandelnden Gebrauch verbunden waren, bestimmen auch das Äußere unserer Häuser. Heinrich Tessenow schrieb schon 1925: »Äußerlich können wir nicht allgemein genug sein.« Daran hat sich für uns bis heute nichts geändert.

Es kann keine bedeutungslose Architektur geben, und wir versuchen auch nicht, uns einem solchen Zustand zu nähern. Im Gegenteil: Als Architekten bleibt uns das Dilemma erspart zwischen konkreter und abstrakter Kunst. Der Verzicht auf das Symbol ist undenkbar – aber es erscheint uns auch eine verlorene Mühe, nach anderen als den Gegenständen zu suchen, die hervorzubringen wir gar nicht umgehen können, solange wir als Architekten arbeiten. Sie sind unser Thema, und wir werden nicht müde, uns in unseren Entwürfen und Bauten mit ihnen zu beschäftigen.

Im allgemeinen versuchen wir, uns als Architekten einfach auszudrücken – und das betrifft nicht nur die Zeichenhaftigkeit der Bauten. Auch die räumliche Disposition ist eingespannt in die typologisch orientierte Auffassung, von der wir uns eine Verständlichkeit erhoffen. Es gibt deshalb wenig Erfindungen. Oft wiederholen wir Dispositionen, die bekannt sind, und manchmal gibt es auch Ähnlichkeiten mit einer alltäglichen, anonymen Architektur. Wir suchen solche Effekte nicht, aber wenn sie sich aus der Entwurfsarbeit ergeben, scheuen wir sie auch nicht.

Die Zeichnung ist für uns nur ein Instrument der (geometrischen) Kontrolle. Jedenfalls entwickeln wir unsere Entwürfe nicht zeichnend. Über eine Architektur, die von der Architektur ausgeht, die es schon gibt, an die man sich erinnert, kann man ziemlich präzise sprechen. Um ein Bild des Kunsthistorikers Georg Schmidt zu verwenden, verbindet sich mit unserer Auffasung von Entwerfen eher die sportliche Disziplin des Eisschnellaufens als die des Eiskunstlaufens. Das unspektakuläre Feilen an der Technik, das rhythmische Kreiseziehen rund um die Bahn, etwas schneller oder etwas langsamer, erscheint uns passender als die Kür der Eiskunstläufer, wo jede Schwäche fatale Folgen hat, denn nichts ist lächerlicher als eine mißlungene Pirouette.

Ich möchte anhand einiger Beispiele unserer Arbeit die Regeln nennen, die wir anwenden, um unsere Entwürfe festzulegen. Mit ihnen suchen wir die angesprochene innere Festigkeit und Dichte der Projekte zu erzielen. Es ist ein Versuch, Architektur, die in ihrem Wesen diskontinuierlich ist, so zu versammeln, daß sie ihre Wirkung entfalten kann, ohne das Gleichgewicht der Stadt und ihrer historischen Substanz zu bedrohen.

Die Projekte werden nicht als Ganzes vorgestellt, sondern nur soweit sie die Methode betreffen.

Gebäudevolumen
- einfache Volumen, manchmal aneinander oder übereinander gesetzt
- keine Durchdringung der Volumen
- ganze Volumen, manchmal mit einfachen und notwendigen Modifikationen

*Galerie Gmurzynska, Köln*

*Eingangsfassade Bürohaus Hochstraße, Basel*

Räumliche Organisation
- keine komplexen und spektakulären Raumschöpfungen
- einfache, bekannte und bewährte Grundrißtypen
  Wohnhäuser: Etagenwohnungen
  Bürohäuser: zentraler Korridor
- einfache, »archetypische« Raumeinheiten
- Zellenzimmer
- Zimmerfluchten

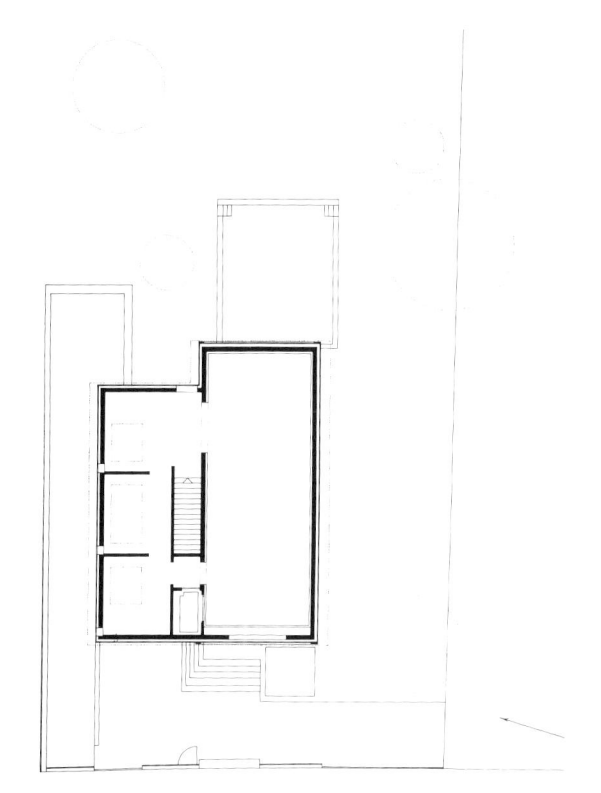

*Galerie Gmurzynska, Köln*

*Wohnhäuser, St. Alban-Tal, Basel*

Sinnlos modern

Gebäudestruktur
– enge Beziehung Tragstruktur – räumliche Organisation

*Wohnhäuser, St. Alban-Tal, Basel*

*Wohnhäuser, St. Alban-Tal, Basel*

Beziehung Volumen, räumliche Organisation zur Stadt
– Überlagerung von morphologischen und strukturellen Beziehungen, die an jedem Ort verschieden sind

Versuch einer strukturellen, inneren Durchdringung
– Volumen, Grundrißorganisation und Baustruktur bilden einen Baukörper, ein Ganzes, das in einer engen Beziehung zur Stadt steht

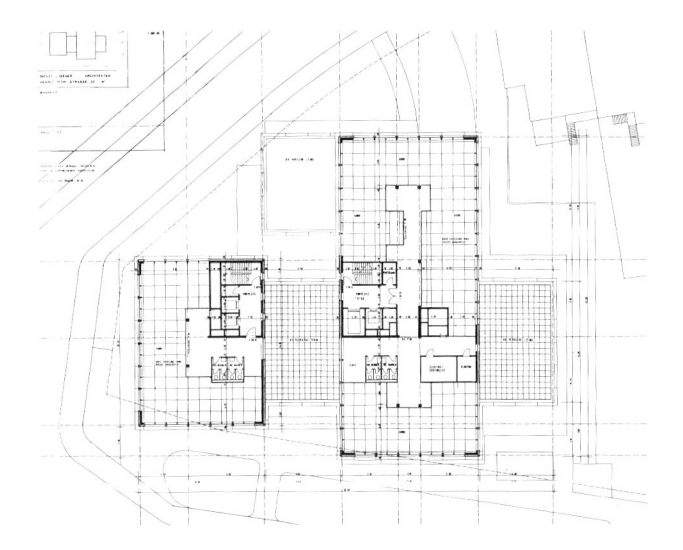

*Bürogebäude Picassoplatz, Basel*

Komposition der Fassaden
– einfache Ordnung der Öffnungen
– die Öffnungen sind eindeutig, ihre Konturen scharf gezeichnet
– Kohärenz Öffnungen: Grundrißorganisation, Raumtyp, Baustruktur

*Bürohaus Hochstraße, Basel*

Sinnlos modern | 65

Fenster als bestimmendes Element des Raumtyps
– Wahl und Ausbildung des Fenstertyps als entscheidende Bestimmung für den Raum

*Bürohaus Rebgasse, Basel*

*Galerie Gmurzynska, Köln*

Anwendung des Repertoires zur stadträumlichen Diskussion
– die Wahl und Montage der verwendeten Elemente bestimmen über die »kritische Dimension« eines Projekts

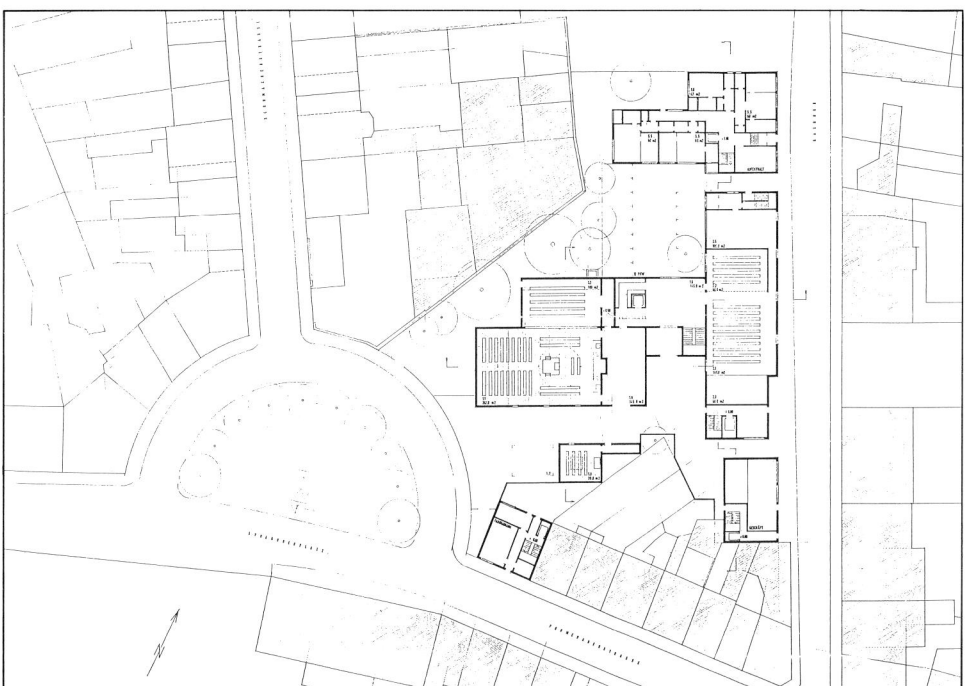

*Neue Synagoge und Jüdisches Gemeindezentrum, Aachen*

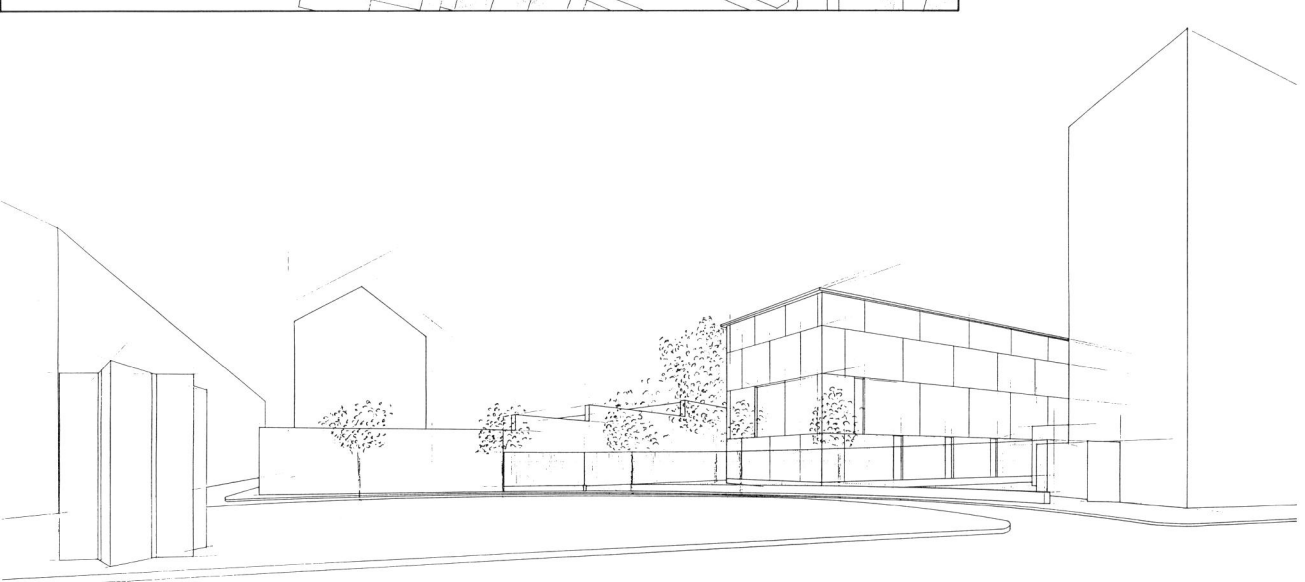

Zuletzt noch einige Sätze über den Umgang mit bestehenden Gebäuden, mit Denkmälern. Die Idee von der notwendigen Eigenständigkeit einer jeden Architektur, die sich im Zusammenhang mit einer gebauten historischen bewähren soll, könnte in diesem Zusammenhang mißverstanden werden.
Es gibt im Kreise der Denkmalpflege eine versöhnliche und fortschrittliche These, die besagt, daß moderne Architektur im Zusammenspiel mit historischer Bausubstanz nicht ausge-

Sinnlos modern | 67

schlossen werden soll, aber bitte von guten Architekten ausgeführte. Diese Aussage hört sich wie eine Einladung an, neue Architektur in einem signifikanten Dialog zum bestehenden Bauwerk zu entwickeln. Lassen Sie mich dazu einiges sagen:

In Frankreich wurden vor Jahren in einer Ausstellung geglückte Beispiele dieser Art zusammengetragen. Interessant an dieser Zusammenstellung ist der Versuch, die Eingriffe zu systematisieren, Kriterien festzusetzen und die Beispiele danach zu ordnen. Ich kann diesen Beispielen allerdings nur wenig abgewinnen. Die alte Bausubstanz daran interessiert mich kaum. Sie ist zu einer Folie geworden, die von den Architekten im Zusammenspiel des Ganzen mehr oder weniger raffiniert eingesetzt ist. Im Gegenteil: Je virtuoser die Leistung des Architekten ist, desto schwerer fällt es, sich auf den Grund, auf das Bauwerk zu konzentrieren. Nie waren Denkmäler wohl weiter von Alois Riegls Alterswert entfernt als hier. Es hilft auch nichts, wenn wir uns auf eine fortschrittliche Theorie berufen: Wir können in diesen Beispielen keine Voraussetzungen erkennen zu ihrer kritischen Aneignung im Sinne Walter Benjamins. In diesem Spiel werden die Bauwerke, auf ihren Gebrauchswert bezogen, fast immer einschränkend überbestimmt. Es ist eine Spiegelung nach innen – artistisch und selbstreferenziell. Eine »offene« Aneignung durch den Gebrauch, eine prozeßhafte Inanspruchnahme der alten Bauwerke erscheint ausgeschlossen.

Es ist aus diesen Gründen vielleicht trügerisch, dort hohe Ansprüche an Architektur zu stellen, wo es um den Umgang mit alten, schutzwürdigen Gebäuden geht. Denkmalpflege und Bauen sind klar voneinander abzugrenzen. Es ist auch gefährlich, das eine als Ergänzung des anderen zu sehen. In Artikel 9 der Venedig-Charta steht zur Restaurierung: »Sie hat dort aufzuhören, wo die Vermutung beginnt.« Das kann man wohl für das Ganze nehmen: Denkmalpflege hört dort auf, wo die Architektur einsetzt.

Es gibt also keine Kategorien für zeitgenössische Architektur in der Denkmalpflege, denn dort hat sie gar nichts zu suchen. Sanfte Umnutzungen von und Unterhaltsarbeiten an Schutzobjekten verlangen nicht viel. Leider fällt auch das Wenige oft schlecht aus. Aber es wird nicht helfen, die Aufgabenstellung deshalb aufzuladen. Mag sein, daß es manchmal unumgänglich ist, an einem Schutzobjekt mehr zu tun, als es zu unterhalten. Um so wichtiger ist es deshalb, das Handeln einem klaren Auftrag der Denkmalpflege zu unterstellen. Wenn es sich erweisen sollte, daß dies zu keinem angemessenen Resultat führt, können Architekten berufen werden. Ihr Auftrag ist dann jedoch ein anderer. Solange wir als Architekten aber ein Denkmal bewahren sollen, können wir keinen Sinn darin erkennen, mit dem Neuen das Bestehende zu kontrastieren.

1984 haben wir im Domus-Haus in Basel, einem hervorragenden Beispiel der Schweizer Nachkriegsmoderne von 1959, das Architekturmuseum eingerichtet. Wir haben am Gebäude das Notwendige repariert und ersetzt. Die neuen Einbauten, die Ausstellwände beispielsweise, haben wir in dieses feine Haus der Architekten Martin Rasser und Tibère Vadi gesetzt, ohne einen Kontrast zwischen Alt und Neu auszuspielen. Nur so schien es möglich, die großartige Raumwirkung, das seltene Gleichgewicht von Ruhe und Bewegtheit zu bewahren.

Die Idee der Stadt, die auf der Kontinuität und Permanenz in Zeit und Raum gründet, stellt einen gewaltigen Anspruch an eine zeitgenössische Architektur. Als Architekten werden wir uns aber überfordern, wenn wir versuchen sollten, mit unseren Projekten den Konflikt zu interpretieren.

# Moderne Architektur im Kontext nationaler Kultur und Psychologie

Vakhtang Davitaia

In unserer heutigen hochentwickelten Welt gelten die Begriffe »national« und »regional« in den modernen Kommunikationsmitteln in gewissem Maße als Synonyme für rückständige Ansichten. Eine Besinnung auf die eigenen kulturellen Traditionen ist jedoch nicht unvereinbar mit der Schaffung moderner authentischer Kunst.

Heute ist allgemein ein banaler Standpunkt festzustellen: Wer in Georgien, Rußland oder Deutschland geboren und aufgewachsen ist, dessen Kunst sei natürlich automatisch georgisch, russisch oder deutsch. Es ist ganz klar, daß diese mechanisch-genetische Theorie einem großen Irrtum unterliegt. Nicht auf die Nationalität oder den Geburtsort kommt es an, sondern auf Anschauung, Philosophie und Einstellung. Die Kulturgeschichte der Menschheit hat dies bewiesen.

So stellt sich natürlich die Frage: Was führt heute, bei dem immer intensiver werdenden Austausch von Information und Kultur, zu einer Beeinflussung und Änderung der nationalen Psychologie, der Merkmale und Eigenheiten des täglichen Lebens? Welche charakteristischen Merkmale der Einstellungen und Weltbilder können einen Einfluß auf die Architektur haben? Welche aus der Geschichte ererbten Charakterzüge können die Bildung des Nationalcharakters beeinflussen? Ich werde versuchen, diese Fragen anhand des Beispiels meines Landes – Georgien – zu beantworten.

Es ist ein schwieriger historischer Pfad, den Georgien beschritten hat. Die Gefahr vollständiger physischer Vernichtung hat spezifische Eigenheiten der interethnischen Beziehungen hervorgebracht: Loyalität, Mitgefühl und gegenseitige Unterstützung.

Der sichtbare Beweis dieser Tradition zeigt sich in einer jahrhundertealten friedlichen Koexistenz der georgischen orthodoxen und der armenischen gregorianischen Kirche sowie der Präsenz einer Synagoge und einer Moschee auf einem kleinen Platz in Tbilisi. Diese Tatsache läßt sich natürlich nicht mit architektonischer Vielfalt erklären. Die Wurzeln reichen bis tief in die Philosophie und die Religionsgeschichte.

Es ist bemerkenswert, daß die Wohngebiete (»ubani«) von Tbilisi, Kutaisi und anderen georgischen Städten nicht nach nationalen oder religiösen Gesichtspunkten aufgebaut wurden, sondern sich aus Höfen zusammensetzen, die von Menschen verschiedener Nationalitäten geteilt wurden.

Zum anderen ist der georgische Nationalcharakter nicht mit dem isolierten, abgeschiedenen »Für-sich-allein-Leben« vereinbar. Die Vorstellung »my home is my castle« ist uns fremd. Damit soll ganz sicher nicht das Leben in der alten Kommune beschworen werden, keine Unterkünfte wie in den zwanziger Jahren, sondern moderne Wohnblocks. Auch mit isolierten Bezirken können wir uns nicht anfreunden.

Wir schätzen eine architektonische Umgebung, die gekennzeichnet ist von starker Kommunikation, welche die Menschen vereint und nachbarschaftliche Beziehungen gewährleistet. Dies ist seit langem gute, alte georgische Tradition.

Die traditionelle Wohneinheit eines Hofes in Tbilisi, auf drei Seiten eingefaßt von Balkonreihen, stellte einen Bereich dar, in dem das Leben zahlreicher Familien unterschiedlicher Volksgruppen ablief. Die Bewohner des Hofes waren in der Tat eine große Familie, in der jeder versuchte, die Interessen der anderen zu berücksichtigen. Dies war die Basis des Miteinanders. Die Planungsgrundlagen einer solchen Wohneinheit berücksichtigten sowohl die individuellen Interessen jeder einzelnen Familie als auch die der gesamten Gemeinschaft. In modernen georgischen Dörfern haben sich viele Elemente der gemeinsamen Haushaltung durch mehrere Familien bis heute bewahrt. Ein solches Miteinander bietet mehr Sicherheit für jede Familie. Es verstärkt die soziale Immunität, die für die Entwicklung eines harmonischen Menschen unverzichtbar ist.

Mein Bemühen, das Geheimnis der Verständigungsbereitschaft in den alten Höfen von Tbilisi zu ergründen, hat mich wiederholt zu dem Schluß geführt, daß nicht so sehr die Planung der Wohneinheit eine besondere Kommunikationsebene bestimmt, sondern das wohlausgewogene Gleichgewicht zwischen Raum und Mensch, das psychologische Optimum einer gesellschaftlichen Gruppe, welches das günstige Mikroklima für das Gefühl einer vereinten Familie erzeugt.

Der georgische Charakter hat fröhlich-gesellige, theatralische, gelegentlich fast angeberische Züge. Diese Eigenheiten zeigen sich sowohl in kulturellen Einrichtungen wie in den Wohneinheiten der Bevölkerung, insbesondere in West-Georgien. Diese Tendenzen sind im Gegensatz zur professionellen Architektur auch noch im individuellen, spontanen Nachkriegsbaustil erkennbar.

Ein weiteres Merkmal des georgischen Charakters ist ein Mangel an Rationalismus. Pragmatik und der Wunsch nach geistiger Befriedigung unterdrücken den Rationalismus. Das zeigt sich nicht nur im täglichen Leben, sondern auch in der Kunst und in den menschlichen Beziehungen. In West-Georgien bestand zum Beispiel lange Zeit die Sitte des »sauberen, freien Hofes«. Ein Hof vor dem Haus, der ein Drittel des gesamten Anwesens einnimmt, hat keinen praktischen Zweck, er ist vielmehr eine Art »Markenzeichen« der Familie. Er dient in erster Linie der Ästhetik, der Wirkung, der Freude, der Einladung. Die Tradition des »sauberen, freien Hofes« ist so stark, daß sogar in den schweren Jahren des Zweiten Weltkriegs dort kaum etwas angebaut wurde, obwohl in Georgien das Land außerordentlich knapp ist.

Die Annahme, daß in einem integrierten sozioökonomischen System bei dem heutigen Stand des wissenschaftlich-technischen Fortschritts sowie der Kommunikatonsmittel nationale und regionale Eigenheiten ausgelöscht und das Streben nach Weltbürgerschaft stärker würden, ist meiner Meinung nach ganz und gar falsch und vereinfacht die Probleme.

Die genannten georgischen Charakterzüge lassen sich durch einen Parallelvergleich der beiden Länder Litauen und Georgien unterstreichen. Zu Beginn meiner beruflichen Laufbahn hatte ich mit Kollegen ein Projekt für das Stadttor der Stadt Kutaisi zu bearbeiten. Wir entschieden uns für einen 30 m hohen Bogen. Den ursprünglichen Plan, den Bogen 40 m hoch zu gestalten, mußten wir aufgeben, weil es keinen entsprechenden Kran gab. Auch die von anderen Architekten entworfenen Stadttore für die Städte Gori, Rustavi usw. waren keineswegs weniger pompös. Bei einer Reise durch Litauen stellte ich fest, daß die Aufgabe, den Eintritt in eine Stadt zu kennzeichnen, von litauischen Kollegen viel einfacher gelöst worden war – entweder durch eine Holztafel mit einer Inschrift oder nur eine Inschrift.

In Vilnius wurde ein Bürogebäude für das frühere Zentralkomitee der Kommunistischen Partei Litauens gebaut. Es handelt sich um ein drei- bis vierstöckiges Gebäude, eher unauffällig und in die städtische Umgebung eingepaßt. Im Gegensatz dazu dominiert in Tbilisi ein ähnliches Gebäude mit seiner architektonischen Pracht die ganze Stadt.

Auch die architektonischen Konzepte für »Hochzeitspaläste« in Vilnius und Tbilisi trennen Welten. Der erste liegt in der Natur, der zweite ragt in den Himmel. In Tbilisi haben wir die weltweit am höchsten gelegene Rednertribüne.

Ich habe diese Parallelen hier nicht aufgeführt, um die Vorteile einer Position gegenüber der anderen zu zeigen, sondern um die Unterschiede nationaler Auffassungen darzulegen. Die Tatsache, daß Menschen, die in verschiedenen Ländern auf verschiedenen Kontinenten leben, ähnliche Kleidung tragen, die gleichen Tänze tanzen, ähnliche Autos fahren, ihre Freuden und Sorgen teilen, heißt keineswegs, daß auch ihr Weltbild, ihre Beurteilung von Tatsachen und ethnischen Stereotypen, identisch ist. Die Architektur als eine Kunst für die Gesellschaft sollte modern sein und den Geist eines Ortes, den Geist einer Nation, den Geist eines Landes zum Ausdruck bringen. Dies ist mein Grundgedanke.

Aber wie können wir dieses Ziel erreichen? Läßt es sich überhaupt erreichen? Ich nehme nicht für mich in Anspruch, ein Rezept für alle anzubieten, aber ich kann Ihnen etwas über die Methode mitteilen, die ich anwende, und einige Beispiele aus meiner Praxis erläutern. Diese Methode ist der Kontext. Für mich bedeutet Kontext nicht allein die Ausgeglichenheit von Maßstab oder stilistische Übereinstimmung. Zuallererst ist er Erhaltung und, wenn möglich, die Entwicklung eines neuen emotionalen Registers der Atmosphäre, das Ambiente der bestehenden Architektur und der landschaftlichen Gegebenheiten.

Für mich bedeutet Kontext nicht, diesem oder jenem Stil oder dessen formellen Indikatoren anzuhängen, sondern vielmehr die Merkmale wiederzubeleben, welche die uns vertraute und verständliche Atmosphäre und Stimmung definieren. Ich nenne dieses Prinzip die Provokation zum Erwecken der Erinnerung.

Meistens wird diese Atmosphäre nicht durch ein einzelnes Gebäude bestimmt, sondern durch die gesamte urbane Umgebung, zum Beispiel die Atmosphäre im alten Tbilisi, in Swanetien, bestimmte Bauten in Kolchis oder im alten Shatili, die Stimmung, die sich in Melnik oder Velike Tirnovo, in Samarkand oder Susdal mitteilt.

Es ist von größter Bedeutung, daß Architektur in Übereinstimmung mit modernen Tendenzen den Menschen in einer Weise nahegebracht wird, durch die sie einen ständigen Bezug zur Vergangenheit, zu der geistigen und materiellen Kultur der Nation haben.

Ein solches Gefühl in einem Menschen hervorzurufen, ist für mich eine der Hauptaufgaben.

1. Das architektonische Bild des naturkundlichen Museums Georgiens, »Das Dorf des Jägers«, in Tbilisi erinnert in gewisser Weise an Bergdörfer.
   Neue Konzepte in Form von Details, Abänderung des Maßstabs und Interpretation des Innenraumes werden in eine ähnliche psycho-emotionale Situation eingegliedert.
2. Eine kleine Kirche oder eine Festung auf einem Hügel oder Berg ist in Georgien ein traditioneller Anblick. Daran sind wir gewöhnt, und sobald sich mir eine Gelegenheit bot, habe ich versucht, diese vertraute emotionale Atmosphäre auf einer neuen Ebene zu neuem Leben zu erwecken. Dieses Denkmal trägt den Namen »Die Algeti-Basilika«.

3. Denkmal für die bulgarische Stadt Smoljan im Rhodope-Gebirge. Dies ist das Gebiet antiker griechischer Einflüsse, der Geburtsort von Orpheus. Smoljan ist eine vollkommen neue Stadt, stilistisch »aus einem Guß«. Zum Bau dieser Stadt wurden etwa 30 bis 40 Jahre gebraucht. Durch meine Arbeit habe ich versucht, die Erinnerung an ihre Geschichte wachzuhalten.
4. Denkmalskomplex in Kutaisi. Es ist den kreativen und physischen Fähigkeiten des Menschen gewidmet und stellt eine Art Bühne dar mit 30 Metern Durchmesser und obenauf fünf Skulpturen. Das architektonische Szenenbild ist, zusammen mit den Sockeln, eine ständige Einrichtung. Die Skulpturen werden alle drei Jahre ausgewechselt.

Ich habe erkannt, daß es das Prinzip eines Denkmals ist, jedesmal in einer neuen Form neu geboren zu werden, es ist Raum mit dem Rhythmus des Lebens, und es erreicht so die Grausamkeit, »ständig zeitgenössisch« zu sein. Das Hauptergebnis dieses Prinzips ist der Aufbau eines Museums, das einzig und allein dem Denkmal gehört.
5. In der Regel versuche ich eher, eine Atmosphäre in einem neuen Gewand zu schaffen, als mit traditionellen Formen zu arbeiten. Darin sehe ich das zeitgenössische Verständnis von Traditionen und der Symbolik von Geschichte und Zukunft. Das Verwaltungs-, Kultur- und Einkaufszentrum des Dorfes Khornabugi in Ost-Georgien wurde als Theaterbühne geschaffen. Unter Berücksichtigung aller alten und reichen Traditionen der Volksfeste in diesem Teil Georgiens habe ich versucht, alle geplanten Gebäude mit Vorrichtungen wie Theatersitzen zu versehen. Balkone, Logen, Emporen und Treppen, Terrassen und Flachdächer dienen dem Zweck, während der Feste die Zuschauer aufzunehmen.
6. Hotel in Tbilisi, Georgien. Der Innenhof, eine Part Patio, ist ein traditionelles Element der städtischen Kultur von Tbilisi. Sein Vorhandensein in einem modernen Gebäude erinnert an die nationale architektonische Sprache. Mit einem Hof wird der Komplex zugänglicher. Die beiden Höfe unterscheiden sich in Größe und Form. Der offene Hof ist rechteckig und mit dem Haupteingang und der Auffahrt verbunden. Nach der Überquerung gelangen die Gäste in einen größeren Hof – ein dreieckiges Atrium.
7. »Tempel des Gedenkens« im Dorf Mukhrani, Georgien. Da der Krieg in dieser Region in erster Linie eine psychologische Erfahrung war – die »Angst«, die Ungewißheit, die ermüdende Erwartung –, war die Aufmerksamkeit des Urhebers zuallererst auf die Suche nach ethischen Maßstäben konzentriert, eingegliedert in die universellen Formen der Moral.
8. Das Denkmal zu Ehren der am 9. April 1989 in Tbilisi ums Leben Gekommenen. Am 9. April 1989 wurde in Tbilisi um 4 Uhr morgens eine friedliche Versammlung auf dem Platz vor dem Regierungsgebäude von der Armee gewaltsam aufgelöst.

# Architektur und Kontext

Guillermo Vazquez
Consuegra

Wohnhaus in Sevilla

Das Grundstück liegt hinter einem Komplex zweistöckiger, aneinander angrenzender Häuser mit Hinterhof. Das Gebäude ist in dem Stil gebaut, der für diese Region typisch ist, und wurde anläßlich der iberoamerikanischen Ausstellung von 1929 am Rande einer der Achsen errichtet, welche die erste Peripherie mit dem historischen Zentrum der Stadt verbinden. Der Bau besteht aus einem einzigen langen, vierstöckigen Block mit 38 Sozialwohnungen von je 90 m$^2$ Wohnfläche mit vier Schlafzimmern.

Die Form des Grundstücks, die urbanen Bedingungen seiner Lage sowie die lokalen Baubestimmungen empfahlen, eine klare und erkennbare Form in die Unordnung eines städtischen Umfelds zu stellen, welches durch Zusammenhanglosigkeit und den Verfall öffentlicher Gebäude charakterisiert ist.

Der Vorschlag eines kompakten einzelnen Gebäudes, das sich so weit wie möglich bis an die Grenzen des Grundstücks erstreckt, will die Beschaffenheit der städtischen Architektur aufgreifen, die kein isoliertes Objekt nahelegt, sondern eine formale Kontinuität mit den Freiräumen herstellt. Unter diesen Bedingungen bot es sich an, das Grundstück zu begrenzen, indem man ihm lediglich zwei Zugänge einräumte: einen von der Straße Ramón y Cajal (mittels einer langen Fortführung des Grundstücks von acht Meter Breite, durch die man diese Straße sieht), den zweiten von der Straße Urbión. Auf diese Weise wird der restliche, nicht bebaute Raum durch die Innenhöfe der Erdgeschoßwohnungen geschlossen. Diese Höfe werden von den Hinterhöfen der bestehenden Wohnungen durch eine vorgeschriebene Fußgängerstraße abgegrenzt.

Die maximale Höhe von vier Geschossen erlaubt es, die Typologie der Duplex-Wohnungen zu übernehmen, so daß eine größere Anzahl von Erdgeschoßwohnungen über einen Hinterhof verfügt, während die Wohnungen der höheren Etagen eine private, auf dem Dach des Gebäudes errichtete Terrasse erhalten. Diese Anordnung des Blocks hat zur Folge, daß alle Wohnungen über eine private Außenfläche verfügen: Bei den Erdgeschoßwohnungen ist es ein Hof von angemessener Größe, bei den Wohnungen der oberen Geschosse ist es eine Dachterrasse, auf der außerdem eine Abstellkammer gebaut wird, die von außen zugänglich ist, um die Nutzfläche nicht zu beeinträchtigen.

Die Änderung der normalen Etagenanordnung zu Duplex-Wohnungen, bei der nun Schlafzimmer über Schlafzimmern angeordnet sind, erlaubt es, den Zugangskorridor zu den oberen Wohnungen in das dritte Obergeschoß zu legen. Dadurch wird das Gebäude mit einem großen Gesims versehen, das formal noch durch ein nach vorne abfallendes Dach betont wird. Es bestimmt den Abschluß des Gebäudes und trennt zugleich funktional die Wohnbereiche von den übereinander angeordneten Schlafbereichen.

Dieser obere Korridor, der von großzügiger Tiefe und zur Südseite orientiert ist, soll zu einem Aufenthaltsraum werden. Die Reihe der zylinderförmigen Säulen, welche den flachen Fachwerkträger des Daches aufnehmen, teilt den Korridor in zwei verschiedene Zonen: eine auf der Seite der Wohnungen mit aneinandergereihten Holzbänken und eine äußere unter dem Zinkdach, die als Durchgangsbereich dient.

Die von Bougainvilleas bedeckte große, fast 100 Meter lange Pergola im Erdgeschoß trennt den Zugangstrakt zu den Wohnungen von ihren Fassaden und gewährleistet so die Privatheit der dorthin orientierten Zimmer, ähnlich wie der Korridor in der oberen Etage.

Zugleich bildet die Pergola eine Abschirmung, welche die einzelnen Eingänge zu den Erdgeschoßwohnungen verbirgt. Dadurch wird der obligatorische Wohncharakter des Gebäudes gemildert und ein einheitlicheres Stadtbild angeboten.

Im Kellergeschoß befindet sich die Garage. Die Breite des Gebäudes von elf Metern erlaubt es, durch Hinzufügen eines fünf Meter breiten, sich bereits außerhalb des Blocks befindlichen Streifens die Fläche des Parkplatzes in der Mitte zu begrenzen und so die Aushebungs- und Baukosten zu verringern. Von der Straße Ramón y Cajal, über den schmalen Streifen des Grundstücks, erfolgt der Zugang zu der Garage. Er liegt etwa anderthalb Meter tiefer als der Rest des Grundstücks, was zu einer guten Halbsouterrain-Lösung führt. Ein großer Teil des Parkgeschosses öffnet sich auf einen trapezförmigen Hof. Der Zugang zur Garage erfolgt vom gemeinsamen, gartenartig angelegten Bereich der Wohnungen, der mit Mimosen, Jakarandabäumen und Bougainvilleas bepflanzt ist.

Die unsinnige Vorschrift, die eine fensterlose Stirn für den Block forderte, findet ihre formale Antwort in dem Balkon, der den oberen Korridor über der Backsteinmauer auf der Westseite abschließt, sowie in der Rundung am Gebäudeende, wodurch dem weiten städtischen Raum der Straße Urbión eine konvexe Fläche entgegengesetzt wird.

Wohnhaus in Cádiz

Das Gebäude liegt in einem in seiner Ausdehnung bis ans Meer reichenden Stadtviertel ohne jegliche qualitativ gute Architektur, in einer Vorstadt der Vorstädte mit banalen Gesamtumständen, die so vielen völlig verdorbenen Orten der spanischen Peripherie ähnelt. Solche Orte bedürfen der Maßnahmen zur Wiederaufwertung, um die Lebensbedingungen ihrer Bewohner zu verbessern.

Das ist der Schauplatz, auf dem dieses Projekt von 180 Sozialwohnungen (mit einem Bauprogramm von Zwei-, Drei- und Vierzimmerwohnungen und einem Zusatzprogramm von Geschäften und Büros) auf zwei freien Grundstücken des Stadtviertels La Paz realisiert werden sollte. Es wurde von der »Obra Sindical del Hogar« in der ungeordneten städtischen Landenge von Cádiz, außerhalb der Altstadt, gebaut.

Das Projekt schlägt den Bau zweier großer, linearer Blöcke parallel zur Straße Barbate vor. Sie sollen keine autonomen Objekte, keine isolierten Bauten werden, obwohl sie als Einzelteile nebeneinanderstehen, sondern aktiv an der Wiederaufwertung dieses so sehr verunstalteten Gebietes mitwirken.

Architektur und Kontext | 75

Der Entwurf bemüht sich um die Gestaltung der öffentlichen Räume, indem er eine Hierarchie von Plätzen und Fußgängerstraßen festlegt, die bereits bestehenden vervollständigt und sie in die neue vorgeschlagene Struktur integriert.

Die Blöcke von 62 bzw. 116 Metern Länge haben eine L-Form und bilden die Ecken beider Straßen. Zugleich begrenzen sie die offenen Räume im Innern der Grundstücke, zwei gepflasterte und mit Bäumen bepflanzte große Plätze.

Generell wird die Bautypologie der Laubengänge übernommen, um die Fläche am besten zu nutzen. Dadurch wird die größtmögliche Breite des Blocks erreicht, mit der zusätzlichen Schwierigkeit, daß die Badezimmer nach der Bestimmung der »Junta de Andalucia« außen liegen müssen. Der größere Block ist ein komplexerer Organismus, der sich in zwei parallele Teile gliedert, die durch zwei verglaste Metallbrücken miteinander verbunden sind. Diese bilden eine Fußgängerstraße, die zu einem der Plätze führt. Der weiter innen gelegene Block, welcher sechs Etagen mit Duplex-Wohnungen umfaßt, akzeptiert die subsidiäre Stellung zum Hauptgebäude.

Diese Art der Raumnutzung, bei der zwei parallele Blöcke punktuell miteinander verbunden und die Erschließungssysteme zugunsten größerer Gemeinschaftsräume verkleinert werden, bietet sich als Alternative zum Kompaktblock von 25 Metern Breite mit Innenhöfen an, wie es das Gebäudevolumen nahelegen könnte.

Die langen, übereinander angeordneten Korridore des Duplex-Blocks sind von angemessener Breite und können daher als Terrasse und somit auch als Erweiterung der Wohnung genutzt werden. Ebenso wie in dem Gebäude in der Straße Ramón y Cajal erscheint der Korridor durch die Stellung der zylinderförmigen Säulen wie in zwei Räume geteilt. Der längliche Korridor erstreckt sich bis zum Kopfende und wird so zu einem weitläufigen Balkon über dem städtischen Umfeld.

Der zweite, im Grundriß lineare Block akzeptiert eine Reihe formaler Gegebenheiten, die aufgrund seiner enormen Länge auf verschiedenen Kompromissen beruhen: zum Beispiel die Auskragung der obersten vier Etagen am Ende des Blocks über der Straße Barbate. Diese Geste soll das Gebäudeende hervorheben und findet in den gekurvten Korridoren entlang ihrer inneren Fassade eine unmittelbare Entsprechung. Das gleiche gilt für die große, offene Vorhalle mit zwei Portalen, die zu den Stegen führen, welche eine Verbindung zwischen der engen Fußgängerstraße und der Straße Barbate herstellen.

Guillermo Vazquez Consuegra

Im historischen Zentrum von Sevilla

Von der Vorstadt der sechziger Jahre in Cádiz nun zum historischen Zentrum von Sevilla: Das Quartier Santa Cruz ist das typische Viertel der Stadt schlechthin. Durch das Interesse, Historisches zu bewahren, wurde Sevilla auferlegt, dieses typische Stadtbild nach außen zu erhalten – Masken des täglichen Karnevals, in dem einige wenige leben und um den Spekulanten aller Art mit schlecht versteckten Interessen kämpfen. Trotz dieser dominierenden Haltung besteht die Hoffnung, eine Realität zu finden, welche nicht auf Verhaltensschemata oder unantastbar Vollendetes beschränkt ist, sondern auf der sicheren Haltung beruht, die Gegenwart in die Geschichte einzuschreiben.

Um Häuser mit Innenhöfen, Erkern oder Balkonen, Korridoren, Flachdächern und Aussichtspunkten, perforierten Mauern mit nicht vorhandenen Fenstern, Bougainvilleas, Orangenblüten und Stille zu verstehen, müssen sie mit Eigennamen versehen werden; ihre Verwirklichung wird daher immer ein neues Abenteuer und eine neue Kreation sein.

Diese fundierte Kenntnis einer bildlichen Natur vollendet die Idee, über die Form hinaus auch den Begriff des Wiederentdecktwerdens in einer neuen Sprache zu verstehen.

Zwei kleine Beispiele sollen an dieser Stelle erläutert werden, die nicht auf der Grundlage einer strengen geschlossenen Theorie erarbeitet worden sind, sondern aufgrund eines Verständnisses von Architektur entstehen konnten, die den von Geschichte und Stadt geschaffenen Materialien treu geblieben ist.

Beim ersten handelt es sich um eine Wohnung neuer Bauart, die hinter einer Mauer von Bougainvilleas verborgen liegt.

»Casa Santos«

Um die Zugänge zum Viertel Santa Cruz vom monumentalsten Bereich der Stadt aus zu verbessern, wurde in den sechziger Jahren eine enge Gasse gebaut, die die Plaza del Triunfo mit der Plaza de la Alianza verbindet. Dazu war der Abriß eines an die Mauern des sevillanischen Alcázars angrenzenden Gebäudekomplexes erforderlich.

Beim Abriß blieb eine Mauer stehen, an der diese Gasse und die Plaza de la Alianza zusammentreffen. Später soll dort eine fensterlose Steinmauer angrenzen, die mit einem von roten Bougainvilleas eingerahmten Altargemälde dekoriert ist.

Zwischen den Plätzen Alianza und Triunfo, d. h. zwischen den weißen Ziegelsteinmauern des Alcázars und den Trümmern des alten angrenzenden Hauses, verbleibt ein Grundstück von fast 50 m$^2$, hinter dem die Giralda zu sehen ist.

Die unter Denkmalschutz stehenden Mauern, die strengen Bestimmungen der Bauhöhen sowie die Auflage für den Bau von Sozialwohnungen schränken das Projekt allerdings ein.

Es handelt sich hier um den Bau eines unter offiziellem Schutz stehenden zweigeschossigen Wohngebäudes von höchstens 90 m$^2$ Wohnfläche. Eckgrundstück und Denkmalschutz legen es als ein »Haus zwischen Mauern« fest.

Das Projekt berücksichtigt indessen die Umstände seiner besonderen Lage, indem es mit Schlichtheit und Rücksicht auf die Altstadt in seiner monumentalen Umgebung vorgeht.

Der organisatorische Plan des Gebäudes schreibt mit einem kleinen, an die benachbarte Trennwand angrenzenden Hof die genaue Anordnung der verschiedenen Zimmer des Hauses vor. Durch den Freiraum in der Decke des Erdgeschosses erhält das Wohnzimmer zusätzlich »intermediäres« Licht. In der oberen Etage bildet dieser Freiraum mit dem Hof eine Achse, die rechtwinklig zu derjenigen liegt, die zum Platz führt.

Unter dem Flachdach steift die kubische Form des Hauptschlafzimmers die bestehende Mauer strukturell aus und schafft so einen privilegierten Ausblick auf den Platz, den Alcázar und die Giralda.

Andalusisches Architekturinstitut

In diesen wie auch in anderen Projekten von größerer Bedeutung, die derzeit durchgeführt werden (die Restauration der Cartuja von Sevilla oder die Renovierung des Palastes von San Telmo für das Präsidium der andalusischen Regierung), sind eine Reihe von Veränderungen vorgenommen worden, die den Versuch darstellen, die Beziehung zwischen Historischem und Qualität zu relativieren: Dabei wurden jene Elemente mit Sorgfalt beseitigt, die keinen architektonischen oder baulichen Wert besaßen.

Bei diesem Projekt handelt es sich um die Renovierung eines Gebäudes und seine Wiedereinsetzung als Sitz des andalusischen Architekturinstituts. Es liegt in dem Patio de Banderas, dem ehemaligen Waffenplatz des angrenzenden sevillanischen Alcázars.

Seine Bauform entspricht dem Typus »Haus mit Hof«, um den sich die Nebenräume anordnen. Ein Flur im ersten Laubenrundgang ermöglicht den Zugang zu dem kleinen Hof, an dessen rechter Seite sich ursprünglich die Treppe befand.

Eine kritische Haltung und die Fähigkeit, lediglich qualitativ gute Architektur zu bewahren, verbanden sich mit dem Wunsch, eine neue Architektur einzubringen. Diese sollte frei sein von formalen und stilistischen Analogien und sich natürlich in den Verlauf des historischen Prozesses der Umgestaltung und Renovierung des Gebäudes einfügen. Dies zeigt, daß die Begriffe Erhaltung und Erneuerung nicht widersprüchlich sein müssen, sondern daß im Gegenteil das schon Vorhandene anregendes Material für das neue Projekt bietet. Die architektonische Wiederaufbereitung wird so zum eigentlichen Baumaterial des Gebäudes, an dem die gewünschten Umgestaltungen vollzogen werden.

Die neue Architekturform, die mit dem historisch Gegebenen harmonieren soll, muß demnach eine Kontinuität mit der Vergangenheit aufrechterhalten und sowohl eine bloße Nebeneinanderstellung als auch eine zu heftige Begegnung vermeiden. Dabei ist sie jedoch einer gegenwärtigen Zeit und aktuellen Umständen verpflichtet, deren Anforderungen sie in ihrer neuen Anwendung gerecht werden muß. Das renovierte Gebäude muß als neue, gegenwartsbezogene Ausdrucksform den Zeitpunkt repräsentieren, in dem es gebaut wird.

Die wichtigsten Veränderungen werden in der zweiten Etage vorgenommen werden, deren nutzbare Fläche durch Überdachung der offenen um den Hof herumführenden Galerie ver-

Architektur und Kontext

größert wird. Des weiteren wird die Treppe in den hinteren Teil des Hauses versetzt. Ein neues Glasdach soll die Helligkeit der zum Hof gelegenen Räume verbessern. Überdachte es den Hof ursprünglich in der ersten Etage, wird es nun einen Stock höher gesetzt und vergrößert somit gleichzeitig dessen Nutzfläche.

Durch das Ausheben des Erdgeschosses am Laubengang des Hofes entsteht ein Raum, der als kleiner Vorführ- oder Ausstellungsraum genutzt und durch eine verschiebbare spanische Wand geteilt werden könnte.

Ein Holzsteg in der ersten Etage gegenüber der Treppe schließt den Rundgang des Hofes. Dadurch kann ein bühnenbildmäßiger Effekt des Treppenschachts an der Frontmauer vermieden werden.

Die Stufenhöhe der neuen Holztreppe ist an ihrer äußeren Seite verdoppelt und ermöglicht somit, Geländer zu beseitigen.

Vor allem in der zweiten Etage tragen die baulichen Maßnahmen des Projekts wesentlich zur qualitativen Steigerung der Räumlichkeiten bei: Das einfache Dach über der Treppe wird durch ein neues im letzten Bindewerk des obersten Dachgeschosses ersetzt.

In dieser Etage befinden sich auch die größeren Räume des Gebäudes, wie zum Beispiel der Gemeinschaftsraum, in den ein Turm der Mauer einbezogen ist. Von hier aus führt eine Wendeltreppe zum zylinderförmigen, doppelt verglasten Dach.

Das Projekt schenkt der Bedachung des zentralen Hofes seine besondere Aufmerksamkeit. Dieses »Oberlicht-Dach«, das sich wie eine große Kristallampe über die Weite des Hofes spannt, soll als ein Element fern vom Häuslichen die öffentliche Dimension und die neue Anwendung des Gebäudes betonen.

Schiffahrtspavillon

Der Schiffahrtspavillon liegt am Ufer des Guadalquivirs im südlichen Bereich des Weltausstellungsgeländes zwischen den Brücken von Chapina und Cartuja.

Die Hauptfront zum Fluß gerichtet, steht er auf einer Plattform in Höhe des Hafendamms und kann von der Plaza de los Descubrimientos aus, dem höchsten Punkt des Geländes, gesehen werden. Seine Grundfläche beträgt etwas mehr als 15 000 m².

Der Pavillon, das zukünftige Schiffahrtsmuseum, besitzt einen sehr großen, neutralen Raum, dessen Gestaltung jedoch eines gewissen architektonischen Ausdrucks nicht entbehrt.

Das gebogene Metalldach bestimmt den Charakter der Hauptfassade des Pavillons. Seine zur Altstadt hingewendete Rundung läßt Erinnerungen an alte Bilder von Luftschiffhallen und Lagerschuppen wach werden. Im Bestreben, das Gebäude seiner Umgebung harmonisch anzupassen, erwidert seine Form den terrassenartigen Entwurf des Geländes.

Auf demselben Grundstück ist der Bau eines Gebäudes für Dienstleistungen geplant (Cafeteria und Restaurant). Der Pavillon artikuliert seine ganz eigene Form durch eine große abgestufte und überdachte Rampe. Sie bildet die Pforte zum Fluß, die gleichzeitig auch die Ostpforte des Ausstellungsgeländes ist, und ermöglicht eine direkte visuelle Verbindung des Geländes mit dem Hafendamm, den Schiffen, dem Fluß und der Stadt.

Der Pavillon ist der Länge nach in zwei parallele Räume geteilt, die engen Gassen gleichen und deren Höhe das Vierfache ihrer Breite ausmacht. Auf der einen Seite befindet sich die große Ausstellungshalle, die auf Rampen und Galerien durchschritten werden kann, auf der anderen der kleinere, für Dienstleistungen bestimmte Bereich (Lagerhallen, Werkstätten und Angestelltenräume). Dieser findet seine Fortsetzung in einen offenen Säulengang, so daß der Pavillon aus der Richtung der Plaza de los Descubrimientos eine einzigartig homogene Fassade erhält.

Beziehungen zur Schiffahrtswelt werden, über die Formen hinaus, durch den Gebrauch traditionellen Materials, wie z. B. das Holz, hergestellt: Große gebogene Holzbinder, die ein lichtes Maß von 40 Metern überspannen, bezeichnen den Prinzipschnitt des Pavillons.

Diese Binder stützen sich auf zwei Betonelemente: einmal in der zum Fluß hingewendeten Fassade auf einer breiten, auf robusten Säulen aufliegenden Plattform, die beidseitig über die Stützpfeiler hinausragt, und zum anderen außen in einem großen Aussichtsbalkon. Dieser breite Balkon auf der Flußseite eignet sich als Aufenthaltsort im Freien. Fünf gläserne Oberlichter von elf Metern Höhe gliedern das Kupferdach. Sie reichen bis zum Balkon hinab, so daß das Licht in Sequenzen ins Innere des Pavillons gelangt.

Auf der gegenüberliegenden Seite liegen die Holzbinder ebenfalls auf einer gegliederten Stütze, die aus doppelten Betonpfeilern besteht und einen trapezförmigen Säulengang bildet. Diese Pfeiler von 17 m Höhe und 7,20 m Abstand sind durch Querbalken miteinander verbunden und formen so den Raum der inneren Straße. Zusammen mit der Betonstruktur der Werkstätten und Büros bilden sie die Stützkonstruktion für das Dach.

Rampen ermöglichen einen Rundgang um den zentralen, großen Ausstellungsraum des Pavillons. Diese seitlichen Galerien haben verschiedene Ausrichtungen und bilden im nordöstlichen Scheitelpunkt einen Glasbalkon. Er besteht aus zwei Ebenen und bildet so einen großen, überdachten Aussichtspunkt über dem Hafendamm, den Schiffen und dem Fluß.

Der Pavillon wird nach der Weltausstellung 1992 als Schiffahrtsmuseum fungieren. So kann die Integrität seines großen Innenraums unter dem gewölbten Dach, der durch die Ausstellung verändert wurde, wiederhergestellt werden.

Des weiteren plant das Projekt den Bau eines teilweise im Fluß verankerten Aussichtsturms am Ende des Hafendamms. Er soll einen Kontrast zu der großen horizontalen Silhouette des Pavillons bilden.

Er setzt sich aus zwei Teilen unterschiedlicher formaler Gestaltung zusammen: der eine auf dem leichten, metallenen Hafendamm hat die Form eines geraden Prismas auf dreieckigem Grundriß, in dem sich die Abstiegstreppe befindet. Der andere Teil aus weißem Beton senkt sein Fundament in Form eines Schiffkiels in den Fluß hinab. Dort befinden sich das Rampen- und das Aufzugssystem.

Seine geographische Lage macht den Turm zu einer Art Grenzstein in der Uferlandschaft, der vom Fluß aus den Eingang zum Ausstellungsgelände markiert. Seine Höhe, die etwa 60 m beträgt, verleiht ihm den Rang eines privilegierten Aussichtspunktes mit Blick über das Ausstellungsgelände und die Stadt.

# Zur Kontinuität der Polis

Yannis Michail

Erhaltung und Fortentwicklung der Plaka in Athen

Prolegomena

Die Grenze Abendland – Morgenland, wie sie sich seit der Antike und nach der Romanisierung des Binnenlands quer durch die Balkanhalbinsel hinzieht, etwa dem Lauf der Donau folgend, trennt auch zwei große Einflußbereiche, die aber vielerorts ineinander übergehen.

Im Norden kam die starke religiöse, soziale, kulturelle und rechtlich-organisatorische Ausstrahlung des sich autonom entwickelnden Stadtwesens zur Geltung. In Stichworten:
– Mittelalter (Stadtluft macht frei, Sachsenspiegel),
– Reformation,
– Gegenreformation,
– Absolutismus,
– industrielle Revolution bis Zweiter Weltkrieg.

Im Süden wurden viele lebenswichtige, einander widerstrebende Elemente zu einer Einheit verschmolzen:
– Antike,
– Hellenismus,
– Pax Romana,
– neue Offenbarungsreligion,
– Pax Byzantina über 1000 Jahre,
– Pax Ottomana,
– Neuzeit, ohne industrielle Revolution.

Mit den Worten Franz Doelgers gesagt: »Ein soziologischer und städtebaulicher Vergleich zwischen der westeuropäischen und der osteuropäischen Stadt ist unmöglich wegen der grundverschiedenen Gegebenheiten des bürgerlichen Lebens, der konträren sozialen Strukturen und der unterschiedlichen geschichtlichen Abläufe. Während im Westen der Handel und die Autonomie der Städte blühen, leidet die Stadt im Osten unter Militarismus und Zentralismus und unter dem Einfluß der Metropole am Bosporus, Konstantinopel und Istanbul.«

In der Verflechtung der Kulturen in Europa mit ihren zahlreichen Unterschieden und Vielfältigkeiten wurzelt die Stadt im Südosten Europas also in der Antike. Das unmittelbare oder mittelbare Erbe der Polis bleibt von grundlegender Bedeutung. Athen oder, genauer gesagt, das Gebiet der heutigen Plaka ist ein typisches Beispiel aus dieser Zeitspanne von 3000 Jahren.

Feststellungen

1. Während die westeuropäische Stadt in der Regel über eine kompakte Bausubstanz aus einer historischen Periode verfügt, etwa aus dem Barock in Dresden oder aus der Hansezeit in Rostock, ist Athen eine der ganz wenigen Städte mit einem kontinuierlichen Werdegang von drei Jahrtausenden. Dies bezeugen zahlreiche Monumente, die man auf Schritt und Tritt im Stadtorganismus antrifft. Athen kann also als ein katexochen städtebaulicher Palimpsest bezeichnet werden.

2. Viele Ausgrabungen haben die Lagekonstanz der Plaka bestätigt. Ihr Straßennetz ist also heute ein hervorragendes Denkmal Athens (Abb. 1).
Im Gegensatz aber zu den planmäßig angelegten Städten, die nach Aristoteles »geradlinig der neuen hippodamischen Bauart folgten«, war Athen eine Stadt, »wie sie in der alten Zeit waren«. Der römische Reisende Philostratos wunderte sich über die »attische«, das heißt unregelmäßige Art des Straßennetzes.

3. Das Bild der Plaka veränderte sich kaum im Verlauf der Jahrhunderte. Lewis Mumford wunderte sich über die Unregelmäßigkeit, über jene attische Bauweise: »Wenn man auf der Akropolis steht, entdeckt man darunter ein solches Gewimmel von einstöckigen Häusern, wie es dort wohl schon zu Solons oder zu Perikles' Zeiten geherrscht haben mag.«
Das spätere Bauen in Athen ist also stets von diesem vielfältigen Palimpsest aufgenommen worden, das noch immer das historische Konzept für das heutige neue Bauen bildet.

Die Polis der Athener

Die Polis, die wichtigste Hauptträgerin der klassischen griechischen Kultur, vermittelt uns – so sagte mein Lehrer Erich Kühn – Wesen und Sinn der griechischen und damit jeder späteren Stadt.
Athen ist nach Ernst Kirsten das bekannteste Beispiel eines mykenischen Burgbergs, den wir nach dem späteren Sprachgebrauch Athens auch als den Akropolis-Typus bezeichnen dürfen.
Der Parthenon-Tempel repräsentiert nicht nur die Blüte der klassischen Zeit. Stets war er auch ein Symbol der geistigen Freiheit.

Seit der klassischen Zeit ist die Akropolis nicht ohne die Plaka zu denken und die Plaka nicht ohne die Akropolis. Im Verlauf der Jahrhunderte prägte jede historische Periode der Plaka ihre charakteristischen Züge auf.

Der Hellenismus hinterließ die Monumente der Athenliebhaber, etwa die Stoa von Attalos, dem König von Pergamon. Sie ist in den fünfziger Jahren vollkommen wiederaufgebaut worden (Abb. 2).

Die Römer stifteten Bauwerke für die Ewigkeit:
- Im Herzen der Plaka errichtete Kaiser Hadrian seine monumentale Bibliothek (Abb. 3).
- Er baute auch die Hadrianische Wasserleitung, die das Wasser vom Pentelikongebirge in die Stadt bringt. Diese Wasserleitung verlor zwar 1928 ihre primäre Bedeutung, jedoch denkt man heute schon an eine erneute Reparatur und Wiedernutzbarmachung.
- Das Odeon des Herodes Attikus neben dem antiken Dionysostheater, ebenfalls am Fuße der Akropolis gelegen, bietet Einheimischen und Touristen fast jeden Sommerabend eine Bühne für Wort- und Tondarstellungen.

Fast in ihrer vollen Länge erhalten, durchzieht die römische Mauer die Plaka. Sie wurde in der unruhigen Zeit der Völkerwanderung eiligst errichtet, und zwar unter Verwendung von Spolien, wie zum Beispiel den Resten der Bibliothek von Pantainos. Etliche bekannte Bauten der Umgebung könnten durch die Feststellung dieser Spolien rekonstruiert werden.

In manchen Fällen gestattete die Archäologische Behörde, Reste der spätrömischen Mauer in neue Gebäude einzubeziehen, wie bei einem Lederwarengeschäft an der Ecke Diogenes-/Hadrianstraße.

Während der frühbyzantinischen Epoche versuchten die Vertreter der neuen Religion, sich der Stadt zu bemächtigen, etwa durch die Umwandlung der heidnischen Tempelanlage des Asklepeios oberhalb des Dionysostheaters in eine altchristliche Basilika (Abb. 4). Nach der Jahrtausendwende erschienen im Stadtbild Meisterwerke der byzantinischen Sakralbaukunst mit der für Athen typischen überhöhten Kuppeltrommel (Abb. 5). Neben der christlichen fand auch die islamische Religion ihren baulichen Ausdruck.

Der Parthenon, schon im 6. Jahrhundert vom Athena-Heiligtum zur Muttergotteskirche umgewandelt, erfuhr eine neue Umwandlung: Mittendrin wurde eine kleine Moschee errichtet (Abb. 6).

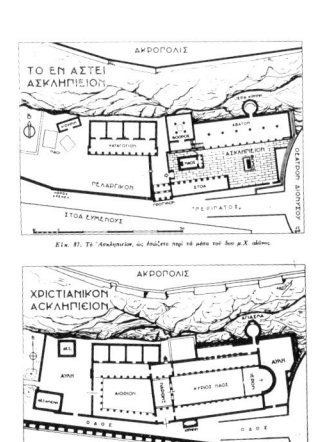

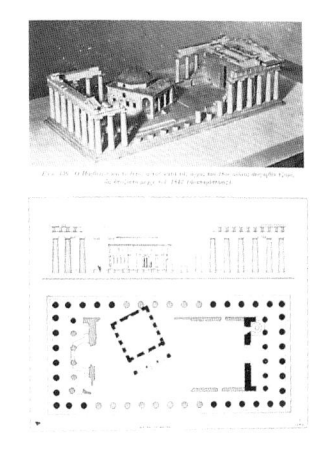

4, 5, 6

Zur Kontinuität der Polis | 85

7

In der Kirche des heiligen Nikolaos Ragavas aus dem 11. Jahrhundert hängt eine kleine Glocke. Sie läutete 1821 den Beginn des Befreiungskampfes ein und verkündete 1944 die nächste Befreiung Athens – ein Symbol der politischen Freiheit! 1833 wurde Athen zur Hauptstadt Griechenlands erklärt und erhielt den ersten Stadtplan in Form eines Dreiecks, dessen Längsseite sich quer durch die Plaka zieht. Als Planverfasser zeichneten Stamatios Kleanthis aus Mazedonien und Eduard Schaubert aus Sachsen. Die Plaka wurde zur archäologischen Zone bestimmt. Leo von Klenze revidierte und verkleinerte ein Jahr später den Stadtplan etwas; er erlaubte »vorerst das Bauen« und rettete damit die Plaka vor der Ausgrabung. Der Plan von Klenze bildet bis heute die Grundlage des Athener Zentralbereichs (Abb. 7).

Zu jener Zeit weilten und wirkten namhafte Architekten in Athen:
Gottfried Semper untersuchte 1831/32 das Erechtheion und Theseion. Er interessierte sich besonders für Farbspuren zum Nachweis einer vollkommenen Polychromie.
Karl Friedrich Schinkel entwarf in Berlin seinen grandiosen Palastbau auf der Akropolis. Der königliche Palast wurde aber im neuen Stadtareal von Friedrich von Gärtner gebaut.
Der Athener Klassizismus fand seine Entfaltung in einer Reihe von repräsentativen Gebäuden, so die Athener Trilogie mit der Universität von Christian Hansen sowie der Akademie und der Staatsbibliothek von seinem Bruder Theophil. In der Plaka gab es keinen Platz und auch keinen Bedarf für größere öffentliche Gebäude.
Diese Bautätigkeit fand im besagten Dreieck statt. Leider zerstörte ein Jahrhundert später, nach dem Zweiten Weltkrieg, eine neue Welle von Baumaßnahmen die ruhige und angenehme Atmosphäre des Klassizismus. Heute sind die 35 Hektar der Plaka ein winziger Bruchteil der großen Athener Agglomeration, die sich über ganz Attika erstreckt und 3,5 Millionen Einwohner, das heißt ein Drittel der Landesbevölkerung, zählt.
Die Plaka geriet, besonders in den letzten zwei bis drei Jahrzehnten, unter den starken funktionalen und städtebaulichen Druck des Athener Zentrums.
Der Wald hoher Bauten würde die Akropolis erreichen, hätten die Archäologen nicht die Bauhöhen in der Plaka Anfang der sechziger Jahre begrenzt.
Jedoch unterliegen manche Straßenzüge an der Peripherie der Plaka den hohen Nutzungen und haben heute, obwohl sie auf einem Teil des antiken Straßennetzes stehen, mit der Plaka nichts mehr gemein. Die dort vorhandenen alten Bauten sind zwar unter Denkmalschutz gestellt, bilden aber keine Ensembles. Die hohen Gebäude verdecken die Sicht auf die Plaka und auf die Akropolis völlig. Für diese hohen wie auch für andere unerwünschte, weil häßliche Bauten ist kürzlich vom Generalsekretär des Bauministeriums, V. Korkolopoulos, ein interessanter Vorschlag gemacht worden: Aus Verantwortung gegenüber kommenden Generationen sollte man einen Jahrhundertplan beschließen, der in dieser Zeitspanne durch Enteignung, Steuererlasse, Transferierung von Baurechten usw. das Abtragen dieser Gebäude und somit eine Wiedergutmachung der Versäumnisse von gestern vorsieht.
In diesen zentralen Gebieten um die Plaka wird neuerdings eine fragwürdige Taktik verfolgt. Obwohl die Eigentümer die ungenutzte GFZ ihres Grundstücks transferieren oder verkaufen können, gestattet die Behörde Sonderregelungen, wonach die GFZ voll ausgenutzt werden kann, und zwar im Hof der alten Gebäude, gewöhnlich in der Form von Glaskuben (Abb. 8).

8, 9

## Verfall nach 1960

Der starke Druck des Athener Geschäftszentrums und die neuartige Gefahr durch den Tourismus brachen nach 1960 über die Plaka herein.

Die funktionale, städtebauliche und architektonische Verformung erreichte ihren Höhepunkt während der Militärdiktatur (1967–1974), als für die Plaka Nutzungs- und Ausbeutungsfreiheit galt. Die Invasion des Autos und der kauf- und amüsierlustigen Touristen sowie die Ausbreitung billiger Nachtlokale haben in dramatischer Weise das Gebiet unterwandert und den Charakter der Plaka zerstört.

Der Nepp blühte: Die Zahl der Nachtetablissements wuchs auf 193 und die Kapazität auf 18 000 Sitzplätze an. Dagegen sank die Einwohnerzah von 17 500 im Jahre 1961 auf 4 500 im Jahre 1971. Einerseits bot die Unterhaltungsbranche erheblich höhere Renditen als das Wohnen, andererseits steigerte sich die Lärmbelästigung ins Unerträgliche (Abb. 9).

Die Fassaden wurden häßlich verdeckt: Ein bunter Wald von Inschriften und Neonreklamen verunstaltete die Architektur. Viele alte Gebäude wurden abgerissen und die Grundstücke in Parkplätze umgewandelt.

Viele Leute streben laut Karl Jaspers dorthin, wo sie im Namen der Freiheit endgültig von der Freiheit befreit werden. Genauso war die Plaka damals im Begriff, im Namen der Plaka die Plaka endgültig aufzulösen.


## Erhaltung und Erneuerung seit 1978

Zu Beginn der sechziger Jahre wurde man sich der Probleme des Plakaverfalls bewußt. In öffentlichen Diskussionen (so im Stadtrat von Athen 1964) und auf Architekturkongressen wurden Proteste gegen die Transformation, Aufforderungen zur Rettung und Vorschläge zur Erhaltung laut. Diese Probleme haben auch die UNESCO-Sachverständigen R. Lemoine, R. Sneyers und J. Sannier in einem bedeutenden Bericht (Paris 1970) dargelegt. Besonders schwerwiegend war aber der wachsende Unmut der Plakioten, der Athener und der Presse über die Zerstörung der »alten«, vertrauten, romantischen Plaka.

1973 begann das Ministerium für Öffentliche Bauten (heute Ministerium für Umwelt, Regionalplanung und öffentliche Bauten) mit der gründlichen Analyse des Problems (Prof. D. Zivas, Mitarbeiter: Y. Travlos, Architekt-Archäologe, J. Lambiri-Dimaki, Soziologin,

A. Tzika-Hadjopoulou, Juristin, P. Mandikas, Wirtschaftler, P. Pappas, Wirtschaftsstatistiker, J. Vivirakis, Architekt, M. Grafakon, Architektin, E. Spathari, Archäologin, A. Kokkon, Archäologin).

Ab 1978 folgten die Zielsetzung, die Planung und die Durchführung der Maßnahmen (Planungsgruppe: die Architekten Prof. D. Zivas, Y. Michail, K. Ioannou-Gartzou, M. Grafakon, E. Maistron, A. Paraskeropoulon, E. Metheruton, der Bauingenieur P. Kremezis sowie die Verkehrsingenieure Prof. G. Giannopoulos und K. Zekos).

Die Eingriffe in die Plaka wurden unter neun Ministern verschiedener Parteien kontinuierlich und konsequent durchgeführt: ein einmaliger Vorgang in Griechenland. (Die Maßnahmen wurden von einem kleinen Ausschuß beaufsichtigt, ständige Mitglieder waren Prof. D. Zivas und Y. Michail.)

Die wichtigsten Ziele dieser Eingriffe waren:
- Rettung des historischen Charakters,
- harmonische Einbeziehung von Resten der Vergangenheit,
- Verbesserung der Umweltqualität,
- Sicherung des ruhigen Wohnens,
- Rückkehr der abgewanderten Bewohner,
- Aufnahme heutiger Funktionen,
- kurz: die Wiederbelebung der Plaka.

Zur Verwirklichung der Eingriffe wurde die »Strategie der kleinen Schritte« vorgeschlagen, das heißt eine große Zahl von möglichst kleinen Maßnahmen, die ohne große Widerstände schrittweise aufeinanderfolgten.
Diese Dreierstrategie beruhte auf:
- aktiver und effizienter Bürgerbeteiligung. Die Zustimmung der Einwohner und dort Beschäftigten wurde intensiver, sobald die Realisierung der Maßnahmen anfing. Sie wurde auch gestärkt durch die Entschlossenheit des Ministeriums, störende Nachtlokale nach Ablauf einer Frist von zwölf Monaten zu schließen;
- Verwendung nur von vorhandenen Rechtsmitteln,
- geeigneter organisatorischer Struktur, das heißt der Gründung einer Plaka-Dienststelle, die bürger- und realitätsnah die Eingriffe tagtäglich überwachte und fortführte.

Zur Verwirklichung der Ziele wurden unter anderem folgende Maßnahmen durchgeführt:
- Der Verkehr wurde neu geregelt. Die Hälfte der Straßenfläche gehört nun den Fußgängern. Der Durchgangsverkehr wurde drastisch unterbunden. Diese Verkehrsberuhigungsmaßnahmen haben zu einer rapiden Verbesserung der Umweltqualität beigetragen.
- Es begannen der systematische Umbau der Fußgängerzonen und die Erneuerung der Versorgungsnetze (Be- und Entwässerung, Gas, Strom, Telephon, Fernsehverkabelung). Dadurch hat bis heute die Hälfte der öffentlichen Räume ein anderes Gesicht bekommen.
- Das Straßensystem wurde von etlichen, glücklicherweise nicht realisierten Änderungsverordnungen befreit, so daß heute der gegebene Zustand gilt, wie er sich Jahrhunderte hindurch entwickelt hat.

- Die wilden Reklameschilder und die grellen Leuchtreklamen verschwanden. Die neuen Inschriften unterliegen besonderen Auflagen.
- Die Hälfte der Gebäude wurde unter Denkmalschutz gestellt.
- Um die Luftverschmutzung für die Akropolis zu verringern, wurde zuerst für die Feuerstätten der Tavernen und Gasthäuser die Verwendung von Gas anstelle von Öl vorgeschrieben.
- Das Maß der baulichen Nutzung wurde neu festgelegt. Dabei wurde von detaillierten Gestaltungszielen und von architektonischen Formbindungen soweit wie möglich Abstand genommen. Dem zuständigen Achitekturausschuß ist ein großer Spielraum eingeräumt worden.
- Die Art der baulichen Nutzung ist dagegen sehr detailliert vorgeschrieben; es handelt sich dabei um die erste Baunutzungsverordnung in Griechenland überhaupt. Sie wird peinlich genau eingehalten.
- Für die oberen Geschosse ist nach Sektoren Wohnungszwang vorgesehen.
- Gegen die Zweckentfremdung der Nutzung hat man drastische Vorkehrungen getroffen: Illegal genutzte Räume werden versiegelt.
- Der Staat finanzierte direkt nur den Umbau der Fußgängerzonen und subventionierte zeitweise den Zins von Bankkrediten.

Die Eingriffe in die Plaka werden also von der Entschlossenheit des Staates und dem Enthusiasmus der Bürgervereine getragen. Sie sind noch lange nicht beendet, denn die erzielten Erfolge können nur durch strenge Überwachung gesichert bleiben. Außerdem harren manche Maßnahmen noch der Anwendung, etwa der weitere Ausbau der Fußgängerzonen, die – sehr verspätete – Aufstellung eines Sozialplans, die Besteuerung des Wertzuwachses, die Schließung von Parklücken.


Erhaltung und Erneuerung

Die Eingriffe haben viel zur Erhaltung der überlieferten Geschichte beigetragen. Es handelt sich um historisch beladene Freiräume, auf denen die Jahrhunderte ihre Spuren hinterlassen haben:

- beim hellenistischen Turm der Winde, neben dem römische (Ostportikus der römischen Agora), byzantinische (die Erzengelkirche), slawische (das schöne Fetihe-Djami) oder klassizistische (die Häuser ringsherum) Baudenkmale nebeneinanderstehen;
- bei der Kirche der heiligen Katharina aus dem 11. Jahrhundert, wo man dank dem Bau der Fußgängerzone die Stratifikation, das heißt die Abfolge der Hofebenen, bis zu einer römischen Villa zurückverfolgen kann;
- beim Brunnen am Fuße des Heiligen Felsens, der bei den Bauarbeiten der Fußgängerzone entdeckt und freigelegt wurde. Dieser Brunnen war von der vorklassischen bis zur spätrömischen Zeit in Betrieb.

10

Die Erhaltungsbemühungen gelten auch den schönen Häusern aus dem 19. Jahrhundert. Außer ein paar Bauten aus der ausgehenden Turkokratie, also dem 18. Jahrhundert, stammt die Bausubstanz hauptsächlich aus der zweiten Hälfte des 19. Jahrhunderts, denn die Bautätigkeit nahm seither die Plaka als Gebiet eines ruhigen und angenehmen Wohnens aus. Das Wohnen der Athener entwickelte sich mehr in anderen Stadtteilen oder in der Peripherie der sich ständig weiter ausdehnenden Athener Agglomeration.

Die Bauten in der Plaka aus jener Zeit gliedern sich in drei Perioden: Während der ersten Periode bis zur Mitte des Jahrhunderts wurden die Maßstäbe der Ruhe und der Einfachheit beibehalten. Die introvertierten Fassaden mit den großen Fenster- und Türöffnungen vermitteln einen geschlossenen und ernsten Eindruck. Sparsam gestaltet sind auch die Dachabschlüsse sowie die Putzflächen, die fast keine Licht-Schatten-Effekte ermöglichen. Der Einfluß des strengen deutschen Klassizismus ist spürbar; die ersten Bauten wurden entweder von einfachen Maurern oder von bayerischen Architekten und Ingenieuren errichtet.

In der zweiten Periode bis zur Jahrhundertwende gelangte der Athener Klassizismus zur vollen Blüte. Die Architektur wurde reich an malerischen, auch plastischen Dekorationen in entfernter Anlehnung an die Kunst Roms oder der Renaissance. Die nunmehr extrovertierten Fassaden wurden zierlich und vielfältig. Sie öffnen sich direkt zur Straße und führen einen ständigen Dialog mit dem Athener Licht.

In der letzten Periode, von der Jahrhundertwende bis zu den zwanziger Jahren unseres Jahrhunderts, trat der Klassizismus zurück. Es strömten nun fremde, eklektizistische Einflüsse ein: Beaux-Arts und Jugendstil.

Die Erhaltung dieser Häuser geht auf den Wunsch ihrer Eigentümer zurück, sie wieder voll bewohnbar zu machen. Eine Wiederinstandsetzung ist mehr oder weniger geregelt, denn die Hälfte aller Bauten steht unter Denkmalschutz. Sie dürfen unter Kontrolle repariert oder in ihrer ursprünglichen Form, also ohne Anbauten, wiederhergestellt werden. Veränderungen oder Eingriffe, vor allem an den Fassaden, sind nur in Ausnahmefällen zulässig.
Der Erhaltung gilt bis heute in überwiegender Zahl die Bautätigkeit in der Plaka, und das aus guten Gründen (Abb. 10). Einerseits sind die alten Gebäude sehr begehrt. Sie können, wenn man sie nicht abändert, ohne Schwierigkeiten wiederhergestellt werden.
Ihre unausgenutzte GFZ kann anderswo verwendet oder an Dritte verkauft werden. Die Preise der Gebäude steigen aufgrund der erfolgreichen Eingriffe kontinuierlich; die Plaka ist zu einer ersten Adresse in Athen geworden.
Andererseits bieten sie einen unschlagbaren Vorteil: Sie können ohne Erdbauarbeiten repariert werden, das heißt ohne Auseinandersetzungen mit der archäologischen Behörde, die mit Argusaugen jegliche Bautätigkeit überwacht. Jedenfalls wird im Falle unbedeutender Funde schnell die Genehmigung zum Weiterbau erteilt.

Diese Vorteile der alten Gebäude sind auch an den Zahlen ersichtlich. Die Zahl aller Bauten im 35 Hektar großen Plaka-Areal beträgt 1100. Davon sind 540, das heißt die Hälfte, denkmalgeschützt.

Seit der Gründung der Plakadienststelle im Jahre 1982 und der allmählichen Belebung der Bautätigkeit im Gebiet sind 150 Baugenehmigungen für Reparaturen erteilt worden, also für ungefähr ein Drittel der denkmalgeschützten Bauten oder 14 % der Gesamtgebäudezahl. Ein prinzipielles Problem lautet: Wie weit darf die Reparatur eines alten, sehr wertvollen Gebäudes gehen? In etlichen Fällen stehen oder sind überhaupt noch brauchbar lediglich die Außenmauern.

Üblicherweise werden diese Schalen von innen und von außen armiert und mit Spritzbeton beworfen. Es bilden sich »Sandwiches«, die nur im Kern alt sind. Alles andere, Putz und Ausbau, Fenster und Türen, Dachstuhl und -abschluß, ist neu, erst recht der Innenausbau.

In der gleichen Periode sind nur 18 Baugenehmigungen für Neubauten erteilt worden, das heißt für 4% der indifferenten Bauten (einschließlich der ca. 50 leeren Grundstücke) oder für 2% der Gesamtzahl. Jedoch entfallen von den 18 Baugenehmigungen sechs auf das letzte Jahr, was von einer erfreulichen Beschleunigung zeugt. Dieser Trend wird sicherlich anhalten, denn das Angebot an Altbauten vermindert sich.

Manche Bauherren bauen oberirdisch, das heißt auf vorhandenen Grundmauern, so daß sie den Auseinandersetzungen mit der archäologischen Behörde aus dem Weg gehen.

Bei der Planung von Neubauten beschreiten die Architekten heute drei Wege:
– Die Gebäude erhalten historisierende Fassaden, wobei der Begriff der Tradition ad absurdum geführt wird. Diese Auffassung kommt der Plaka nicht zugute. Sie steht im Gegensatz zu ihrer Umgebung und besonders zu den zahlreichen denkmalgeschützten Bauten (Abb. 11).
– Man baut in einem Stil, der die heutige Zeit nicht leugnet, sich aber den besonderen Bedürfnissen der Umgebung anpaßt. Dieser neutrale Weg ist nicht unbedingt der schwierigste; die Gebäude vermitteln den Eindruck, daß es sich um ältere Bauten handelt (Abb. 12). Sicherlich werden sie mit der Patina der Zeit noch »älter« aussehen. Man merkt, daß die Architekten stilistisch an der Plaka-Architektur der ersten Hälfte des 19. Jahrhunderts festhalten (Verzicht auf Schmuck und Dekorationen, einfache Dachabschlüsse, große Öffnungen mit Klappläden usw.).

11, 12

Zur Kontinuität der Polis

*13, 14, 15*

- Es erscheinen interessante Beispiele von neuen Lösungen, die zumindest die Bauvolumen zu differenzieren, die Hofräume einzubeziehen, kleinere Ensembles zu bilden versuchen (Abb. 13, 14, 15).

Zu betonen ist, daß den Architekten von der Ortssatzung keine stilistischen Auflagen gemacht werden. Im Gegenteil, die Bestimmungen sind eher generell gehalten, so daß den Architekten große Freiheit gewährt wird. Man benötigt nur die Zustimmung einer Architekturkommission der Behörde, die sich nicht allzusehr damit beschäftigt, da sie für ganz Attika zuständig ist. Leider ist die vorgeschlagene Bildung einer solchen Kommission ausschließlich für die Plaka wegen administrativer Schwierigkeiten noch nicht realisiert worden.

### Epilegomena

Leo von Klenze brachte in seinen »Aphoristischen Bemerkungen«, Berlin 1838, seine tiefe Verantwortung gegenüber der Zukunft von Neu-Athen zum Ausdruck: »Eine Anlage in Athen ist eine europäische Kunstangelegenheit, wofür man gewissermaßen ganz Europa Rechenschaft schuldig ist.«
Nach 14 Jahren seit Beginn der Eingriffe wächst die Verantwortung gegenüber der Zukunft der Plaka zu einer Anforderung an die Architekten heran. Die ständige Pflege des Errungenen wird bereichert durch die Integration neuer Qualitätsarchitektur in dieses hervorragende historische Konzept.
An der Wand eines Hauses aus dem Jahre 1832 ist eine Inschrift angebracht worden, die sich von den gewohnten Wandbemalungen unterscheidet: »Schönheit ist immer vergänglich, deswegen ist sie schön.«
Die Erhaltung des Zeitlosen fördert die Kontinuität der Plaka. Die Erneuerung des vergänglich Schönen sollte aber ein Wesenselement der Kontinuität bleiben.

# Jeder nach seiner Fasson

Arno Lederer

Wer in den fünfziger Jahren aufgewachsen ist, erinnert sich vielleicht daran, daß es beim Friseur nur zwei Möglichkeiten des Haareschneidens gab: Rundschnitt oder Fassonschnitt. Wer aus anständigem Hause kam, hatte den Fassonschnitt zu wählen. Andere, die etwas fortschrittlicher waren, bevorzugten den Rundschnitt. Hier war das Haar gleichmäßig lang und hörte hinten am Kragen auf. Beim Fassonschnitt nahm der Friseur eine Maschine und fuhr bis etwa zum Ende des Hinterkopfs hoch, wo sich eine Knickstelle befindet, und man war da frei von Haar. Das hat natürlich zunächst überhaupt nichts mit Architektur zu tun, aber etwas mit Form, und Form wiederum hat etwas mit Anstand zu tun. Denn wenn man dahintersteigen wollte, warum man denn nun einen Fassonschnitt haben sollte, lautete die Erklärung, daß dann der Hemdkragen nicht so stark verschmutze. Bei genauer Nachprüfung stimmte das aber nicht, denn die Mädchen hatten ja lange Haare und öfters weiße Blusen an. Irgend etwas konnte da nicht stimmen. Es war also so etwas wie eine formale Übereinkunft. Wenn man anständig war, dann hatte man dieses Haar zu tragen, und solange man sich innerhalb dieser Schranken bewegte, war alles in Ordnung. Wehe, wenn man längere Haare hatte, das war nicht so anständig, wie sich dann ja zehn Jahre später herausstellte.

*Anstelle der freien Rede beim Symposium wird hier eine geringfügig überarbeitete Fassung des Beitrags abgedruckt.*

Letzte Woche sah ich auf dem Tresen einer Tankstelle mehrere Zeitschriften liegen. Eine Illustrierte, die normalerweise einen anderen Umschlag hat, zeigte diesmal ein Brot auf der Titelseite. Ich kaufte die Zeitschrift, denn das ist ja etwas Ungewöhnliches, wenn man anstatt der gewohnten Form nun eine andere Form, nämlich die des Brotes, auf einer Titelseite findet. Darin war dann ein Bericht über Brot, daß natürlich Brot aus allem möglichen besteht, nur nicht aus dem, wovon wir denken, daß es enthalten wäre. Das, was wir als Teig verstehen, aus Mehl, Salz und so weiter, wird aus anderen Produkten hergestellt, um es maschinengerecht zu machen. Dann gibt es noch eine Art, wie man es ermöglicht, daß das Brot ein schönes Aussehen und seinen Geschmack erhält, der besser ist als der von Brot. Und das Brot sieht dann besser aus als Brot.

Diese beiden Beispiele haben anscheinend nichts mit Architektur zu tun, aber vielleicht doch, weil wir uns über den Umgang mit historischer Bausubstanz unterhalten. Vielleicht wird dann auch klar, daß wir Architekten genauso Brote backen, die nichts mit Brot zu tun haben, und daß wir nach einer Fasson zu arbeiten haben. Wenn man sich außerhalb dieser Fasson bewegt und nach dem Ursprung der Form fragt, dann ändert sich das Bild ganz schnell.

## Sanierung Stadtmitte Fellbach

Vor drei Jahren kam ein Investor in unser Büro und meinte, wir sollten für ihn eine Art Marktplatz planen sowie eine Wohnform mit einem Supermarkt und verschiedenen Läden in einer Vorstadt von Stuttgart. Dort steht nichts an historischer Umgebung mit Ausnahme eines Rathauses, das 1920 in Jugendstilart gebaut wurde. Er brachte aber noch etwas mit, damit uns dieser Umgang mit der historischen Bausubstanz nicht so schwerfalle: einen Gestaltungsrahmenplan, den ein Kollege gemacht hatte. In diesen bräuchten wir uns ja nur einzufügen und uns gar nicht soviel Gedanken über die Form zu machen. Das war eigenartig, denn wir behaupten oft, daß das letzte, was dem Architekten übrigbleibe, die Gestaltung sei. Wir sagen, daß alles vorbestimmt wird, nur die Form nicht. Aber nun war ja auch die Form vorbestimmt. Nach diesem Plan waren kleine, relativ kurze Häuser mit Satteldach vorgesehen. Die Satteldächer sollten mit einer Neigung von 45 Grad und vielen Gauben realisiert werden. So konnten oben Wohnungen eingebracht werden, was den Investor freut. Nach langem Zögern nahmen wir den Auftrag an und dachten darüber nach, wie man trotz der Vorschrift von Dächern und Gebäudestellungen alles etwas gerader machen könnte, wie man ohne Wohnungen im Dach auskommt, denn das Dach ist ja zunächst keine Form, sondern ein technischer, konstruktiver Gegenstand. Es ist dazu da, daß es die Konstruktion schützt und daß die Luft durchbläst. Immer war das Dach ein bißchen undicht, aber es hatte ja den Vorteil, daß man es von unten wieder zuflicken konnte. Diesen technischen, sehr sinnvollen Inhalt der Form wollten wir uns zunutze machen und sagten, dann bauen wir eben Dächer darauf, wo nichts drin ist. Und damit der Investor nichts reinmachen kann, machen wir die Dächer so flach, daß gerade keine Wohnungen hineinpassen. Die Häuser waren zehn Meter breit, die Dachneigung, die wir für erforderlich hielten, betrug 30 Grad. Das Stadtplanungsamt beharrte auf 45 Grad. Es wundert einen, daß in diesem Land dennoch Häuser entstehen, die eine ganz passable Form haben und in Zeitschriften abgedruckt werden. Wir dürfen uns aber nicht darüber hinwegtäuschen, daß diese vielleicht nur 5 oder 10% des Gebauten ausmachen. Und diejenigen, die das andere bauen, sind nicht irgendwelche anonymen Wohnbaugesellschaften, sondern auch Architekten. Was Form und den Umgang mit Geschichte ausmacht, nämlich den Sinn der Form zu erkennen und sie dann zu verwenden, wenn sie wieder sinnvoll ist, ist ein

Bildungsprozeß. Wenn wir unsere Schulen anschauen, erfahren wir nichts über Architektur. Derjenige, der heute Architektur studiert, fängt mit 20 oder 22 Jahren zum ersten Mal an, sich mit Gebäuden auseinanderzusetzen. Er wird ein Spezialist auf seinem Gebiet, weil niemand sonst sich mit Architektur beschäftigt. Balthasar Neumann wurde vom Fürstbischof von Schönborn nach Paris geschickt, um den Louvre zu studieren, bevor er in Würzburg anfing zu bauen. Wer kann sich so etwas noch vorstellen? Heute kommen alle schon mit fertigen Formen und wollen vom Architekten nur, daß er die Form ausfüllt. Das ist unser großes Dilemma.

Vorgefaßte Formen gibt es in Form von Stadtbildsatzungen, in Form von Investoren, die genau wissen, was sie bringen müssen, damit das wiederum von der Bevölkerung angenommen wird. Vorgefaßte Meinungen gibt es aber auch in anderer Form: Zum Beispiel bietet jemand einer Gemeinde ein schlüsselfertiges Haus zu einem so günstigen Preis an, daß man gern auf den Luxus einer Gestaltung verzichtet, weil man so dem Preis näherkommt. Über solche und ähnliche Fälle, wo die Form schon vorgegeben war, wir aber versucht haben, Strategien zu entwickeln, daß man rational seine eigene Form begründet, berichte ich anhand der folgenden Projekte.


Kindergarten in Tübingen

Die Stadt Tübingen hat eine Altstadtbildsatzung, die sehr präzise vorschreibt, was man zu tun und zu lassen hat. Ich muß vorausschicken, daß die Probleme solcher Satzungen natürlich erkannt wurden. Satzungen entstehen, weil es schlechte Architektur gibt. Wenn man sie aber aufstellt, geschieht ganz automatisch eine Nivellierung. Wir schneiden die Spitzen und die Tiefen ab, dann leidet jedoch die gute Architektur, wegen der die Stadtbildsatzung überhaupt nicht gemacht wurde. Deshalb sind Satzungen etwas Verfängliches.

In einem Wettbewerb sollten wir untersuchen, wie in einem Altstadtquartier eine Wohnbebauung aussehen könnte. Wenn man dort Mietwohnungen baut, dann weiß man, daß man das vermutlich früher mit sehr einfachen Mitteln getan hätte. Man hätte das geradeste Haus mit dem geringsten Aufwand, mit dem wenigsten Material gebaut. Wir haben ein zu langes, gerades Haus für diese Altstadt geplant und gewannen den ersten Preis. Danach ruhte das Projekt, bis man sich für den Bau eines Kindergartens entschied. Das war ein sehr kluger Gedanke. Er geht eigentlich an die Wurzel des Problems, das nicht mit der Form, sondern nur mit dem Inhalt zu meistern ist. Wenn wir die Nutzung verändern, dann können wir auch den Kubus verändern und damit eine gewisse Klarheit erzeugen. Wir haben dann gemeinsam mit dem Sonderamt für Altstadtsanierung ein Haus entwickelt, das gar nicht nach der Altstadtbildsatzung geplant wurde, sondern nach den Bausteinen, die es in der Stadt gibt. Da gibt es einen Sockel, da gibt es die Dächer und noch so einige Dinge. Wenn wir einen Entwurf so aufbauen, dann schauen wir hinterher, ob die Altstadtbildsatzung greift oder nicht. Und es ist ganz erstaunlich: Wenn man so vorgeht, kann man diese Satzungen weglassen, denn alles stimmt.

Das Haus hat unten einen Sockel. Wegen der Enge des Grundstücks müssen die Gruppenräume zweistöckig untergebracht werden. Darüber kommt das Dach; dessen großen Raum kann man als Gymnastik- oder Bewegungsraum nützen. Weil der Bauplatz beengt war, auf der einen Seite sehr kleine Häuser stehen und auf der anderen Seite etwas größere, haben wir das Haus gebogen, damit es überhaupt hineinpaßt. So antwortet die kurze Seite auf die kleinen Häuser und die lange Seite auf die großen. Man sieht Häuser, die im Blockinnern stehen, nur verschnitten von außen. Das macht es natürlich einfach, Farben zu wählen, die etwas kräftiger sind, die vielleicht das Bildhafte eines Kindergartens zum Ausdruck bringen. Ein Kindergarten in einer Altstadt ist zunächst etwas, das es in der mittelalterlichen Stadt nicht gab. Die Stadt ist aber nicht nur mittelalterlich, sondern zu großen Teilen sehr viel später erbaut. Es handelt sich auch nicht nur um einen Kindergarten, sondern um einen Kindergarten auf einer Tiefgarage. Das ist ein Programm, das überhaupt nicht in eine Altstadt paßt. Es gibt auch Eigenarten, deretwegen man unerwartet von ganz anderer Seite kritisiert wird. Die großen Fenster sind nach Norden, die kleinen nach Süden gerichtet. Eigentlich müßte es ja umgekehrt sein. Für die Kinder ist das, was sie dort spielen, so etwas wie Arbeit. Das kleine Fenster von Süden läßt die Sonne herein. Mittags steht sie an der Wand, und man weiß, daß man zum Essen gehen kann. Beim großen Nordfenster stehen die Tische, an denen man arbeiten kann.

Mehrzweckhalle in Pforzheim-Huchenfeld

Beim nächsten Beispiel handelt es sich um den Bau einer Mehrzweckhalle in Pforzheim, für die eine fertige Planung vorlag, weil sie preisgünstig erschien.
In Süddeutschland sind durch die Gemeindereform einige Großstädte entstanden. Der Preis für die Vereinnahmung der kleinen umliegenden Gemeinden waren Versprechungen. Hier war es zum Beispiel eine Mehrzweckhalle. Mehrzweckhallen waren der Renner der siebziger und achtziger Jahre in Süddeutschland. Es handelt sich um nichts anderes als die klassische Turnhalle, in der man auch Festveranstaltungen durchführen kann. Die Stadt Pforzheim hat

natürlich das Haus versprochen, aber keine Architektur. So ließ man sich das Haus schlüsselfertig anbieten. Nachdem die vier oder fünf Umlandgemeinden dann schon eine Halle hatten, bemerkte man, daß es nicht so richtig lief, wenn man diese Häuser in einen Ort hineinbaute, obwohl zwei Versionen angeboten wurden: mit geneigtem oder mit flachem Dach. Die Gebäude mit dem geneigten Dach waren vorzugsweise für das Ortsinnere gedacht. Das Grundstück, auf dem das Gebäude erstellt werden sollte, lag entlang einer Straßenbebauung. Hinter dieser war ein relativ freies Grundstück zur Plazierung der Halle. Das Grundstück hatte einen Nachteil: Die alte Turn- und Festhalle stand auch auf diesem Gebiet, man konnte sich also nur in eine Richtung ausdehnen. Die alte Halle war übrigens sehr schön, geschlossen und gemauert, wie man das in den zwanziger Jahren machte – keine dieser Stahl- und Glashallen, wo man immer meint, man säße in der freien Landschaft, und in denen man keine Feste feiern kann. Nachdem man das gemerkt hatte, versuchte man, Architekten zur Teilnahme an einem Wettbewerb mit vorgegebenem Fixpreis aufzufordern. Wir haben an dem Wettbewerb teilgenommen und ihn gewonnen. Wenn man nun versucht, in diese lange Straße ein solches Haus zu plazieren, dann merkt man, daß es nicht geht. Hier ist der klassische Fall, daß es mit Formen allein nicht geht, weil es eine Inhaltsfrage ist. Dennoch versucht man das natürlich, weil man den Wettbewerb gewinnen will. Bei der Untersuchung stellte sich aber etwas ganz anderes heraus: daß Stadt ja nicht nur durch Häuser entsteht, sondern auch durch Freiflächen, durch die Anordnung und die Plazierung unterschiedlicher Freiflächen, die man verschieden nutzen kann. Deshalb haben wir im Entwurf zuerst das Haus weggelassen und darüber nachgedacht, wie die einzelnen Flächen zu nutzen wären. Das Feld rechts außen könnte ein Festplatz werden, weil es direkt an der Straße liegt. Das Feld auf der anderen Seite könnte ein Parkplatz werden, weil es am weitesten weg ist. Dahinter könnte eine Festwiese entstehen. Das Feld hinter dem Haus, wiederum auf der rechten Seite, könnte ein intimerer Platz werden, für ein kleines Bierfest oder für eine Musikveranstaltung. Und dann gibt es ganz hinten eine Linde, unter der man, wenn man den Platz bekiest, bei Großveranstaltungen zusätzlich Parkplätze schaffen könnte.

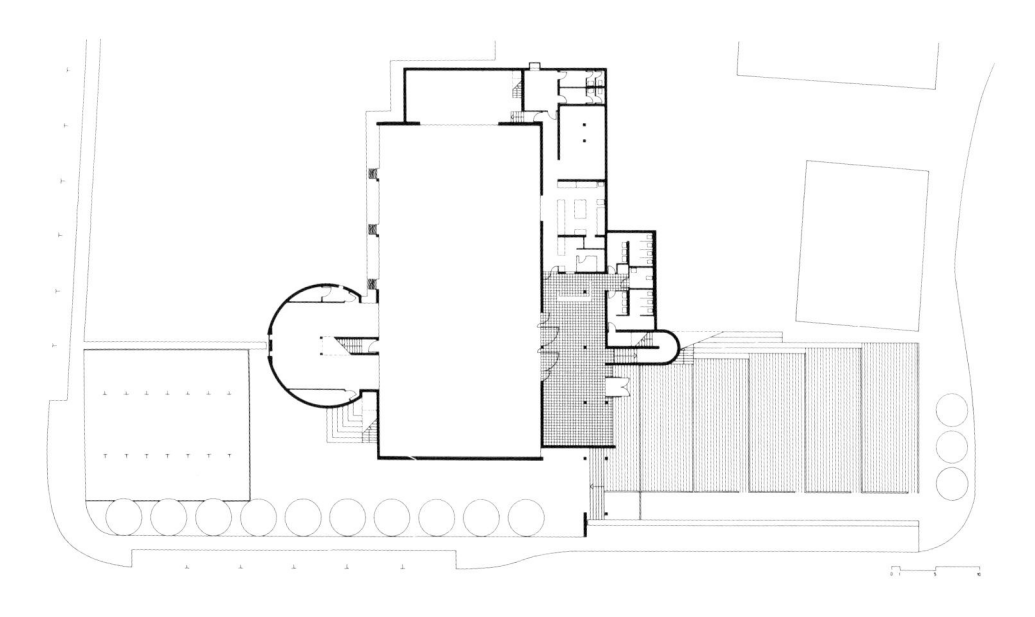

Jeder nach seiner Fasson

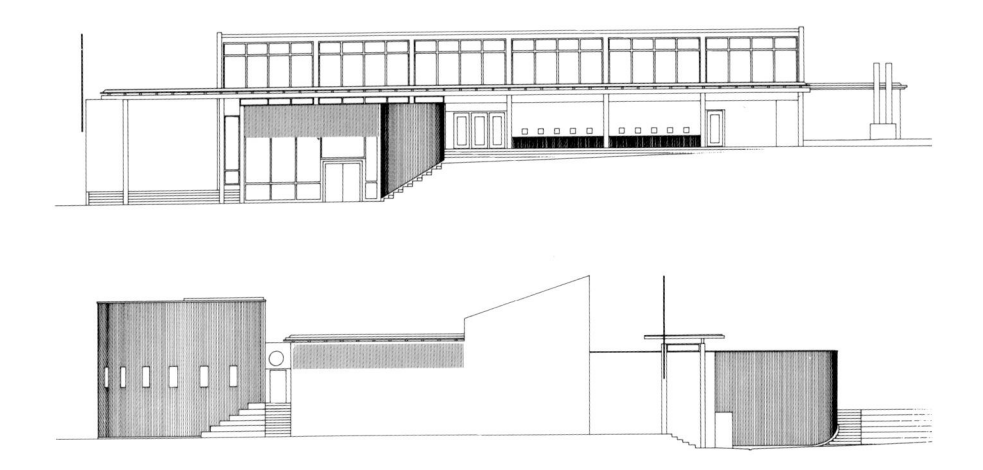

Die Anlage eines klassischen Bauernhofs führte zu dieser Konstellation des Gebäudes. Die Halle befindet sich in der Mitte und hat ein langes Nordfenster, damit eine gleichmäßige Belichtung entsteht. Hinzugefügt werden ein runder Bau, in den die Sportler unten hineingehen und oben in der Halle herauskommen, dahinter die Bühne, ein langes Dach davor, das gleichzeitig Bushaltestelle ist, und ein Treppenhaus, über das man zu einer Galerie ins Obergeschoß gelangt. Der Parkplatz liegt auf der einen Seite, der Festplatz etwas abfallend. Ein paar Stufen weiter oben befindet sich der kleine Platz, der hinten gedeckt ist, so daß man auch bei Regenwetter etwas veranstalten kann; dahinter ist die Wiese. Die Anlage fügt sich so in die städtebauliche Umgebung ein.

Finanzamt mit Behördenkantine in Reutlingen

Der Chef des Finanzamts in Reutlingen hat herausgefunden, daß ein von einem Investor gebautes Haus günstiger ist, als wenn er in eigener Regie bauen läßt. Also liegt es nahe, daß man eine solche Firma beauftragt, die dann wieder ihren Architekten mitbringt. Das Finanzministerium hat davon Kenntnis bekommen und gemeint, daß dies doch nicht so gehen könnte. Irgendwie müßte man die Architektur davorschalten. Und so kam es zu einem Architektenwettbewerb, zu dem wir eingeladen wurden.

Vorher war aber eine Hürde zu nehmen, da mit diesem Wettbewerb nur das Baugesuch zugesagt wurde, nicht mehr; man könne den Investor dann nicht mehr binden. Der Architekt sieht in so einem Fall schon seine Felle davonschwimmen, da die Form wieder von anderen bestimmt wird. Wir gedachten aber trotzdem, daran teilzunehmen.

Der nächste Schritt sah so aus, daß wir doch noch weiter beauftragt wurden mit einer ganz präzisen Ausschreibung für die Einzelteile des Hauses, also wie es genau auszusehen hat, und für sogenannte Leit-Details, wobei mir bis heute nicht ganz klar ist, ob man das mit »d« oder mit »t« schreibt. Der Wettbewerb wurde gewonnen, der Investorenwettbewerb von einem Investor.

Dies ist nun der Stand, wo der Investor schon da ist und sich überlegt, wie er mit den Architekten zu Rande kommt, da ja alles so schön vorgegeben ist. Deshalb besinnt er sich darauf, daß es neben den Investoren noch Generalunternehmer gibt. Er verkauft also seinen gewonnenen Wettbewerb an einen Generalunternehmer weiter. Dieser hat uns angerufen und gesagt, daß er unser neuer Auftraggeber sei. Eines Tages klingelt das Telefon im Büro: Eine Baufirma aus Stuttgart, mit der ich noch nie etwas zu tun hatte, sagt: »Guten Tag, wir bauen zusammen das Finanzamt in Reutlingen.« Da habe ich gesagt: »Das muß ein Versehen sein.« »Nein, wir haben es von dem Generalunternehmer abgekauft, der wiederum es von dem Investor gekauft hat, der es ja vom Land übernommen hat.«

Was macht man in einer solchen Situation? Wir dachten, es gäbe einen ganz einfachen Anhaltspunkt, das in den Griff zu bekommen: Wir machen alles so einfach, wie es nur geht. Keine Schlosserdetails, nur Dinge, die von der Öffentlichkeit unterstützt werden, wo auch der Investor denkt, daß er sich damit sehen lassen kann. Ein Finanzamt zu bauen, ist ja nicht schwierig. Es handelt sich um eine Vielzahl von Räumen für 450 Beschäftigte, rechts und links eines Ganges. Aber die Realität sah dann doch etwas anders aus.

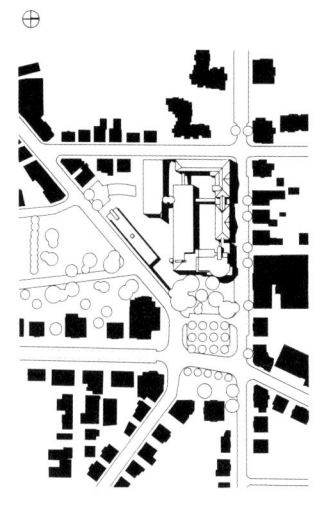

Auf einem Teil des Grundstücks steht eine alte Fabrik, ein Teil ist frei, und der Denkmalpfleger hat gebeten, an der Seite eine Wand stehen zu lassen, eine alte Fabrikwand, dazwischen lagen früher Hallen. Der städtebauliche Kontext heute sieht so aus: außen herum Schulen, große Gebäude, Formen des ausgehenden 19. Jahrhunderts, viel Backstein. Wir haben einfach mal versucht, wie man das mit einer Kiste am günstigsten hinbekommt. Wenn man von dem schwierigsten Punkt, der Lücke, ausgeht, könnte man eine solche Kiste einfach hineinsetzen: 12 Meter breit und damit ein ganz ähnliches Maß wie die danebenliegenden Gebäude. Vom Platz müßte natürlich die Erschließung erfolgen. Da kann man die Büros weglassen und das Gebäude etwas ausweiten, damit man sieht, daß sich dort der Eingang befindet, und man erhält sozusagen den dicken Bauch des Finanzamts. Das ganze Gebäude soll von der Wand wegbleiben. An die Wand angelehnt wird eine Behördenkantine, die wie ein Notbau nach dem Krieg die Mauer bestehen läßt. Ein Teil des Fabrikgebäudes steht unter mehr, der andere unter weniger Denkmalschutz. Das hat uns aber nicht weiter beeinträchtigt. Nur bei dem Einbau der Fenster mußte man darauf achten, daß die Sprossen tatsächlich die Scheiben teilen, während am anderen Gebäudeteil die Denkmalpflege nur forderte, daß die Sprossen aufgeklebt sind, worüber sich der Investor sehr gefreut hat. Der Altbau wird angebunden durch verschiedene Brücken, ein Gelenk zwischen beiden Bürobauten, die Einfahrt zur Tiefgarage und den Notbau der Kantine an der Wand. Die Grundrisse sind ein gängiger Typ. Man kann immer nur das Minimum anstreben, wenn man mit Geldleuten arbeitet. Wir haben deshalb auch über die Fensterlänge nachgedacht und für die Büros einen Fensterflügel entwickelt, der überall gleich groß ist. Er ist aus Fichtenholz und hat einen der billigsten Beschläge, die es gibt. Man kann das nicht billiger machen. Auch derjenige, der das zwei-/dreimal rechnet, hört dann damit auf, weil die Stunden sonst zu teuer werden. Es kostet sehr viel Mühe, ihm klarzumachen, daß dies nicht nur eine Frage des Geldes ist. Es ist ein öffentlicher Bau, und wer sonst als die Öffentlichkeit gibt Baukultur vor? Solange das Land nicht sagt, was Baukultur ist, kann man einem Privatmann oder einem Unternehmer nicht vorwerfen, er solle es besser machen.

Die Ziegelfassade ist natürlich hauchdünn, so daß sie nichts kostet, grau, als Kontrast zu den weißen Ziegeln des Altbaus und dem Haus gegenüber mit roten Ziegeln. Das ist die kleine Lücke, von der ich sprach. Diese Häuser sind alle um 12 Meter breit. Dann folgt der Anschluß an den Neubau. Der Knotenpunkt zwischen diesen beiden Bürobauten ist die Behördenkantine.

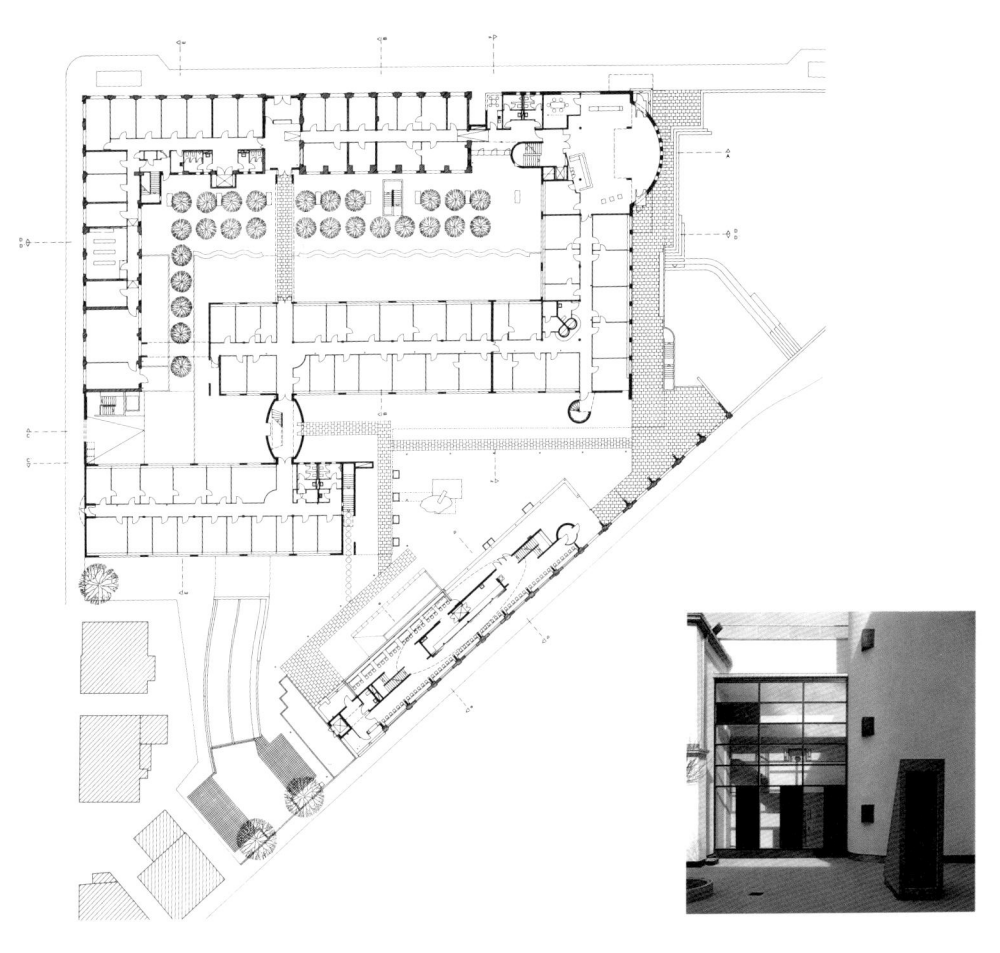

Jeder nach seiner Fasson 101

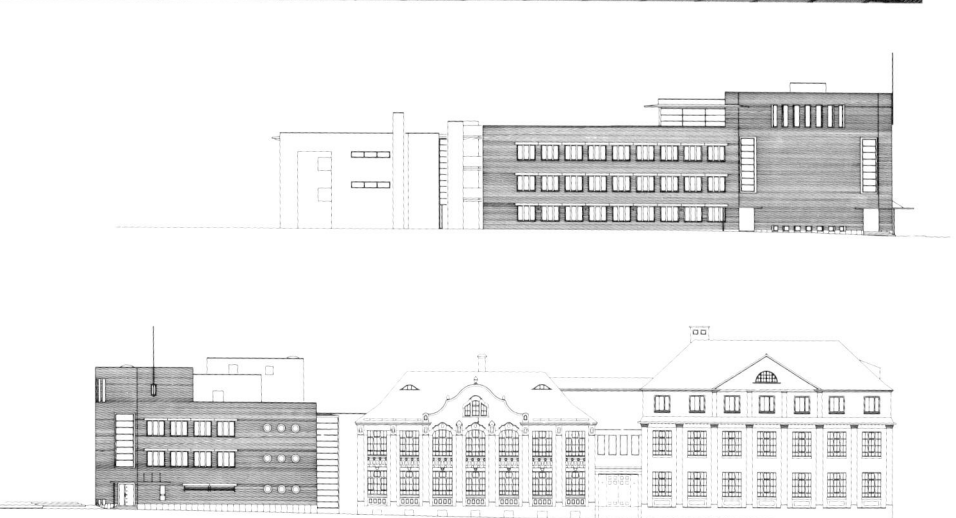

Umbau und Erweiterung der Ortsvermittlungsstelle in Freiberg

Bei dem nächsten Projekt handelt es sich um einen kleinen Erweiterungsbau der Post. Die Post hat hierfür so kleine Kisten, die in Serienfertigung, also Plattenbauweise, hergestellt werden. Dort werden alle Telefongespräche, die wir führen, umgeschaltet zu dem Teilnehmer auf der anderen Seite. Diese Gebäude werden jetzt modernisiert und digitalisiert. Zur Digitalisierung muß der Raum besser belüftet oder klimatisiert werden. Damit das Gespräch nicht plötzlich aufhört, weil der Strom unterbricht, braucht man ein sogenanntes Notstromaggregat. Die Post hatte einen Entwurf fertig. Wir machten einen Verbesserungsvorschlag: Man könne diese Kiste doch in den Griff bekommen, indem man den Teil eines Daches daraufbaut – Häuser müssen ein Dach haben – und daneben das Dach abschlägt und dann darunter das Notstromaggregat einbaut. Wir wollten natürlich gerne ein neues Haus bauen, konnten das aber nicht sagen. So argumentierten wir, daß es erfahrungsgemäß doch sehr schwierig sei, wenn man oben etwas draufsetzt und die Dichtungsbahn durchstößt, das könne zu Schadensquellen führen. Und im Nu sagten alle, daß sie so schlechte Erfahrungen mit Flachdächern hätten und man das am liebsten lassen und das Haus daneben neu bauen sollte. Das haben wir dann auch gemacht: ganz einfach, unten eine Stahlbetonkiste für den Motor, darüber ein Gestell für die Lüftungsanlagen, eine Treppe für den oberen Zugang, ein Dach darüber. Das ist auch eine Form des Umgangs mit der Geschichte, denn diese Kisten sind viel problematischer als Häuser aus den fünfziger und sechziger Jahren, die schäbig gemacht wurden. Ich glaube nicht, daß man das mit irgendwelchem Design hinbekommt, sondern nur, wenn man sie so beläßt, vielleicht frisch anstreicht und etwas Ordentliches danebensetzt.
Alle diese Projekte habe ich nicht allein bearbeitet, sondern in Gemeinschaft mit Jørunn Ragnarsdóttir und Marc Oei.

# Gratwanderung in einer historischen Stadt  Karljosef Schattner

Neues Bauen in alter Umgebung ist etwas Selbstverständliches, ist ein Problem, das es immer gab. Die Baugeschichte der Stadt Eichstätt ist ein Beispiel dafür. Eine mittelalterliche Stadt, im Dreißigjährigen Krieg teilweise zerstört, wurde auf dem mittelalterlichen Stadtgrundriß barock wiederaufgebaut. Es entstand eine Barockstadt mit den Elementen dieser Zeit, jedoch ohne typische Barockachsen.

Aus der Überlagerung von Mittelalter und Barock entstand Spannung – eine Spannung, durch welche die Stadt einen zusätzlichen Reiz erfährt. Architektur lebt aus diesen Spannungen. Aber Architektur hat auch Bindungen und muß aus diesen Bindungen heraus entwickelt werden, seien es nun solche an die Landschaft oder an vorhandene Architektur.

Ich habe in Eichstätt seit 35 Jahren in diesen Spannungen gelebt und gearbeitet. Reine Renovierungen, Renovierungen mit Umnutzungen historischer Gebäude und schließlich die Einfügung neuer Gebäude in die historische Stadt waren meine Aufgaben. Natürlich habe ich nicht nur als Praktiker gewirkt und gebaut, ich habe auch nachgedacht, und folgende Gedanken scheinen mir für meine Arbeit und auch für ähnliche Aufgaben wichtig.

1. Heute wird viel von der Struktur einer Stadt oder der Struktur einer Straße gesprochen. Aber Struktur wird mit Oberflächen verwechselt – zu oberflächlich gesehen. Sicherlich sind Material, Farbe und Ornament ortstypische Elemente; für mich liegt Struktur jedoch auf einer anderen Ebene, wird die Struktur einer Stadt, einer Straße stärker vom Inhalt bestimmt. Ich glaube, daß die räumlichen Qualitäten, Außenraum und Innenraum sowie ihre Durchdringung, aber natürlich auch die Funktion die Struktur beschreiben. Deshalb ist es notwendig, die Fixpunkte einer Stadt – bedeutende Gebäude, Plätze, Straßen sowie ihre räumliche Struktur – zu erfassen, sie in alle Planungen einzubeziehen und nach Möglichkeit zu erhalten.

2. Architektur war immer Baustoff. Auch historische Architektur steht zur Verfügung, so daß sie unabhängig von der ursprünglichen Bestimmung und ihrem Inhalt einer neuen Nutzung zugeführt werden kann. Nur so lassen sich häufig historische Gebäude erhalten. Dann ist es notwendig, daß Architekten bereits im Vorfeld der Planung bei der Suche nach einer neuen Nutzung beteiligt werden. Sie haben gelernt, funktionale Erfordernisse und Wünsche in Raum umzusetzen, und finden leichter als der Laie alternative Nutzungsvorschläge.

   In Eichstätt war ich häufig an diesen Vorentscheidungen beteiligt, konnte in Diskussionen dazu beitragen, daß manche Nutzungswünsche an bestimmte Bauten gar nicht erst gestellt und für andere Gebäude Nutzungen angeboten wurden, die nicht vorstellbar waren.

3. Imitation und vordergründige Anpassung lösten Probleme in der alten Stadt nicht, weder bei der Einfügung neuer Gebäude in Altstadtkerne noch bei der Veränderung, die aus neuen Funktionen bei einer Umnutzung historischer Gebäude entsteht. Konstruktion, Material, die formale Faszination der Zeit bestimmen den Entwurf heute. Die Konzepte

sind unter der Forderung entwickelt, Übergänge nicht zu verschleifen, Gestern und Heute klar zu trennen. Ich habe dies mit dem Wort »Nahtstelle« umschrieben, glaube jedoch, daß der Begriff »Schichtung« dieses Problem besser trifft. Wie im Einzelfall die Schichtung angelegt wird, hängt von der Situation ab und ist vor allen Dingen eine Frage der Qualität. Historische und neue Qualität treten in einen Dialog, bilden ein Miteinander, etwas Neues. Wie Rot – um ein Beispiel aus der Malerei zu zitieren – sich dadurch verändert, daß man zum Beispiel ein Grün hinzufügt, also ein neues Rot entsteht, ändert sich eine bestehende Situation durch das Hinzufügen eines neuen Elements. Aus beiden entsteht etwas gemeinsames Neues.

4. Bauwerk und Architekturdetail stehen in enger Wechselbeziehung zueinander. Wie die Architektur logisch aus der großen Form entwickelt wird, ist es das Detail, das die Architektur, »das Gebäude«, trägt. Architektur wird aus wechselnden Standpunkten erlebt. Das Detail übernimmt in der direkten Begegnung die Aufgabe, Architektur zu »begreifen«. Die Qualität des Details hat meiner Meinung nach eine entscheidende Bedeutung für die Ausstrahlung einer Architektur, für ihre Atmosphäre. Natürlich wird auch das neue Detail aus dem Material und der Konstruktion entwickelt. Es liegt nahe, daß das Industriedetail Umsetzung erfährt und Integration in unsere Bauten findet. Dasselbe gilt für Materialien, die in neue Zusammenhänge gebracht werden und ähnlich wie bei der Großform in der Überlagerung Spannung und Reiz erzeugen.

Man kann die gegenwärtige und die historische Architektur nicht mit unterschiedlichen Maßstäben bewerten. Architektur löst immer die gleichen Probleme: Geltendmachung des Materials und dessen Struktur, die Anwendung des Rhythmus von Symmetrie und Asymmetrie, das Ausnutzen von Licht und Schatten, der Tektonik oder der Plastizität der achitektonischen Massen, ihres Maßstabs und der wechselseitigen Proportionalität der Bauten. Die Vielgestaltigkeit der historischen Architektur fordert unerstarrte Interpretationslösungen, die sich immer von neuem von den Schemata befreien müssen.

Ich will unsere Vorgehensweise an drei Projekten zeigen:


Ulmer Hof, Umbau zu einer Fachbibliothek, 1978-1980

Der Entwurf schließt alle Strategien gegenüber alter Bausubstanz ein:

- Restaurierung,
- Umbau,
- Entkernung,
- Rekonstruktion,
- Neubau.

Das Gebäude stammt aus dem 17. Jahrhundert. Es hat den Namen nach dem Domherrn aus der Familie der Ulm. Seine städtebaulich dominante Lage im Zentrum macht es zu einem der bedeutendsten Gebäude der Stadt. Bereits im 19. Jahrhundert wurden wichtige Elemente der Anlage abgebrochen, und die evangelische Kirche wurde im Stil der Neuromanik errichtet.

Der Ulmer Hof selbst wurde umgebaut und bis zum Jahre 1977 als humanistisches Gymnasium genutzt. Ich bekam 1977 den Auftrag, das Gebäude – man hatte inzwischen ein neues Gymnasium vor der Stadt gebaut – für die Zwecke der Universität zu adaptieren.

Wunsch des Bauherrn war es, einen Fachbereich der Universität mit Dozenten und Seminarräumen sowie einer Fachbereichsbibliothek für 80 000 bis 90 000 Bände in dem Gebäude unterzubringen. Eine Bestandsanalyse des Gebäudes führte zu folgender Strategie: Der Innenhof, inzwischen mit Einbauten aus dem 19. Jahrhundert verstellt, sollte entkernt werden und den Neubau der Bibliothek aufnehmen, Nord- und Westflügel dagegen im Sinne des alten Konzepts restauriert und neuer Nutzung zugeführt werden. Der Ostflügel hatte durch unsachgemäßen Einbau von Klassenräumen seine Stabilität eingebüßt und mußte entkernt werden. Hinzu kam, daß wir, um das historische Treppenhaus erhalten zu können, zwei neue Treppen einbauen mußten. Erfahrungen mit vorangegangenen Projekten führten dazu, daß wir alle neuen Eingriffe mit unseren Elementen, unserer Konstruktion vornahmen. Die Zeitschichten sollten ablesbar bleiben. So wurde der Bibliotheksraum als Stahlbetonbau mit einer Stahlkonstruktion als Deckenabschluß in den Hof gestellt. Dort, wo historisches Gebäude und neuer Raum sich begegnen, trennt ein Oberlichtband – die Nahtstelle – beide Bauten voneinander.

Die Arkaden des historischen Gebäudes zum Innenhof hin waren im 19. Jahrhundert zugemauert worden, einmal, um der labilen Wand Halt zu geben, zum anderen, um den Gang gegenüber dem Außenraum zu schützen.

Ich wollte natürlich den alten Zustand des 17. Jahrhunderts wiederherstellen, also die Arkaden öffnen. Dieses war jedoch nur mit Hilfe eines Stahlkorsetts zu lösen, das wir frei vor die Fassade stellten und das zudem die Brandschutzverglasung aufnehmen konnte. Damals stellte ich die neuen Stützen in die Ordnung der historischen Säulen. Schon während des Bauens wurde mir klar, daß es eindeutiger gewesen wäre, wenn ich eine neue Ordnung gegen die historische verschoben hätte. Sie hätte die neue Schicht deutlicher gegen die alte abgesetzt, das heißt, beide Gebäude wären eindeutiger getrennt. Diese Erkenntnis habe ich dann bei einer späteren Arbeit, dem Umbau des Waisenhauses in Eichstätt, umgesetzt.

Karljosef Schattner

Gratwanderung in einer historischen Stadt

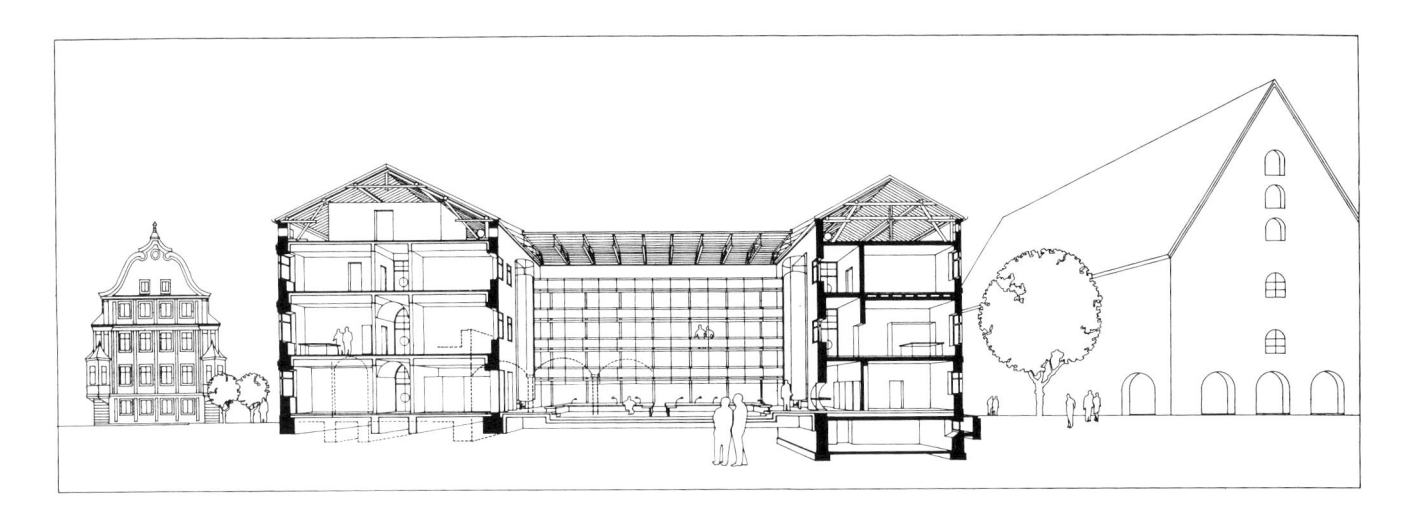

Karljosef Schattner

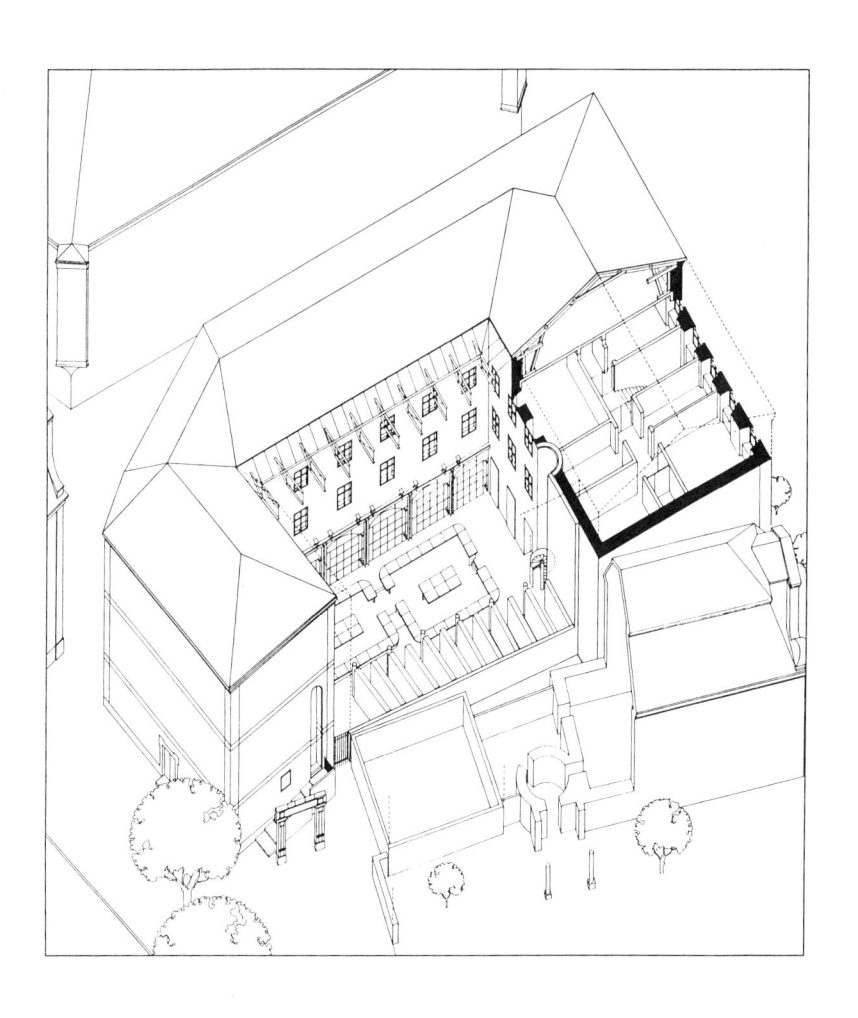

Altes Waisenhaus, Umbau zum Institutsgebäude für Psychologie und Journalistik, 1985–1988

Im 18. Jahrhundert war die fürstbischöfliche Gründung des Waisenhauses, zu der ein Eichstätter Bürgermeister eine ansehnliche Stiftung beitrug, eine vorbildliche Maßnahme sozialer Fürsorge. Der Baumeister Maurizio Pedetti legte in den sechziger Jahren des 18. Jahrhunderts zwei dreigeschossige Häuser aus dem 16. Jahrhundert zusammen und verband sie durch einen schmalen Flügel. So entstand im Grundriß ein annäherndes Rechteck mit einem kleinen, offenen Innenhof.

Der Bauzustand war in der Tat sehr schlecht. Das Dach war stellenweise abgedeckt, der Putz abgefallen, die Wände waren bis ins erste Obergeschoß durchfeuchtet. Im Hof war Müll gelagert. Fenster waren zur notdürftigen Sicherung der Substanz vermauert worden, die Holztreppen verkommen, die originalen Fußböden und Türen von den Mietern als Brennmaterial verheizt. Der Raumbedarf der Universität legte nahe, Vorschläge für die Rettung des Gebäudes zu machen. Der glückliche Umstand, daß die Universität nicht Eigentümerin des Bauwerks war, die Stadt als Besitzerin keine Nutzung fand, die Denkmalpflege jedoch dringend eine Renovierung anmahnte, eröffnete mir die Möglichkeit, Bedingungen zu stellen, unter denen ich das Projekt mit all seinen Risiken in Angriff nehmen konnte.

Maurizio Pedetti – der Architekt des 18. Jahrhunderts – hatte, wie bereits erwähnt, zwei an einer 5 m breiten Gasse stehende Gebäude aus dem 16. Jahrhundert zu einem Bauwerk verbunden und mit geringen Eingriffen eine geniale Lösung erstellt. Meine Strategie war es, aus dem Konzept des 16. und 18. Jahrhunderts ein neues, nämlich eines des 20., zu entwickeln. Das Ziel war, die Schichten der jeweiligen Zeit zu zeigen, ja sogar, wenn nötig, zu rekonstruieren. Hinzu kamen Probleme des Brand- und Katastrophenschutzes.

Mir war dieses Haus seit Jahrzehnten ein Anliegen, besonders da es im Bewußtsein der Bürger – vor allem der Bildungsbürger – ungeliebt war, man dieses häßliche Bauwerk sogar am liebsten abgerissen hätte.

So gab es bereits um die Jahrhundertwende Überlegungen, die beiden Bauten wieder zu trennen. Die rückwärtige Schale wurde nach ihrem Einsturz um 1900 primitiv, ohne entsprechende Fundamentierung, wiederaufgebaut.

Ausgangspunkt für die Überlegungen war die städtebauliche Bedeutung des Monuments. Mir war bewußt, daß es sich hier um ein Element der Stadt handelte, das ein Eckpfeiler ist, dessen Verlust den Auftakt in die Stadt und die Raumfolge zerstört hätte. Ganz abgesehen von seinem Erinnerungswert.

Es ist unerläßlich, in jeder Stadt solche Festpunkte festzulegen, sich ihrer Bedeutung in der Stadtstruktur klarzuwerden und bei allen Planungen, allen Überlegungen, welche die Stadt betreffen, einzubeziehen. Bevor Eingriffe erfolgen, ist zu prüfen, ob diesen wichtigen Elementen nicht Funktionen zuzuordnen sind, die zum einen den Erhalt sichern und, genauso wichtig, das Leben in der Stadt erhalten. Mit dem Renovieren allein ist es nicht getan. Historische Stadt und historische Architektur dürfen nicht zur reinen Dekoration, zum Potemkinschen Dorf verkommen. Von daher gesehen, genügt es nicht, wenn Denkmalpfleger undifferenziert ihre Festlegungen treffen und Schutzvorschriften erlassen. Sie müssen auch fähig sein, Prioritäten zu erkennen und zu setzen.

Unser erstes Ziel war es, das Volumen, die Silhouette des Bauwerks zu erhalten. Als zweite Maßnahme stellten wir die Gasse und die rückwärtige Ebene des 16. Jahrhunderts wieder her. In die Gasse legten wir das Treppenhaus – die Haupterschließung: ein Haus im Haus, ein Glashaus, das nunmehr zwischen den zwei Häusern des 16. Jahrhunderts steht. Dieses »Haus« mit seinen Stützen nimmt keinen Bezug auf die Ordnung der bestehenden Bauten. Im Gegensatz zum Ulmer Hof wurden sie gegen die alte Ordnung verschoben. Das führte zu einer deutlichen Trennung zwischen dem Alten und dem Neuen. In den historischen Teilen wurden die Reste der zwei Treppenhäuser entfernt und an ihrer Stelle die WC-Kerne »durchgesteckt«; ein Mittel, um zu zeigen, daß es hier ursprünglich vertikale Elemente gab.

Pedetti hatte, um die beiden Bauten auf der Nordseite zu verbinden, eine Wand aufgezogen, die das Walmdach abfing. Wie erwähnt, war diese Wand bereits um 1900 einmal erneuert worden.

Auch wir waren gezwungen, sie neu zu fundamentieren und neu zu errichten. Hier entschieden wir uns, das in unserer Sprache zu tun. Da Fluchttreppen gefordert waren, legten wir diese in den Bereich zwischen den Gebäuden und der Wand. Die Wand, als Scheibe ausgebildet, war für uns die Schicht des 20. Jahrhunderts, die in ihrer Überlagerung zur historischen Architektur die Ambivalenz unseres architektonischen Programms nach außen transportieren sollte.

Die Vielschichtigkeit des Gebäudes wurde in der Behandlung der verschiedenen Ebenen und Oberflächen verdeutlicht. So wurden Süd-, Ost- und Westfassade im Sinne des barocken Konzepts restauriert, ja sogar rekonstruiert. Die innenliegenden Ebenen auf der Nord- und Hofseite bekamen die Gliederung des 16. Jahrhunderts. Die neue Wand im Norden ist ein Signal der späten achtziger Jahre unseres Jahrhunderts.

Eine Fassade schafft Erwartungen, die im Innern eingelöst werden müssen.

Gratwanderung in einer historischen Stadt

Karljosef Schattner

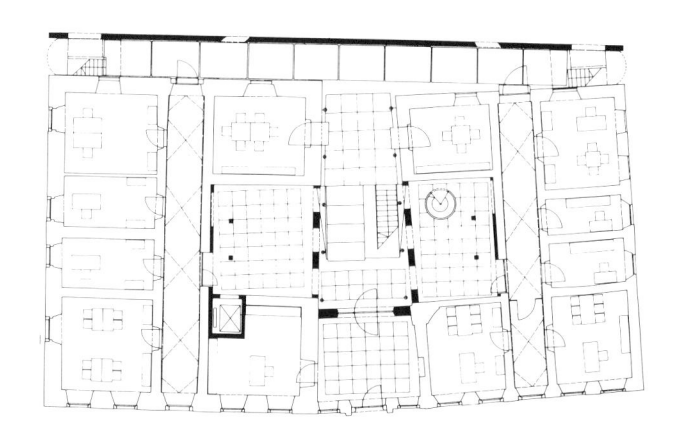

## Schloß Hirschberg

Schloß Hirschberg liegt auf einer steil abfallenden Bergzunge, die das Altmühltal westlich von Beilngries beherrscht. Die Anlage erhielt ihre architektonische Bedeutung im 18. Jahrhundert, als die drei Eichstätter Baumeister Jakob Engel, Gabriel de Gabrieli und Maurizio Pedetti über drei Generationen eine asymmetrische mittelalterliche Burganlage zu einer symmetrischen barocken Schloßanlage umbauten. Dies ist ein untypischer Fall in der Baugeschichte, denn die barocken Schlösser, deren Grundschema Versailles ist, wurden in den seltensten Fällen auf einer Anhöhe erbaut.

So gesehen, ist das barocke Schloß keine Weiterentwicklung der mittelalterlichen Burg, es ist ein selbständiger Bautyp, der einen andersgearteten landschaftlichen Raum braucht und entsprechend seiner Zeit darauf reagiert. Für die Eichstätter Bischöfe und ihre Baumeister war dieser Umbau von einem Bautyp zu einem völlig anderen jedoch nicht untypisch, wenn man bedenkt, daß Eichstätt nach dem Brand von 1633 ein neues, barockes Gesicht bekam, daß aber der mittelalterliche Stadtgrundriß beibehalten wurde. Diese Tatsache hatte jedoch wahrscheinlich ökonomische und nicht bewußt gestalterische Ursachen. Schloß Hirschberg ist Beweis dafür, daß die auf Achsen bezogene barocke Anlage, wo möglich, durchaus gewollt war.

Wenn in Eichstätt die mittelalterliche Stadt in der Stellung der Bauten noch spürbar ist, so ist in Schloß Hirschberg nichts von einem mittelalterlichen Raumgefühl geblieben. Hier herrscht der Barock, nicht nur in den Fassaden und im Detail, sondern bis weit in die Landschaft hinein. Nur die gotischen Eingangstürme geben einen Hinweis darauf, daß hier einmal eine mächtige mittelalterliche Anlage gestanden hat.

Was für diese Hof und Wehrbereich bedeuteten, waren für den Barock Ehrenhof und Terrasse. Im Mittelalter waren sie Räume der Abschottung, für den Barock Räume, welche die Landschaft in unterschiedlicher Absicht auf den Hauptbau beziehen. Der Ehrenhof ist der Stadtplatz auf dem Land und die Terrasse der Übergang zum Park. So wie der Stadtpark ein Symbol der Sehnsucht nach Landschaft in der Stadt ist, so ist der Ehrenhof ein Symbol der Sehnsucht nach Urbanität auf dem Land. Dies ist vielleicht ein Grund dafür, daß der Ehrenhof in den seltensten Fällen bepflanzt war.

In seiner Gesamtanlage war das barocke Schloß eine Kritik an der mittelalterlichen Stadt und ein Modell des barocken Raumgefühls.

In Schloß Hirschberg liegt der Ehrenhof am Endpunkt einer Abfolge von Straßenräumen. Auf einen Waldweg folgt ein Weg über eine freie Wiese, dieser wird abgelöst von einer Dorfstraße, und die verwandelt sich in eine Allee, zu deren Rechten und Linken eine barocke Gartenanlage geplant war. Brücke und Tor bremsen den Besucher kurzzeitig, dann zieht der axiale Sog ihn weiter auf den Ehrenhof zu. Auf dem ganzen Weg herrscht das barocke Prinzip der Verengung und der Ausweitung in abwechselndem Rhythmus.

Was der Anlage fehlt, ist die Gartenanlage an der Außenseite des Hauptbaus, und damit fehlt auch der Sinn einer ausladenden Terrasse, die als Vorplatz zwischen Hauptbau und Garten vermittelt. In Hirschberg ist dieser Bereich mehr Bastion und Zwinger geblieben als Terrasse. Daraus erklärt sich, daß auf der Ostseite nur eine sparsam aufgebrachte Gliederung und auf der Nord- und Südseite gar keine Gliederung zu sehen ist.

1987 erhielten wir den Auftrag, das Schloß, das seit 1925 als Exerzitienhaus genutzt wurde, neu zu ordnen und dem Altbau Speisesäle, Küche, Cafeteria und die dazugehörigen Nebenräume hinzuzufügen. Die Neuordnung des Schlosses betraf in erster Linie die beiden Längsflügel, die in den späten fünfziger Jahren zu Bettentrakten umgebaut worden waren. Die damalige Planung wich von der ursprünglichen einbündigen Raumordnung (Flur auf der Nordseite, Zimmer auf der Südseite) ab und legte den Gang in die Mitte der Trakte. So wurde eine große Anzahl von Zimmern gewonnen. Toiletten und Bäder befanden sich auf den Fluren. Ende der achtziger Jahre war dieser Standard jedoch überholt. Auch entsprach die derzeitige Planung nicht mehr den neuen Auflagen der Gaststättenverordnung, der Bayerischen Brandversicherungskammer und des Landesamts für Brand- und Katastrophenschutz. In der Planung von 1987 wurde die einbündige Raumordnung wiederhergestellt. Die Zimmer, jetzt etwas größer, erhielten alle eine eigene Naßzelle.

Während der Freilegungsarbeiten zeigte sich, daß einige Deckenbalken angefault waren, insbesondere in Bereichen, in denen nachträglich Badezimmer eingebaut worden waren. Die Entfernung von brüchig gewordenem Material kam daher in den beiden Längsflügeln einer Entkernung gleich. Oft traten überraschende Erkenntnisse erst während des Bauens zutage, auf die dann völlig neu und relativ rasch reagiert werden mußte.

Auch beim Neubauteil wurden wir von Überraschungen nicht verschont. Wir planten die neuen Räume zunächst in der Hauptachse der Anlage unter dem Bastei-Garten ein, mit einem leicht angeschrägten Dach als Terrasse und einer gebauten Perspektive aus Lampenmasten, welche die Symmetrieachse der Gesamtanlage bis weit in den Horizont führen sollte. Trotz flächendeckender Probebohrungen im Bereich des Gartens und Schürfungen entlang der Schloßmauern konnte erst beim Aushub festgestellt werden, daß gerade in diesem Bereich die Reste eines romanischen Wehrturms, vermutlich aus dem 9. Jahrhundert, vorhanden waren. Weiterzubauen hätte entweder eine Zerstörung der wertvollen Funde oder eine Einschränkung der Nutzung zur Folge gehabt.

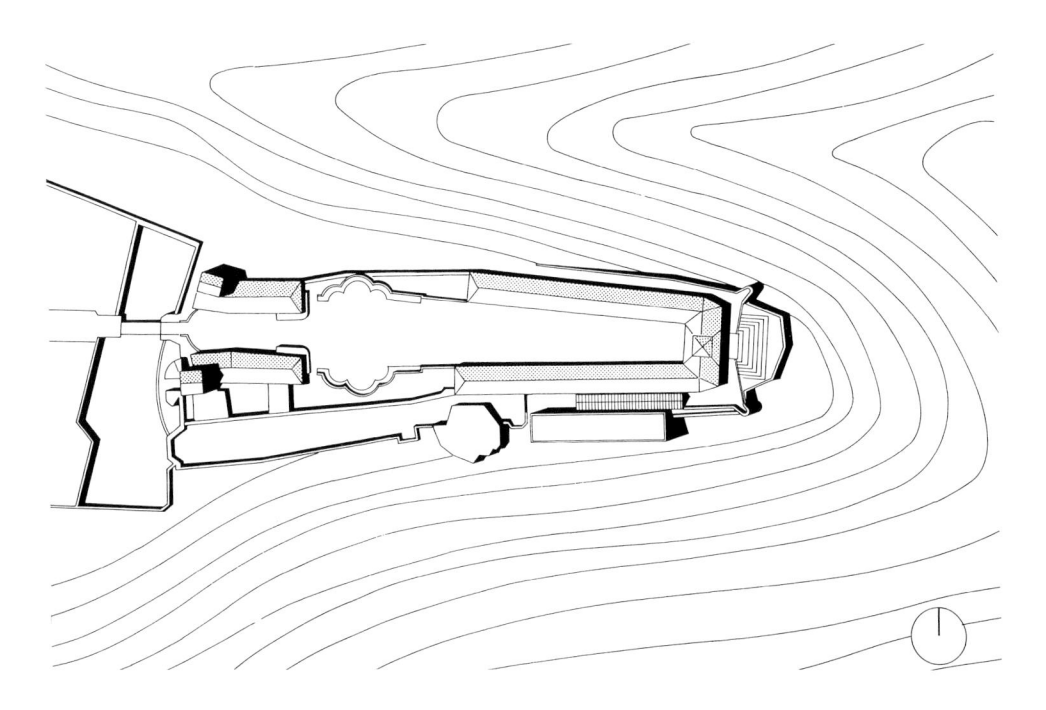

Die Grabungsstätte wurde wieder zugeschüttet, was einer Konservierung der Funde gleichkam. Eine museale Freilegung der Grabung wurde nicht in Erwägung gezogen; damit wäre ein für die Ostfassade entscheidender Raum – die Terrasse – verschwunden gewesen. Auch als Garten eignet sich dieser Bereich nicht. Der kleine Garten, der vor dem Umbau hier kultiviert wurde, muß eine pseudo-barocke Erfindung des 19. und 20. Jahrhunderts gewesen sein. Auf dem Pedetti-Plan war kein Garten vorgesehen, sondern eine Terrasse. An dieses Prinzip haben wir uns gehalten, wenn auch mit dem Gestaltungswillen unserer Zeit. Die künstliche Perspektive wurde gebaut.

Der Neubauteil wurde im Einvernehmen mit dem Bayerischen Landesamt für Denkmalpflege auf die Südseite des Schlosses verlegt. In einem langgestreckten Baukörper parallel zum Südflügel sind drei Speisesäle und die Küche untergebracht. Zwischen dem Neubau und dem Altbau wurde ein Glashaus eingefügt. Dieses zwar nicht körperlose, aber transparente Bauteil sorgt zum einen dafür, daß die dem Ostflügel vorgelagerte Terrasse und die beiden Zwinger zusammenhängende Räume bleiben, und zum anderen, daß der Altbau als ein weitgehend unangetasteter Körper weiterbesteht. Das Glashaus bildet die Fuge zwischen Alt- und Neubau. Mit ihm wurde auch die Erschließung der Zimmer im Südflügel gelöst, da der Weg innerhalb des Altbaus durch die barocke Hauskapelle im Ostflügel blockiert wird.

Das Flachdach des Neubaus wurde als Terrasse gestaltet. Somit gehört der Neubau als Großform eindeutig zur Bastion und nicht zum Altbau. Auch die Wahl der Materialien (Betonsteine und Sichtbeton) unterstreicht die gewollte Distanz zum Altbau. Ein zusätzlicher Putzbau mit Ziegeldach hätte die schlüssige Großform des Altbaus kompromittiert und entwertet. Die Gestaltung der Schotten, die den Neubau auf den abfallenden Felsen gründen, ist einem archetypischen Architekturprinzip entlehnt, auch wenn sie in ihrer Ausführung die spröde Sprache der modernen Architektur sprechen. Für uns liegt der ästhetische Reiz dieser Schotten, ähnlich wie bei den Aquädukten der Römer und in Assisi, im Gegensatz zwischen dem unregelmäßigen Boden und einer regelmäßigen Struktur, die auf ihrer Oberkante horizontal gehalten wird.

Dieses Repertoire wäre jedoch wirkungslos, wenn es nicht von einer entschiedenen Haltung zur Architektur und zum Umgang mit alter Bausubstanz getragen wäre. Den größten Einfluß auf meine Arbeitsweise hatte ohne Zweifel der Münchner Architekt Hans Döllgast, der 1950 die zerbombte Alte Pinakothek von Leo von Klenze umbaute. Es ist eine Haltung, welche die Vergangenheit nicht mit der Ewigkeit verwechselt. Der klassizistische Architekt des 19. Jahrhunderts, Karl Friedrich Schinkel, hat es so ausgedrückt:

»Überall ist man nur da wahrhaft lebendig, wo man Neues schafft, überall, wo man sich ganz sicher fühlt, hat der Zustand schon etwas Verdächtiges; denn da weiß man etwas gewiß, also etwas, was schon da ist, wird nur gehandhabt, wird wiederholt angewendet. Dies ist schon eine halbtote Lebendigkeit.«

Es ist kein Zufall, daß neue Bauteile bei uns oft so gehandhabt werden, als sei ihre Vergänglichkeit, ihre Entfernbarkeit ein Teil der Gestaltungsabsicht, als könnte das neu Eingefügte wieder herausgenommen werden. Meine Vorliebe für Stahl ist nicht nur damit begründet, daß sich dieses Material zu eleganteren und feineren Konturen und Profilen verarbeiten läßt als Beton oder Mauerwerk. Eingefügte Stahlteile setzen sich entschieden von der älteren Raumhülle ab, sie verschmelzen nicht mit ihrer Umgebung, sie sehen unverwechselbar neu aus, wie hineingestellt, eingeklemmt oder angelehnt, so als könnte man sie jederzeit wieder entfernen! Damit büßen sie ihren Ewigkeitswert ein.
Der Fuge kommt eine ähnliche Bedeutung zu. In der Architektur bedeutet die Fuge Übergang; hier tritt in der barocken Architektur das Ornament in Erscheinung, um den Stoß verschiedener Bauteile zu verdeutlichen, um verschiedene Bauteile aufeinander zu beziehen und um den Zusammenhang zwischen dem Detail und der Großform zu verdeutlichen. In der modernen Architektur wird die Fuge als Trennung verstanden. Die verschiedenen Bauteile werden auf Abstand gehalten. Es erscheint paradox, daß das Trennen von Teilen zugleich Binden – aber auf Abstand binden – heißen kann. Im modernen Sprachgebrauch bedeutet die Fuge zwar Trennung von Teilen, das Gefüge ist jedoch eine aus verschiedenen Teilen zusammengesetzte Einheit. Daß ein Zusammenhang nicht notwendigerweise über das Ornament zustande kommt, hat die moderne Architektur bewiesen. Zur zeitlichen Verschiedenheit der Teile wäre es wichtig anzumerken, daß ihre Korrespondenz am überzeugendsten dann erreicht wird, wenn sie vom gleichen Prinzip abgeleitet sind, jedoch auf Distanz gehen, indem sie in der Architektursprache ihrer Zeit ausgedrückt werden. Jede andere Korrespondenz ist eine falsche, da sie das Zeitgefühl verfälscht. Fontane schrieb im »Stechlin«:

»Das Alte sollten wir lieben,
das Neue sollten wir leben.«

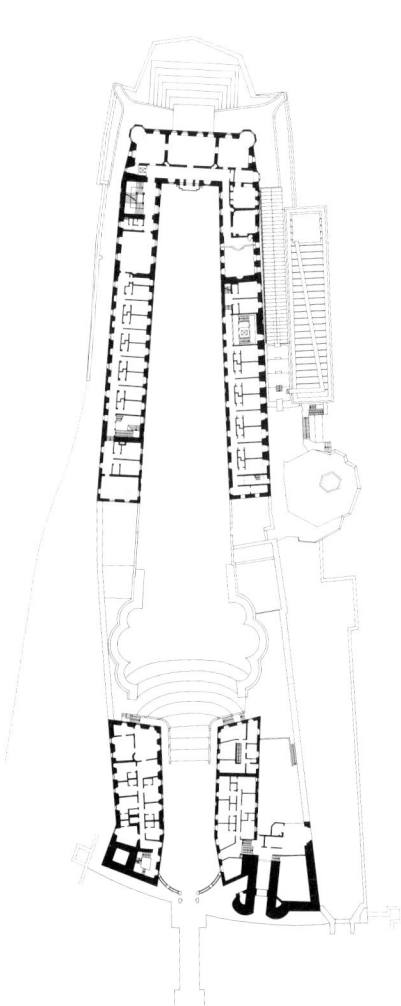

Karljosef Schattner

Gratwanderung in einer historischen Stadt | 117

Karljosef Schattner

Gratwanderung in einer historischen Stadt | 119

Karljosef Schattner

# Planen im historischen Bereich – Beispiele in Rostock

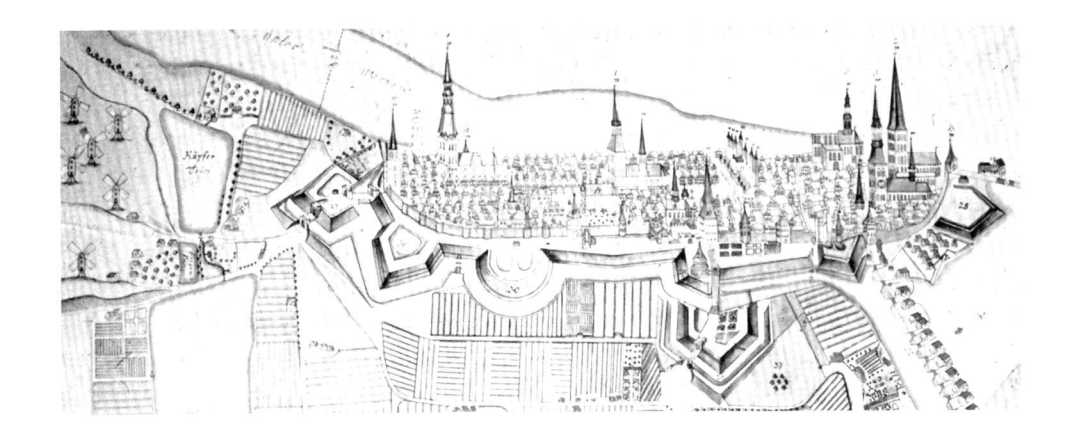

Peter Baumbach

1578 begann der Krämer Vicke Schorler das Bild seiner Stadt, auf die er besonders stolz gewesen sein muß, zu zeichnen – blattweise zuerst, dann meterweise zusammengefügt, bis schließlich mit Fertigstellung um 1586, nach achtjähriger Beobachtung, eine fast 20 m lange Rolle entstanden war: das Konterfei vom mittelalterlichen Rostock. 1578 am Tage Johannes des Täufers hatte Vicke Schorler begonnen, zu sammeln und zu zeichnen, 1586 am Tage Johannes des Täufers beendete er sein Werk.

Es war die Leistung eines Laien, der in unvergleichlicher Weise die gestalterische Qualität und Geschlossenheit norddeutscher gotischer und Renaissance-Hansestädte am Beispiel Rostocks darstellte. Er zeichnete keinen Stadtgrundriß, sondern Straßen und Platzfolgen, zerteilte so die Stadt in Bilder und erreichte mit deren Zusammenfügen eine Ganzheitlichkeit, die uns eine Vorstellung von der materiellen und geistigen Geschlossenheit der Stadt und ihrer Bürger übermittelt. Die Stadt war zwischen 1210 und 1260 aus einer Drei-Stadt-Gründung (Alt-, Mittel-, Neustadt) relativ schnell um 1260 zu einem geschlossenen Stadtverband verschmolzen, dessen Planungsgrundlage als typische Quartierteilung norddeutscher Kolonialisierungsstädte gelten kann. Sie kam innerhalb des Städtebunds der Hanse zu Ansehen und Reichtum und hatte mit ca. 11 000 Einwohnern nach Lübeck einen hohen Stellenrang. Bis etwa 1800 verharrte sie in der wallumschlossenen, geschützten Stadtfläche mit unterschiedlichem Geschick. Bis dahin blieben Stadtkörper, Quartier und Parzelle unangetastet. Die Fassaden und Raumstrukturen der Häuser wurden jedoch, dem Geist der Zeit folgend, oft verputzt und individueller in Erscheinung und Nutzung. Ein erster Schleier hatte sich über den Ursprungsgedanken gelegt. Mit dem Fortfall der Stadtmauer als Verteidigungselement und mit der beginnenden Industrialisierung wuchs die Stadt nach draußen, begannen Spekulation und sozialer Interessenschwund den »Einheitscharakter« der mittelalterlichen Stadt durch Abriß, Zusammenfassung von Grundstücken und Neubau mit breiteren Gebäuden das Gesicht der Stadt zu verändern. Die Pattern der Gebäudestrukturen des Mittelalters waren nun nur noch zu erahnen. Der Schleier wurde dichter, und die Stadt veränderte sich in ihrem Erscheinungsbild.

Wohn- und Industriestandorte siedelten sich am Rande der noch vorhandenen Stadtmauer an. So war in den dreißiger Jahren unseres Jahrhunderts die Stadt auf ca. 100 000 Einwohner angewachsen. Mit angemessener Infrastruktur, Hafen und Schiffbauindustrie versehen, pflegte sie im wesentlichen die Verbindung zu Skandinavien. Sie konnte nicht mehr mit den großen und bedeutenden Nachbarn Bremen, Hamburg, Lübeck, Stettin oder Danzig konkurrieren. 1942 wurde Rostock Ziel englischer Luftvergeltungsschläge mit katastrophalen Folgen für die Innenstadt. Sie verlor weitere wichtige Zeugen baukultureller Vergangenheit. Dieser Vorgang war schmerzhaft nicht nur wegen der Verluste, sondern weil damit Tore zum späteren Austausch von Quartieren und wichtigen Achsen geöffnet wurden, der die Raumstruktur so stark verletzte, daß der Kernbereich seine zwingende Verbindung zum Wasser einbüßte. Der bisher beschriebene Prozeß ist in allen Städten zu verzeichnen und sollte nur am Beispiel Rostock vorgestellt werden. Was dann aber an struktureller Veränderung eintrat, und der Zeitraum, in dem es passierte, ist nur in wenigen Städten zu verzeichnen.

Nach 1945 erlangte Rostock ein Wachstum, das nur als Folge des geteilten Deutschlands und der abgegrenzten Ostgebiete mit Stettin und Danzig zu verstehen ist. Der Ostteil des Landes (DDR) brauchte einen Hafen, ein Tor zur Welt, und alles, was maritime Verpflichtung bedeutet. So entstanden in relativ kurzer Zeit, nachdem die Teilung für einen längeren Zeitraum festgeschrieben wurde, ein kompletter neuer Hafen, Schiffbau und Fischwirtschaftsindustrie mit vielen Zulieferern. Das alles war in der zerstörten und flächenbegrenzten Kernstadt und ihren unmittelbaren Randbereichen nicht einzuordnen. Es wurde zu einem Aufbauwerk des ganzen Landes mit anhaltender nachfolgender Migration.

Eigentlich bedeutete es eine Chance für die Stadt und wurde »trotz alledem« mit Aufbruchstimmung begonnen. Wie verletzlich der Organismus der Stadt bei solch gewaltigem »Aufblasen« war, zeigte sich während des Prozesses selbst und zeigt sich heute besonders nach der Vereinigung durch rapide Schrumpfung des Industriepotentials und der Bedeutung der Stadt. Zunächst glaubte man, zumindest für den Wohnraumbedarf mit dem Wiederaufbau der Kernstadt und ihrer Verdichtung sowie mit dem Aufbau der bereits während des Krieges von Heinrich Tessenow vorgeplanten Erweiterung mit den begrenzten Stadtflächen zurechtzukommen. Anhaltendes industrielles Wachstum und verstärkte Migration erhöhten aber den Wohnraumbedarf. Diese Dimension konnte in der Kernstadt nicht erreicht werden, und so scheiterte der Planungsgedanke der späten sechziger Jahre, das Zentrum verstärkt zu regenerieren und anzupassen.

Die Stadt explodierte. Die Einwohnerzahlen wuchsen stetig von 90 000 nach dem Krieg auf etwa 270 000 bis Ende 1990. Und dieser Prozeß vollzog sich vor den Toren der eigentlichen Stadt mit der Errichtung eines neuen Hafens, neuer Produktionsstätten und neuer Wohnstandorte. Die Entwicklung ging zu Lasten der alten Stadt. Über einen Zeitraum von ca. fünfzehn Jahren stagnierten Bautätigkeit und Pflege, und damit verbunden sank die Lebensqualität in diesem Raum. In den sechziger Jahren wurde klar, daß dieser Prozeß, da von nationaler Dimension, nicht zu stoppen und die Planungskultur der Stadt als Ganzes auch nicht harmonisch zu steuern war. Ein Flächennutzungsplan wurde erstellt, der den Grundzügen der Charta von Athen verpflichtet war. (Arbeiten, Wohnen und Erholen vereinzeln sich im Stadtorganismus.) Die Stadt erhielt damit eine grundsätzlich neue Raumordnung.

Hätte Rostock eine Brücke über die Warnow oder das Geld für eine solche gehabt, dann wäre radial zentrales Wachstum erfolgt, und wir hätten heute zwei bebaute Ufer. So aber wurden eine linienartige, zur Bandstadtstruktur führende Wachstumskonzeption entwickelt, die ganz den Idealen der zwanziger Jahre verpflichtet war, und eine klassisch zonierte neue Ordnungsstruktur produziert, in der über die Hälfte der Einwohner am Entlastungsband wohnten und arbeiteten.

Institutionalisierung, Instrumentalisierung und Ökonomisierung waren wesentliche Gründe dafür, daß der Ablauf dieses Vorgangs mehr als technische denn als baukulturelle Aufgabe gesehen wurde. Damit wurde die Stadt als Ganzes zu einer additiven »Verhandlung« ihrer Teile degradiert und ihre Ganzheitlichkeit verletzt.

Bei allen Versäumnissen und kritischem Rückblick muß ich mich als beteiligter Architekt zur sozialen Leistung und auch zu dem, was in diesem Prozeß an räumlicher und architektonischer Qualität entstanden ist, bekennen. Mit diesem Teil meines Beitrags wollte ich Ihnen zunächst die Stadt Rostock, ihre Typik und Unverwechselbarkeit in Erscheinung und Geschichte vorstellen. Zum anderen aber wollte ich am Beispiel Rostock jene Einflüsse benennen, die Stadtentwicklung im größeren Stil ein- oder ausläuten und die so völlig außerhalb unserer Reichweite liegen. Es ist eine Art besonderer Naivität zu glauben, diese Prozesse könnten von uns Architekten kontrolliert oder generell beeinflußt werden. Ich halte es für bedauerlich, daß auch, mit den Worten von Rem Koolhaas, »das Gebaute, das Volle« unkontrollierbar geworden, dem Strudel der politischen, finanziellen und kulturellen Kräfte ausgeliefert und damit einer unaufhörlichen Veränderung unterworfen ist. Moden und Innovationen, die Gewinne erzeugen, lassen Stadt und Architektur zu einem Markt verkümmern, auf dem Selbstdarstellung und Rechenbarkeit oberstes Gebot sind.

Der Universitätsplatz ist einer der drei historischen Plätze der Stadt. Er erweitert sich etwa mittig aus der Kröpeliner Straße zu einem dreiseitig begrenzten Platz mit Baumbestand und stammt in seiner Geometrie aus der Gründerzeit. Er ist Straßenaufweitung und Platz zugleich. Seine Fronten werden durch Einzelgebäude des 18. und 19. Jahrhunderts bestimmt: Barocksaal und Palais (ehemaliger Außensitz der Herzöge von Mecklenburg) auf der Südseite, das Hauptgebäude der Universität auf der Westseite.

Auf der Ostseite läuft der Platz trichterförmig in die historische Kröpeliner Straße über, in der sich noch Giebelhäuser mit typischen Hausbreiten zwischen 8 und 9 Metern erhalten haben. Die Mehrheit der Häuser hat Putzoberflächen. Die Nordseite des Platzes war bis zum ersten Bombenangriff 1942 mit unterschiedlichen Giebelhäusern als Wohn- und Geschäftsgebäude bebaut. Der letzte originale mittelalterliche Bauzeuge, das Rathaus, mittig auf dem Platz gelegen, wurde zur Errichtung eines Denkmals für Blücher abgetragen. Ein Jahr nach der Zerstörung der Nordseite wurde 1943 ein Barackenbehelfsbau errichtet, der bis 1984 Bestand hatte. Seit den fünfziger Jahren wurde eine Reihe von Entwürfen erstellt, die aber aus verschiedenen Gründen nicht zur Ausführung kamen. Einer der letzten Entwürfe sah vor, das in den fünfziger Jahren entstandene Warenhaus an der Langen Straße bis zum Universitätsplatz zu erweitern. Damit wäre eine Monofunktion entstanden, die dem ohnehin funktionell einseitig genutzten Platz nicht zum Vorteil gereicht hätte. Er war zum Durchlauf und nicht zum Aufenthaltsraum geworden. Unsere Idee war es, die historische Funktionsmischung Wohnen und Handel mit Einzelgeschäften wiedererstehen zu lassen. Die Zeit dafür war günstig, da die frühen achtziger Jahre in der DDR ganz im Zeichen des sozialen Wohnungsbaus standen und im Zentrum der Stadt jahrelang keine nennenswerten Investitionen mehr getätigt worden waren. Etwa zeitgleich wurden in Rostock zwei größere zentrale Vorhaben geplant und realisiert (die Bebauung der nördlichen Altstadt – Hafenseite – auf flächengeräumtem Altstadtraum und die quartierschließende Platzwandbebauung am Universitätsplatz). Neben strengen ökonomischen Bindungen standen Bindungen zum Wohnungsgemisch (überwiegend kleine Wohnungen), die technische Bindung der Verwendung einer Montage mit vorgefertigten Teilen, im wesentlichen aus der Serienproduktion der Wohngebiete abgerufen, und Begrenzungen im Material und seiner Verarbeitung.

Die ideellen Bindungen waren die Bauten im Kontext, Barocksaal, Universitätsgebäude, Alte Wache, die sich als unmittelbare Vergleichsbauten in Dimension, Struktur und Detail in ihrer Gesamtwirkung unterschiedlich harmonisch verhalten. Sie sind jedoch, wenn auch nicht sehr aufeinander abgestimmt, Teil der historischen Prägung der Stadt. Auch der eingeschossige Barackenbau war bereits nach vierzig Jahren ein fest eingeprägtes Zeichen, an dem nur wenige Anstoß nahmen.

Dominierend am Platz ist die Westseite mit dem Universitätsgebäude im Stil der Neorenaissance mit mittigem Portal und Risalit (Willbrand, 1848). In dieses Spannungsfeld unterschiedlicher baulicher Zeitzeugen drängten sich weit gefächerte Planungen zum Wiederaufbau der nördlichen Platzwand, von der Wiederherstellung des letzten historischen Bestands über den Wiederaufbau von wertvollen historischen Fassaden, die der Stadt verlorengegangen waren, bis hin zu einer dritten dominanten Einzelerscheinung.

Unser Ziel war es, mit der Aufnahme von Höhenbezügen, dem Überspringen von Proportionen, der Verwendung von Zitaten eine maßliche Einordnung zu erreichen. Um noch einmal auf das Bild des Krämers Schorler zurückzukommen: Was machte die alte Stadt im überlieferten Bild so beeindruckend? Es gab fast einheitliche Quartiere, eine begrenzte Anzahl von unterschiedlichen Gebäudepattern für Parzellen, Fassaden und Materialkombinationen. Wie bei fast allen Architekturen, die einem geschlossenen Sozialverband, dem Ort und einer Eingrenzung des Materials und der Form verpflichtet sind, beeindruckt das Bild durch begrenzte Variation eines Themas. Es ist einfach, anregend, entspringt der Verpflichtung der Teile zum Ganzen und bedarf keiner nachträglichen Erklärungen. So entschlossen wir uns für die Aufnahme einer Parzellierung auf der Platzseite analog dem mittelalterlichem Ursprungsgedanken und für gleichartige Giebel, die sich als Einzelchiffre zu einem Ganzen verbinden, aber Ausdruck heutigen Zeitgeists sind. Und wir entschlossen uns weiterhin, mit dem konsequenten Ziegeleinsatz die Kontinuität des Materials zu sichern. Die Seitenflügel, als Putzbauten, suchen die Einpassung an die Nachbarstraßenzüge. Die Grundrißstrukturen des Erdgeschosses sind konsequent auf die Parzelle/Einzelgeschäfte gerichtet. Der Grundgedanke Vielfalt als Variation in einem Thema bestimmte unsere Planung für Fassaden, Grundriß und Raumstrukturen. Und noch heute sind wir froh, daß es uns gelang, überwiegend Wohnungen an diesem Platz einzuordnen (143 Wohnungen, fünf Gaststätten, sechs Geschäfte).

Mit der Ausführungsplanung wurde 1984 begonnen, und nach einem Jahr Bauzeit war das Gebäude 1986 fertiggestellt. Eines der schwierigsten Probleme bestand im Umgang mit den Fertigteilen. Wir wollten die Kontinuität der Fassadenflächen ohne Markierung der technologisch sonst üblichen Plattenfugen sichern. Dafür entwickelten wir ein System, das die technisch bedingten Fugen wieder an die Fensterfugen zurückführte. Die Kombination von fensterlosen, stehenden Fertigteilen (1,2 × 1,8 × 2,4 m) mit Brüstungselementen (0,9 × 1,8 × 2,7 m) und liegenden im Fensterbereich lassen vertikal kaum Fugen erscheinen. Wesentliche Ausbauteile, wie Fenster (es gibt nur einen Fenstergrundtyp 0,9 × 1,8 m), wurden mit dem Rohbau modular koordiniert. In diesem grundsätzlich vereinfachten System (im Gegensatz zur Verwendung der Fertigteile als Lochfassade in den Neubauwohngebieten) ließen sich dann Erker und unterschiedliche Wand-Öffnungs-Verhältnisse fast spielerisch verwirklichen. Wichtig war uns ebenfalls, daß alle Fertigteile oberflächenfertig zur Baustelle kamen und keine Nacharbeiten erforderlich wurden.

Mit einem zweiten kleinen Beispiel möchte ich den Umgang mit historischer Substanz aus dem profanen Bereich darstellen. Ein kleines gotisches Giebelhaus aus dem späten 16. Jahrhundert (Wokrenter Str. 40) stand kurz vor dem Zusammensturz. Es sollte abgetragen und wiedererrichtet werden. Das Haus liegt nahe dem alten Stadthafen und war ursprünglich ein

Lager-, Arbeits- und Wohngebäude. Alle Zeiten hatten Veränderungen vorgenommen und Schichten eingetragen, so daß der räumliche Ursprungsgedanke eines Hallenhauses mit mittigem Hausbaum kaum noch zu erkennen war. In der Renaissance wurde mit dem Einschub einer Empore der wohl wesentlichste Eingriff in die gotische Raumstruktur vorgenommen und damit die Erdgeschoßhalle zerstört.

Das Haus befand sich in einem jämmerlichen Zustand, so daß eine komplette Freilegung aller inneren Konstruktionsteile erforderlich war. Alle Schichten wurden dadurch sichtbarer, insbesondere der gotische Ursprung. Als neue Nutzung wurde die Verwendung als Klubhaus für die Vereinigung der Architekten festgelegt, also als Begegnungsraum mit Austausch, Ausstellung und Workshops. Die Konzeption der Restaurierung reichte von der Erhaltung des letzten Umbaustands des 19. Jahrhunderts bis zur klassischen Wiederherstellung des gotischen Raumgefüges. Nach längeren Auseinandersetzungen entschlossen wir uns, die Fassaden vom erhaltenen Giebelschild bis zum Erdreich wieder in die angenommene Urfassung zu bringen, im Innern aber Teile der unterschiedlichen Schichten so zu erhalten, daß die räumliche Struktur der Gotik wieder deutlich wurde (ohne sie wiederherzustellen). Mit der Freistellung des Hausbaums, der Restaurierung der gotischen Umfassungswände (innen und außen) und der Schaffung von Öffnungen im Decken- und Wandbereich entstand ein fließendes Raumgefüge, das die ursprüngliche Halle erkennbar macht und zugleich die unterschiedlichen Einbauten voneinander trennt.

Bei der Vielschichtigkeit des Themas dieses Symposiums wollte und konnte ich mich nicht nur auf die Beispiele »Neues im Alten« oder »Altes erneuert im Alten« beschränken, weil ich der Auffassung bin, daß sowohl Erbübernahme wie auch -übergabe ein fortdauernder Prozeß des Austauschs, der Erhaltung und Erneuerung sind und immer alle Teile der Stadt betreffen. Sicher werden Wertstellungen und Zuneigungen unterschiedlich verteilt, auch Ablehnungen sind zu verstehen. Der Versuch jedoch, Ganzheitlichkeit zu fördern, zu bewahren und nach diesem Gebot zu handeln, bedeutet zumindest für Rostock, mit Klugheit die Mittel auf Alt- und Neustadt zu verteilen, um neue Verkrümmungen oder gar Verkrüppelungen zu verhindern. Die Probleme der künftigen Entwicklung der Stadt sind viel größer.

Rostock fehlt nach der Vereinigung bis heute eine Zielvorstellung von der weiteren wirtschaftsstrukturellen Entwicklung. Seine Bedeutung, die es im geteilten Land hatte, ist logischerweise verlorengegangen. Umnutzungen und Umwidmung bestehender Raum- und Inhaltsstrukturen im großen Stil stehen an. Die tragenden Bereiche der Wirtschaft wie Schiffbau, Seewirtschaft (Hafenpotential) und Fischfang mit allen Anhängen sind stark rückläufig. Eine schnelle und konsequente Stadtentwicklungsstrategie ist nötig, die nicht nur die mittelständische Industrie mit Handwerk und Gewerbe betreffen kann. So wird es eine Reihe von Branchen geben, die auf Umwidmung warten. Ein weites Feld, das auf diesem Symposium behandelt wird, tut sich auf: Altes im Neuen sinnvoll zu erhalten und neu zu bestimmen – hoffentlich nicht nur mit Banken, Versicherungen, Büros und Verkauf.

# Bauen mit der Großplatte in gewachsenen Altstadtstrukturen

Wulf Brandstädter

Vorgefertigte, großflächige Betonelemente sind in den neunziger Jahren unseres Jahrhunderts unverzichtbarer Bestandteil zeitgemäßen Bauens. Diese persönliche Standortbestimmung sei meinem Beitrag vorangestellt, um die Darlegung einiger bitterer Erfahrungen der Vergangenheit bei der Anwendung der Plattenbauweise nicht zu einem Generalplädoyer gegen das Bauen mit dem Großtafelelement zu machen.

Die grundsätzlich richtige Überlegung, durch den Einsatz großer, vorgefertigter Bauelemente die Arbeitsproduktivität zu erhöhen, um schneller dringendem Wohnungsbedarf nachzukommen und Arbeitserschwernisse auf der Baustelle abzubauen, führte unter den Bedingungen rigider zentralistischer Wirtschaftsstrukturen oder, kurz gesagt, beim Versuch, Privateigentum durch gesellschaftliches Eigentum zu ersetzen, zu den bekannten, insgesamt unbefriedigenden Ergebnissen auch auf dem Gebiet des Wohnungsbaus und seiner Folgeeinrichtungen. Aber nicht das Betonelement an sich, sondern dessen zigtausendfache gleichförmige Anwendung war die Wurzel des Übels.

Die Absolutheit in der Verwendung der Plattenbauweise, die völlige Vereinnahmung der Architekten in die Baukombinate, die fast ausnahmslose Durchsetzung von Typenbauten am Rande der Stadt waren wesentliche Komponenten für die in dreißig Jahren entstandene beachtliche Zahl von über zwei Millionen Neubauwohnungen in Plattenbauweise einerseits und für die zu Recht beklagte architektonische Einförmigkeit sowie den heutigen desolaten Zustand der ostdeutschen Städte andererseits.

Zu Beginn der achtziger Jahre, als in der DDR aufgrund mangelnder Instandhaltung der progressive Verfall ganzer Stadtteile immer sichtbarer wurde, stand eine Reihe von Architekten vor der Aufgabe, mit dem zur Verfügung stehenden Mittel, der Plattenbauweise, auch in hochsensiblen Innenstadtbereichen zu bauen. Bei vielen Beispielen entstand dabei zwar das durchaus nicht unwichtige Dach überm Kopf, aber mehr auch nicht. Andere Versuche im heutigen Ostdeutschland rechtfertigen meines Erachtens eine funktionell und gestalterisch determinierte Diskussion. Gestatten Sie mir, hauptsächlich am Beispiel Halle, eine kurze verbale und bildliche Darstellung der jüngeren baulichen Vergangenheit, als Bestandteil der Gegenwart, aber auch unserer Zukunft. Der Bescheidenheit unserer damaligen Erfolge bin ich mir dabei voll bewußt.

Wichtig war, daß es uns mit Beginn des innerstädtischen Bauens gelang, den in den siebziger Jahren etwas in Vergessenheit geratenen Architekturwettbewerb wiederzubeleben und anschließend mit Unterstützung der Architektenorganisation, dem BdA/DDR, eigenverantwortliche Architekten, meist die Wettbewerbssieger, für größere Baugebiete zu benennen, welche die Bauaufgabe vom städtebaulichen Entwurf bis zur Übergabe begleiteten.

Anonymität und wechselnde Verantwortlichkeiten haben zu keiner Zeit der Baugeschichte das Architekturwerk gefördert.

## Zur städtebaulichen Einordnung

In Port Sunlight, einem Stadtteil von Liverpool, sind 1887, wohl das erste Mal in der Stadtbaugeschichte, ohne Beziehung zur bestehenden Stadt Häusergruppen in Grünflächen isoliert vom Straßensystem »verteilt« worden. Es bestand zumindest in Architektenkreisen Einigkeit, daß bei der sogenannten Rekonstruktion der Innenstadt von Halle keinesfalls an derartige Entwicklungen angeknüpft werden sollte, vielmehr zu versuchen sei, sich an bestehende Straßen- und Platzräume, auch mit den spröden Plattenbauten, anzulehnen. Diese positive Absicht bedingte die Abkehr von der seit Jahren gewohnten Blockprojektierung, in der auch die zahlreichen Halleschen extensiven Stadterweiterungen entstanden waren, und die Aufnahme der Gebäudeteil- oder Segmentprojektierung, das heißt die projektierungs- und ausführungstechnologische Reihung kleinerer Einheiten.
Nur so war es möglich, den historisch gewachsenen und für Halle typischen Straßenzügen zu folgen, Beziehungen zwischen Haus und Straße aufzunehmen, städtebauliche Raumbildung als Folge von Straßen und Plätzen zu begreifen. Die Einführung eines frei einspielbaren, von 3,60 m bis 0 gehenden Keilsegments ermöglichte spürbare Richtungsänderungen. Auf den Erhalt und damit die Einbeziehung bestehender Gebäudeecksituationen wurde besonderer Wert gelegt.

## Zum Grundriß

Wir hatten uns das Ziel gesetzt, im Rahmen des innerstädtischen Bauens das festgelegte Typen-Grundrißsystem zu durchbrechen, waren bemüht, zu individualisieren und schließlich nicht vom Wohnungsgrundriß oder ganz und gar vom Haus auszugehen, sondern Grundrisse und Gebäude vom Element her zu entwickeln. Diese logische Überlegung war nicht ohne Kampf durchsetzbar und auch nicht ohne Polemik zu realisieren. Jeder Versuch einer Veränderung war unwillkommener Eingriff in die engen Grenzen geschienten Denkens, mußte die auf äußerste Minimierung des Aufwands gerichtete Planung stören.

Durch Einführung eines Rahmenelements sowie eines darüberliegenden wandartigen Trägers gelang es, mehrere Achsen kopplungsmöglich zu gestalten und so größere Räume anzubieten. Ein Deckenelement mit Durchbruch erlaubte Entwurf und Ausführung von Maisonnette-Wohnungen. Ein erkerartiger Vorbau und die Entwicklung eines Ecksegments gestatteten, das bestehende Angebot kleiner 1- und 2-Raum-Wohnungen durch große 1- und 2-Raum-Wohnungen zu erweitern.

Die Eintönigkeit sich stets wiederholender Wohnungsgrundrisse hat sicher negativen Einfluß auf die Dynamik und Kreativität ihrer Bewohner.

Aufwachsen in einer vom Grundsatz nicht uninteressanten Wohnung vom Typ P 2, das heißt mit innenliegendem Bad, innenliegender Küche, davor meist der Eßplatz, gegenüber die Schrankwand – Familiengründung und das Glück, eine Neubauwohnung zu bekommen, und wiederum innenliegendes Bad, innenliegende Küche, davor der Eßplatz, gegenüber die Schrankwand, dazwischen Typenkrippe, getypter Kindergarten und Typenschule: Dieser Kreislauf, zwar versorgt zu sein, aber sich immer wieder in weitgehend gleichen Räumen zu bewegen, wirkte sinnbegrenzend. Hier bestehen für uns und die heute Studierenden weite Arbeitsfelder der Umnutzung, Veränderung und Aufwertung.

Abriß und Neubau ganzer Großplattensiedlungen wäre unrealistisch, ökologisch nicht vertretbar und, von Ausnahmen abgesehen, bei kluger Vorgehensweise unnötig. Die vorhandene konstruktive Grundrißstruktur der meisten Plattenbauten birgt durchaus Möglichkeiten der Neugestaltung. So sind in einer von mir architektonisch betreuten Wohnungsgenossenschaft in Halle, bei vertretbarem Aufwand, 3-Raum-Wohnungen mit Innenküche zu 2-Raum-Wohnungen mit Außenküche umgebaut worden.

Der Grundriß einer 4-Raum-Wohnung wird gegenwärtig als Pilotprojekt mit größerem Bad und Außenküche neu gestaltet. Sobald die Grund- und Bodenfrage geklärt ist, werden in dieser Genossenschaft durch Anbauten, Schließung offener Ecken und Grundrißmodifikationen Erweiterungen der Grundrißangebote durch Neubau vorgenommen.

Eine soziologische Entmischung komplexer Neubaugebiete wird nicht zu verhindern sein, wohl aber kann durch die unverzügliche Aufnahme von baulichen Aufwertungen und Ergänzungen, von Umnutzungen und Individualisierungen dem auch in Halle zu verzeichnenden Trend der Entmischung entgegengewirkt werden.

## Zur Gestaltung

Halle, vor mehr als tausend Jahren an einem günstigen Saale-Übergang entstanden, blickt wie viele mitteleuropäische Städte auf eine reiche Geschichte, hat baulich viele Höhen und Tiefen erlebt. Eine seiner städtebaulichen Besonderheiten besteht darin, daß weite Teile der Kernstadt auch heute noch den mittelalterlichen Stadtgrundriß erkennen lassen.

Das äußere Bild des im Zweiten Weltkrieg kaum zerstörten Stadtkerns wird von Gründerzeitbauten geprägt.

In den zurückliegenden Jahren sind unweit des Markts und in weiteren Bereichen der Innenstadt einige Bauensembles in Plattenbauweise entstanden.

Der Terminus »Ensemble« kennzeichnet wahrscheinlich am besten den wesentlichen Unterschied zwischen der Haus um Haus, nach unterschiedlichem gestalterischen und handwerklichen Können der Erbauer sowie unterschiedlichem finanziellen Vermögen und Geschmack ihrer Eigentümer historisch gewachsenen Struktur und den Gebäudegruppen, die in den achtziger Jahren in der Innenstadt von Halle erbaut wurden.

Wir hatten uns vorgenommen, den einzelnen innerstädtischen Neubaubereichen jeweils gebietstypische Gestaltungsformen zuzuordnen. Die Erdgeschosse sind zum Teil mit Verkaufsfunktionen belegt. Der obere Gebäudeabschluß sollte keinesfalls von den durchlaufenden Drempellinien, analog der komplexen Neubaugebiete vom Rande der Stadt, beherrscht, sondern durch unterschiedliche Ausformungen, Höhen und Materialien charakterisiert werden. Weiterhin bestand die Absicht, die Dominanz der grauen Splittoberflächen der Außenhaut durch den Einsatz anderer Materialien zu brechen. Neue Fensteröffnungsmaße und neue Gliederungen konnten, wenn auch in geringer Anzahl, durchgesetzt werden. Bei heutiger Betrachtung der Außenhaut ist – neben positiven Eindrücken – außer konstruktiven Mängeln und unzureichender Wärmedämmung festzustellen, daß besonders das großformatige Fugenbild den Maßstab der Altstadt sprengt. Darüber hinaus hätte ein zwar geforderter, aber nicht durchgesetzter höherer Anteil an farbigem Putz das Betongrau wohltuend reduzieren können.

Durch enge Zusammenarbeit mit bildenden Künstlern haben wir vom städtebaulichen Entwurf über das Hochbauprojekt bis zur Ausführung versucht, eine bloße Addition von Skulptur oder Wandbild mit der Architektur zu vermeiden und eines unserer erklärten Ziele, Unverwechselbarkeit des Ortes zu erzeugen, zu erreichen.

Bei der Umsetzung ihrer Ideen standen die Architekten und Ingenieure keiner geschlossenen Phalanx von Nichtwollenden gegenüber. Es gab auch bei der Bauausführung und bei mehreren staatlichen Institutionen tätige Mithilfe, sonst wäre die Entwicklung, immer in Relation zur damaligen allgemeinen Architektursituation, nicht möglich gewesen. Diesen Frauen und Männern gilt heute noch mein Dank.

Nach über 20jähriger Erfahrung des Bauens mit der Großplatte möchte ich meine Erkenntnisse wie folgt zusammenfassen:
- 3,60 × 2,40 m Großtafelsysteme, ergänzt durch monolithische und traditionelle Bauteile, sind auch zum Bauen in der Altstadt geeignet.
- Das Außenwandelement in der bekannten Form als Einschicht- und Mehrschichten-Element aus Beton sollte nicht verwendet werden.
- Durch Rückbau, Umbau und Ergänzung sind Großplattenbauten zu individualisieren. Ein flächenhafter Abriß ist unrealistisch und ökologisch unvertretbar.
- Bauen in der Altstadt verlangt Achtung vor der bestehenden Substanz. Aufgrund der gegebenen technischen Ausrüstung wäre auch bei Anwendung von Großtafelelementen der Bestand erhaltenswürdiger Bauten nicht gefährdet.

# Spurensuche

Jo Coenen

Weil ich mich dem Alten genauso verbunden fühle wie dem Neuen und bei jeder Aufgabe auf der Suche bin, die für den Kontext und das spezifische Raumprogramm typische Idee zu finden, nehme ich immer wieder das Risiko in Kauf, daß im ersten Moment die Dinge scheinbar nicht zueinander passen, dann jedoch einer eigenen Logik folgen, die selbstverständlich erscheint. Dabei gehe ich davon aus, daß ein neues, ganzheitliches Gebilde entsteht, welches ein Weiterwachsen der Materie überhaupt zuläßt. Ich versuche nicht, mich gegen das Alte abzusetzen, und doch muß das Neue immer selbst lebensfähig sein.

Neu bedeutet für mich nicht nur, Neues erfinden, sondern vielmehr Tatsachen und Vorhandenes aufspüren, diese sichtbar machen, nicht dagegenwirken, sondern damit wirken, immer in dem Bewußtsein, daß es ein Eingriff ist. Ich bleibe so lange auf der Suche, bis das Neue wie von selbst zu wachsen scheint und ein Bestandteil des Organismus wird, den dieser nicht mehr abstößt und der doch immer erkennbar bleibt und sich nicht einer falschen Bescheidenheit unterordnet. Es entsteht also eine neue Kombination, worin Alt und Neu nicht nebeneinander stehen, sondern sich assimilieren.

Ich habe den Eindruck, zum Thema Alt/Neu nicht soviel sagen zu können wie die anderen Referenten, weil ich aus Holland komme. Zwar haben wir diese Probleme auch, aber in anderen Ausmaßen oder in anderer Ausprägung. Von Diener bis Schattner wurde alles gesagt – zwei Extreme wurden beleuchtet. Deshalb stelle ich Ihnen meine Gedanken dazu vor.

Die ersten Abbildungen stellen scheinbar abstrakte Kunst dar, ich werde sie später erklären. Mit den folgenden Abbildungen wird jedoch deutlich, daß es sich vielmehr gerade um das Thema Alt/Neu handelt. Die nächsten Abbildungen zeigen eine Luftaufnahme von Toronto und mein Büro, einen Umbau, den ich in einem Denkmal von 1740 und einem Gebäude aus dem 19. Jahrhundert gemacht habe.

Ich habe hinter Toiletten und Baderäumen eine alte Stadtmauer aus dem 14. Jahrhundert gefunden. Dort wurde der Boden abgetragen, und so entstand dieses Gefüge. Wir haben

*Anstelle der freien Rede beim Symposium wird hier eine geringfügig überarbeitete Fassung des Beitrags abgedruckt.*

einige Holzplatten dazugefügt, wodurch eine Fuge entstand, die sich deutlich abzeichnet. Sie verdeutlicht das Verhältnis Neu zu Alt. Wir brauchten einen Boden, und wir haben eine alte Mauer gefunden.

Nun wird deutlich, daß die obengenannte Abbildung keine abstrakte Kunst zeigt, sondern hauchdünne kleine Platten – Dünnschliffe von Steinen unter dem Elektronenmikroskop mit polarisiertem Licht. Unsere Natur löst jeden Eingriff immer wieder auf und fängt ihn immer wieder auf – man weiß nicht, was man sieht.


Wettbewerb Bottrop

Wir haben an einem Wettbewerb zur Umnutzung einer alten Zeche in Bottrop teilgenommen. Die Frage nach dem Verhältnis von Alt und Neu bestimmte den Entwurf für ein derartiges Gebiet. Dort ist nichts mehr außer kontaminiertem Boden, Grubenschlamm, spielenden Kindern auf einem erhöhten Erdwall, wo die älteren Fahrrad fahren. Man spürt diese Leere als eine Befreiung. Was ist dort überhaupt zu machen?

Nach der Besichtigung des Standorts dachten wir, daß es zu schade wäre, diese Typologien, die umgebenden Strukturen der Arbeitersiedlungen in ihrer Charakteristik und der des Gebiets mit einem neuen Zentrum, nochmal zu bauen. Als wir über das Terrain liefen, spürten wir immer wieder die Weite, sahen wir die Kinder im Schlamm auf verseuchtem Boden spielen, was sie nicht dürfen, aber trotzdem tun. Man sah sonst nichts als die Spuren der Züge, die dort einmal verkehrten. Es ist kein realer Boden, denn in einer Tiefe von zweihundert Metern und mehr befinden sich noch die Gänge der Zeche, überall ist der Mensch gewesen und kommt noch heute aus anderen Zechen dorthin. Wenn wir jetzt dort Häuser bauen, als wäre es eine heile Welt und als sei nichts geschehen, würden wir Gebäude über eine Maschine voll mit Röhren stellen. Was wir auch machen an dieser Stelle, es ist künstlich.

Mein Lehrer Luigi Snozzi hatte mir erklärt, daß jeder Eingriff eine Zerstörung bedinge, also zerstöre man mit Verstand! Das Modell Alt/Neu gilt nicht nur für einen kleinen Umbau, für einen Befestigungswall usw. Überall muß ich mich fragen: Was paßt hier – paßt es überhaupt, gibt es eine Harmonie, wenn ich etwas einfügen möchte? Ich versuche immer wieder, Ideen zu finden, die durch die Funktion und den Kontext begründet sind. Diese Ideensuche sorgt vielleicht dafür, daß es dann sozusagen paßt. Ich weiß nicht immer genau, ob es paßt, doch bin ich froh, wenn ich die Ideenfindung vor Augen habe.

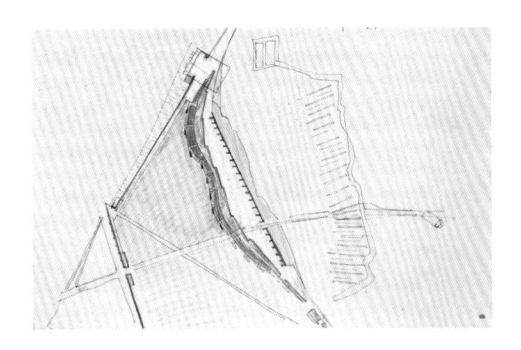

Als subjektive Auswahl zeige ich einige Beispiele von Architektur, die für sich selbst stehen können. Solche Verankerungen im Kontext, im Leben, lassen mich hoffen, daß es, so wie in dem Bild von der Natur, den Steinen, wieder ein Schönes, ein Ganzes wird.

Da es hier um Wohnungsbau geht, versuchten wir mit der ersten Skizze, die Wiese und den Eingriff als solchen ebenso wie den Eindruck einer Mondlandschaft mit kontaminierter Erde, die überdeckt wird, zu belassen und nicht diese schöne Leere zu verplanen. Damit das weiterlebt, was wir dort erfahren haben, versuchten wir, die Künstlichkeit der Umgebung, die Spuren der Züge in einer Idee zum Wohnungsbau wiederherzustellen. Diese Versuche galten auch auf der anderen Grundstücksseite den alten Gleisen, wo das Schlammbecken und der erhöhte Wall den Anlaß gaben, Wohnungen zu entwickeln, die sich in einer Richtung ausdehnen. Das ist die Idee!

Was wir wollen, haben wir folgendermaßen formuliert: Leere, Weite, Brutalität, Spurensuche. Wir versuchten, die Spuren zu erhalten, die vorhanden sind. Es ist Künstlichkeit, es sind Jugendträume, es ist Verkriechen und vielleicht eine Struktur, die wir erfunden haben für das Wohnen, eine Art DNA-Kette, die alle miteinander vielleicht wieder eine Kette formen können. Ich möchte das Felsige, Brutale und Verseuchte nicht verwischen, als wäre nie etwas passiert. Wir zeigen, was da ist und was war, mit Hilfe von etwas Neuem.

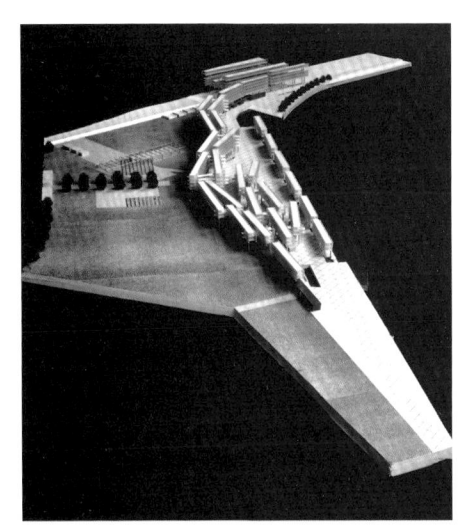

## Industrie- und Handelskammer und Bürohaus in Maastricht

Die nächsten Beispiele befinden sich in der Stadt Maastricht, Industrie- und Handelskammer und ein Bürohaus für einen Wohnungsbauverein, die gemeinsam auf einem schrägen Deck stehen. In der Nähe liegt die historische Stadt, die übrige Bebauung besteht vor allem aus Industriebauten. Der Gedanke war, an dieser Uferzone – die für die Innenstadt von Maastricht sehr bedeutend ist – einen Endpunkt zu der angrenzenden Industriezone zu schaffen. Davor wurde die Handelskammer aufgestützt und durch ein Deck gesteckt, so daß die öffentlichen Wege zusammengeführt werden können. Unterhalb der schrägen Platte befindet sich der Eingang von der Stadtseite. Die Platte ist als Aufenthaltsort gedacht, es wird dort im Laufe unserer Planungen für die Uferzone noch mehr Grün geben.

Aber die Stadtidee ist sehr klar. Man schaut zum Ufer, hinunter zum Wasser. Der Bau steht parallel zu dem alten benachbarten Industriebau, den man jetzt wieder schätzt, obwohl man ihn vorher unbedingt abreißen wollte.

Ich wage zu sagen, daß das Gebäude (oder die Konzeption) den Kontext total aufnimmt, obwohl es eine neue Form ist. Es gibt zwei Wege durch das Gebäude, einen internen und einen externen. Man geht sozusagen durch einen Fels und kommt dann wieder heraus auf die Platte.

Jo Coenen

Holländisches Architekturinstitut in Rotterdam

Ein weiteres Gebäude von uns steht in Rotterdam, das im Zweiten Weltkrieg, wie Dresden, zerstört wurde. Rotterdam hatte sehr große Probleme damit, was mit der Stadt, vor allem mit dem Zentrum, geschehen sollte. Sollten die Stadträume groß und weit sein? Könnte man dann den Wind trotzdem noch ertragen? Ich selbst komme oft nach Rotterdam und habe daher vielleicht weniger Probleme mit der großen Leere in Dresden. Ich habe auch nicht den Eindruck, daß man den ursprünglichen Stadtraum hier wiederherstellen müßte. Rückblickend auf Rotterdam, sehe ich für Dresden viele Möglichkeiten.

Nachdem wir einen eingeladenen Wettbewerb für das Holländische Architekturmuseum in Rotterdam gewonnen hatten, erarbeiteten wir folgende Planung: Das Dreieck bildet das in einem Park gelegene Planungsgebiet; im Hintergrund die Maas, ein großer Park, ein kleinerer Park mit dem Museum »Boymans-van Beuningen« – ein geordneter und ein nicht geordneter Park –, die Kunsthalle von Rem Koolhaas und das Gelände des geplanten Architekturmuseums. In der Umgebung befinden sich ein Bau, an dem Jean Prouvé noch mitgearbeitet hat, ein Hochhaus für die Universität, außerdem ein Krankenhaus, das noch erweitert werden soll. Rem Koolhaas hat diese Achse geplant, um einen Bezug herzustellen zwischen dem Dreieck und dem Wasser. Der Park, das Dreieck, der Verlauf der Straße, die kleinen Kuben (Wohnhäuser der Moderne von 1920–1930, direkt am Park gelegen) sind dargestellt, außerdem der Westersingel, ein Wassergebiet, an dem luxuriöse Häuser stehen.

Nach vielem Suchen fanden wir, zusammen mit Luigi Snozzi, eine Lösung: eine städtebauliche Idee, nicht nur für das Dreieck, sondern für das gesamte Areal. Man könnte den Westersingel und den vorhandenen Park als einen Teil des Parks der Zukunft sehen. Er ist eine völlige Umkehrung dessen, was da ist, zu einem neuen Organismus. Ob er paßt oder nicht, wissen wir jetzt noch nicht. Es sind die ersten Formulierungen, die wir vornehmen. Man könnte eine Einheit schaffen, indem der Park geschlossen, das Wasser auf dem Terrain weitergeführt und die Straße geändert würde. Wir alle kennen diese Parks mit Eingängen, bei denen man einen Übergang spürt, nur durch ein Tor oder ein Gitter, das immer offen steht. Aber das genügt bereits, um die Trennung zwischen dem öffentlichen Bereich und dem Park spürbar zu machen. So könnte diese Straße auch werden, wenn man den Verkehr aus ihr entfernt. Inzwischen wurde als erster Schritt die Straße orthogonal verlegt. Der nächste Schritt wäre eine wassergebundene Decke, damit sie einen parkartigen Charakter bekommt.

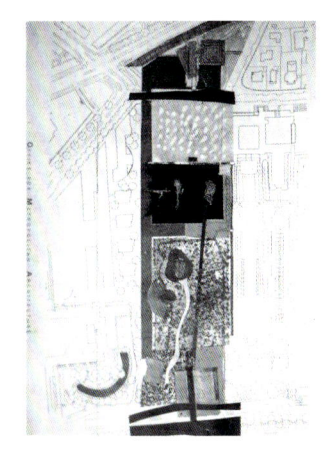

Spurensuche

Die Höhe des Gebäudes wurde durch den Turm des »Boymans« bestimmt. Der Bau müßte aufgeständert werden, um als »Gitter« zu funktionieren und so den Eintritt in den Park spürbar werden zu lassen und trotzdem zu trennen. Dahinter entstehen Teile von Bauwerken, die übereinander und miteinander spielen, die um ihr Recht kämpfen. Diese fragmentarische Auffassung hat mir später viele Schwierigkeiten bereitet. Luigi Snozzi hatte mich gewarnt. Das Resultat des Wettbewerbs war ein aufgeständerter Bau, eine riesige Arkade, zweihundert Meter lang. Es ist ein Architekturmuseum mit drei Funktionsteilen: Museumsteil, organisatorischer Teil mit Bibliothek und das Archiv, das sehr weitläufig ist, denn ich hatte die Priorität der Stadt gegeben, nicht der Funktion. Es entstanden eine Arkade, durch die man hindurchschaut, die Straße, die zum Park wird, das Wasser, das weitergezogen ist, die Spiegelungen im Wasser und die Brücke, die aus dem Park kommt.

Die Achse, die Rem Koolhaas ursprünglich geplant hatte, wurde in den Bau weitergezogen. Man geht über die Brücke hinein und kommt in den Bauch des Gebäudes. Dort befinden sich alle Funktionen wie Café, Restaurant, Terrasse und darüber die Verwaltung und die Bibliothek. Über den Arkaden befindet sich das Archiv.

Das war der Stand der Dinge, als der Wettbewerb gewonnen wurde. Die Realisierung wurde schwierig, denn wir mußten das Gebäude für sehr wenig Geld bauen. Es hat 12 000 m² und durfte nur 14 Millionen Holländische Gulden kosten. Aber der Staat hatte nicht mehr Geld. Trotzdem versuchte ich zu überzeugen, indem ich fragte, ob es nicht wichtiger sei, ein gutes Gebäude zu bauen, als ein geringes Budget einzuhalten. Schließlich hat man sich auf Baukosten von ca. 20,5 Millionen geeinigt. Eigentlich sind es 30 Millionen, wenn man die Honorare aller Berater hinzurechnet. Wir haben versucht, das Gebäude trotz der niedrigen Bausumme so präzise wie möglich zu detaillieren.

Die veränderten Richtungen sind durch die Stellung der Gebäude ablesbar, betont durch die obere Pergola, welche die Richtung des Parks schon von weitem andeutet. Vom Bahnhof kommend, vermutet man den riesigen Park hinter der Wand. Unterhalb der Pergola erkennt man die Glasarchitektur, durch die Holland berühmt geworden ist. Inzwischen ist es aber auch bei uns nicht mehr möglich, Glasfassaden wie von Duiker oder Le Corbusier zu bauen, da auch hier die Fenster der DIN-Norm entsprechen müssen.

Wegen des niedrigen Budgets und der Tatsache, daß der Bau in 17 Monaten stehen mußte, war es notwendig, Planungsstrukturen zu entwickeln, die dies ermöglichen. Diese drei Hauptstrukturen oder Bauteile werden jetzt von einem Generalunternehmer gebaut, der meistens Bahnhofsanlagen oder Brücken baut.

Anhand der Modelle im Maßstab 1:50 konnte dem Unternehmer das zunächst sehr komplex erscheinende Gebäude leicht erklärt werden. In einzelne Bauteile zerlegt, entstehen Fertigteilelemente, die immer wieder neu zusammengestellt werden können.

In der ersten Phase des Wettbewerbs hatte ich mir eine Kiste vorgestellt, in der man alle Wände, Fußböden, Decken verschieben und wegklappen könnte, damit jeder Architekt seine eigene Ausstellung organisieren kann.

Zur Zeit ist das Museum provisorisch in einem Raum mit sehr vielen Stützen untergebracht. Mein Lösungsvorschlag war ebenfalls eine Stützenhalle. Während der Ausarbeitung des Entwurfs bat man mich, das zu überdenken. Ich wurde aufgefordert, eine Halle mit so wenig Konstruktionen wie möglich zu planen. Ich habe mich gefragt, ob es überhaupt möglich ist, eine Halle zu bauen, die nachher nicht aussieht wie eine Garage, aber ein Museum ist. Es war meine Befürchtung, von Bescheidenheit in Billigkeit zu verfallen.

Bei der gewählten Lösung fällt das Licht von oben durch vier enorme Träger ein. Es entsteht eine Halle für Ausstellungen verschiedener Art. Die ständige Ausstellung befindet sich oben in einem höheren Raum mit umlaufendem Lichtband. Giuseppe Terragni hat das Vorbild dafür geliefert.

Das Konzept entstand aufgrund der Frage: Was ist eigentlich ein Architekturmuseum? Ist das ein Ort, wo wir Architekten unsere schön gerahmten Bilder noch einmal sehen können, oder soll es etwas anderes sein? Ich denke, daß Entwürfe von Berlage, Ledoux oder Rietveld dort gezeigt werden müssen, aber trotzdem könnte ein Museum oder ein Institut ein Raum sein, der noch vieles andere möglich macht. Man sollte sich dort mit Informationen im weitesten Sinn versorgen können. Was ich geben kann, ist ein so bescheiden wie möglich gebauter Raum, wo gezeigt werden kann, was gezeigt werden soll. Die Kiste, in der die Ausstellung stattfindet, ist von außen ablesbar.

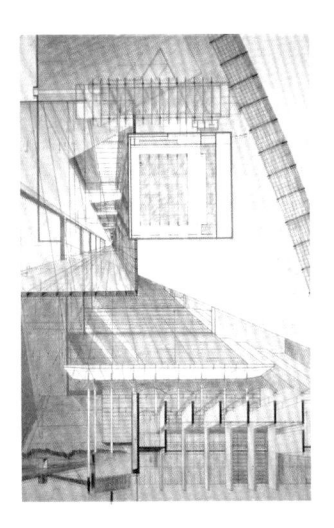

Spurensuche

Wir versuchen, die einzelnen Bauteile soweit möglich im Plattenbau vorzufertigen. Unsere Generalunternehmer sind sehr schnell – jeder Tag zählt –, und die Architekten müssen so genial sein, alles schon detailliert zu haben, bevor es auf die Baustelle kommt. Wir haben keine Möglichkeit mehr, später etwas zu ändern.

»Schilderswijk« in Vaillantlaan, Den Haag

Ein anderes Beispiel zum Thema Plattenbau steht in Den Haag. Das Viertel »Schilderswijk«, ein Quartier aus dem 19. Jahrhundert, ist bekannt aus Alvaro Sizas »Stadterneuerung«. Die Stadt beauftragte unser Büro mit der Planung einer 1100 Meter langen Allee. Dabei ging es um die Frage, was man dort überhaupt bauen könnte.

Das gesamte Quartier – dort wohnen Ausländer und sozial schwache Gruppen – wird allmählich abgebrochen, um eine bestehende Straße zu erweitern. Außerdem sind die Fundamente der Häuser aus dem 19. Jahrhundert beschädigt. Inzwischen hat der Abriß schon begonnen, und die Bevölkerung zieht nach und nach in Ersatzquartiere um.

Die Moderne – modern im Sinne von nicht passend – zerstörte im Vergleich zur Situation um 1900 das ganze Gewebe des Quartiers, auch wenn es möglicherweise mit einer inneren Versorgung verbessert wurde. Um die Zerstörung umzukehren, versuchten wir einen Großauftrag zu bekommen. Wir planten, einen 1100 Meter langen Baukasten einzusetzen. Außerdem wollten wir der Straße ein Image und eine Methodik geben, um die Licht- und Luftversorgung sowie die Erschließung neu zu organisieren.

Meine Vorbilder waren einige historische Beispiele, die noch immer gut funktionieren und aus denen die Menschen nach wenigen oberflächlichen Renovierungen nicht wegziehen möchten.

Wir suchten nach einem System, innerhalb dessen 20 Architekten eine individuelle Planung entwickeln könnten, die Leben, Wohnen, Garagen und Lagerräume enthält, aber sich trotzdem in einer gewissen Höhe und vielleicht in einem Element wiederholt. Auch andere Ideen werden zugelassen, wenn nur die Höhenlinien und die Materialien übereinstimmen.

Wir entwickelten buchstäblich einen Baukasten mit 3700 Teilen. Nach Rücksprache mit der Industrie und den Firmen, die erst überzeugt werden mußten, konnte er schließlich ermöglicht werden. Die Meinungen dazu waren unterschiedlich. Die Stadtväter waren begeistert, andere fanden ihn zu doktrinär, und da er realisiert wird, machen die Architekten das Beste daraus, obgleich es natürlich eine verrückte Idee ist.

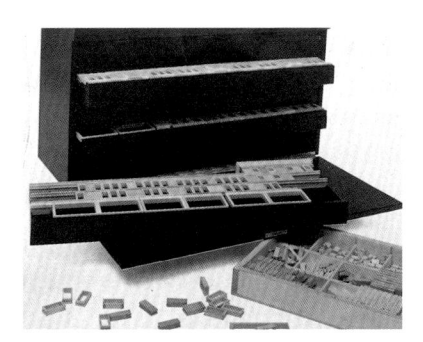

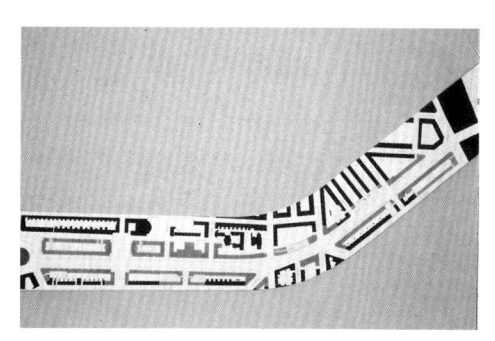

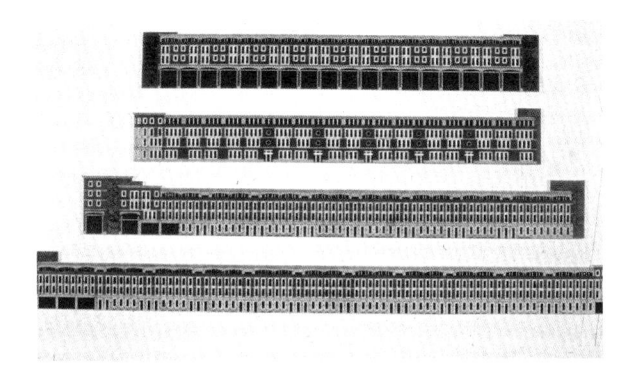

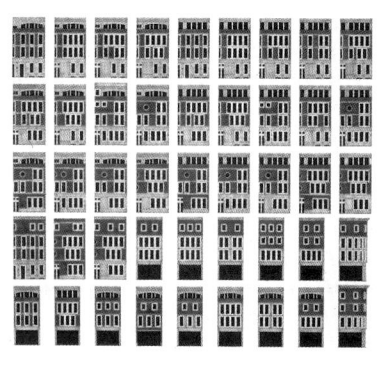

## Stadterweiterung auf dem »Sphinx-céramique«-Gelände in Maastricht

Maastricht ist eine Stadt in schöner Lage, aber nicht eigentlich holländisch. Einflüsse aus Deutschland sind spürbar, und man spricht in Maastricht noch gelegentlich französisch. Im Stadtgrundriß erkennt man die Befestigungsanlagen, den Verlauf des Wassers, die Verdichtung der Stadt und die Verbindung des Grüns mit dem Wasser. Die Stadt besteht aus zwei Teilen – Maastricht und Wyck. Sie hat sehr schöne erhaltene Plätze mit wunderbaren Türmen. Die römische Brücke in der Mitte der Stadt verbindet die beiden Teile.

Wir haben von der Gemeinde den Auftrag bekommen, ein Gutachten für die Erweiterung der Stadt in Wyck auf einem alten Fabrikgelände zu machen. Wir versuchten, in unserer Planung die alte Stadtgrenze zu betonen, die von dem kleinen Turm aus verlief. Wir zeigten, daß das Wasser und das Grün vom gegenüberliegenden Ufer sich widerspiegeln könnten und dadurch die Stadt, die sich zu diesem häßlichen Teil erweitert, versöhnt würde. Eine Verbindung zur Altstadt würde hergestellt. Eine weitere Verbindung entsteht über die Brücke, die von Cruz und Ortiz geplant wird. Sie endet in einem Hof, flankiert von Wohnungsbauten. Von Galfetti wird ein monumentaler Verwaltungsbau erstellt, den ich sehr römisch finde. Und von Siza wird ein Hochhaus realisiert, das wegweisend sein könnte für die neuen Türme der Stadt.

Nach dem Gutachten wurden wir beauftragt, die Realisierung zehn Jahre lang zu begleiten. Aldo Rossi hat schon mit einem Museumsbau angefangen, der an die alten Fabrikgebäude und einen schönen, alten Schornstein anschließt.

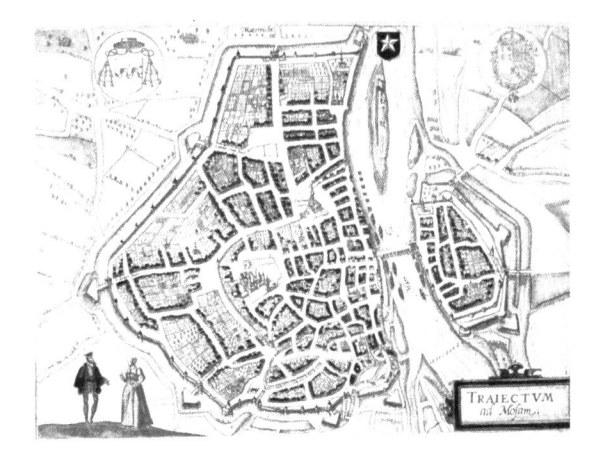

Spurensuche

Hörsaalgebäude der Rijksuniversiteit Limburg in Maastricht

Seit 20 Jahren gibt es in Maastricht auch eine Universität, die in verschiedenen Häusern Räumlichkeiten gemietet hat. Inzwischen sind es 24 Gebäude, darunter auch ein schönes, altes Kloster und eine Kapelle. Unser Büro wurde beauftragt, einen Zusammenhang als Campus zu planen, wie man ihn etwa aus Oxford kennt. Alle Gebäude liegen innerhalb der Befestigungsmauern und befinden sich nahe dem System von Wegen und Plätzen, an dem auch die öffentlichen Gebäude von Maastricht stehen. In Zukunft wird es ein System neuer Wege geben, das gut funktionieren soll.

Nur wenige der Gebäude sollen weiterhin genutzt werden, sofern sie aufgrund ihrer Lage die Idee eines neuen Organismus ermöglichen, der zum alten Organismus der Stadt paßt. Zwischen den Bauten gibt es formale Wege, die Eingänge liegen an den Straßen.

Vier der größeren Gebäude, meistens Klostergebäude, bleiben erhalten. Wir stellen uns vor, über die Befestigungen oder zwischen den kleinen Gassen hindurch durch das Grüngebiet, das hinter dem Kloster liegt, neue Verbindungen zu schaffen. Wenn ein neuer Eingang zu einem bestehenden Gebäude geschaffen wird, werden auch neue Wege gewählt, zum Beispiel über die Befestigungsmauer. Wir schlugen vor, ein paar Mauern abzubrechen oder Pflanzen und Bäume zu kappen, damit die Idee besser zum Ausdruck kommt.

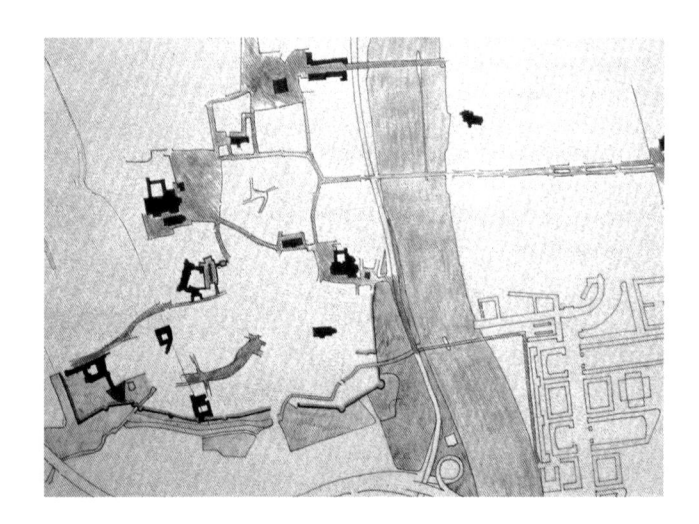

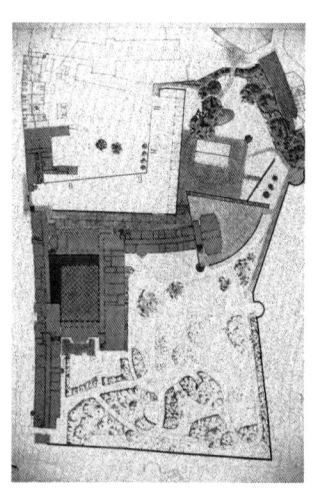

Jo Coenen

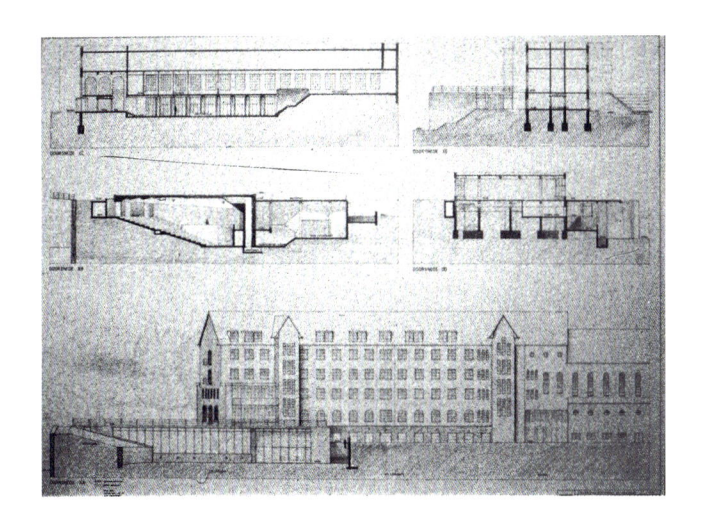

Ein weiterer Eingriff war die Planung der Aula mit mehr als 500 Sitzplätzen, deren Lage für den Zusammenhang bedeutsam ist. Innerhalb dieses Systems könnte das der Kardinalpunkt werden, um die Verbindungen zu den anderen Gebäuden herzustellen.

Als Standort wählten wir einen sehr schönen Garten hinter einem Kloster, den wir nicht zerstören wollten. Er soll zum öffentlichen Raum werden, indem das Gebäude hinter den Befestigungsmauern eingegraben und das Dach mit den Stützmauern verbunden wird. Das Grasdach könnte außerdem eine Erweiterung des Gartens bewirken. Auf einer angrenzenden Wiese haben wir alle Bäume gefällt, die nicht wertvoll waren, und eine tiefe Öffnung ausgehoben, an der eine neue, rot gefugte Mauer errichtet wurde. Die für die Aula verwendeten Materialien sind Beton, Naturstein aus der Gegend und Glas. Alles wirkt sehr transparent. Die Fassade ist nicht gestaltet, sie ergibt sich aus ein paar Eingriffen, einer Decke, einem Schnitt. Jetzt ist alles miteinander verbunden: Konservatorium, Kunstakademie, Aula bis hin zum neuen Eingang.

Ich habe zu erklären versucht, daß es mir darauf ankommt, immer eine Idee zu finden. Ich bin nicht immer sicher, daß sie paßt, aber vielleicht kann sie etwas verflechten. Eine klare Schönheitserfahrung oder -formulierung habe ich nicht. Ich muß immer wieder neu abwägen. Aber die Idee möchte ich nicht aufgeben.

## Bürohaus der Firma Haans in Tilburg

Ein weiteres kleines Beispiel beweist, daß es immer um die Ideenfindung geht. Es bezieht sich nicht direkt auf das Thema Alt/Neu, da es sich um ein neues Industriegebiet handelt, und wie in allen Industriegebieten wird auch dort die Architektur an sich vernachlässigt.

Das Grundstück wurde wegen eines bestehenden Bauernhofs geteilt. Wir schlugen dem Bauherrn vor, auf dem verbleibenden Gelände ein Bürohaus mit Lagerhallen und Vorplatz zu erstellen. In unserer Konzeption wollten wir natürlich das Wasser, das wir auf dem Terrain vorfanden, verwenden und einen Bau im Wasser erstellen.

Durch den Bau seines Einfamilienhauses waren uns der Bauherr und seine Vorstellungen bereits bekannt (Villa Haans). Um die Arbeitsweise in dieser Firma kennenzulernen, bin ich für drei Tage dorthin gegangen. Wie in einem Bienenkorb sitzen die Leute in kleinen Räumen zusammen, arbeiten jeden Tag am Telefondesk, am Computer, und alle Türen sind geöffnet. Der Betrieb verteilt Produkte aus dem Osten per Telefon im Westen. Alles kommt per Schiff und wird über ganz Europa vertrieben.

Der Besucher kommt über die sehr lange Rampe in das Haus hinein. Darunter ist das Wasser sechs Meter tief. Das Gebäude selbst ist aus Glas, durchsichtig nach außen, man kann die Fenster öffnen. Um eine zusammenhängende Idee zu realisieren, wurde sehr lange an der Ventilation und der Elektrik gearbeitet. Der Bauherr schätzt das ungeheuer. Im Bienenkorb ist alles offen, die Stützen sind aus Stahl. In den Stützen liegt die Heizung, und von oben über das Dach kommt die warme Luft. Sie wird durch die roten Stützen geführt, die aus Stahl sein mußten.

Spurensuche

## Villa Haans in Oisterwijk

# Bauen im historischen Kontext: meine Erfahrungen am Beispiel Monte Carasso

Luigi Snozzi

Eine Turnhalle, eine Bank, ein kleines Haus: drei Bauwerke von Luigi Snozzi, drei Fixpunkte einer komplexen Planung für eine allmähliche Umformung des Dorfkerns von Monte Carasso bei Bellinzona. In einem offenen Planungsprozeß, der durch eine stufenweise Verwirklichung der Bauvorhaben einen ständigen Verifikationsprozeß der Planungs-Hypothesen vorsieht, fällt diesen ersten ausgeführten Bauten eine Katalysatorenfunktion für alle weiteren Veränderungen zu. Ausmaß der Modifikation durch jedes einzelne Bauwerk wird damit zum Gradmesser der Qualität des Planes, der gleichzeitig Schritt für Schritt verfeinert und korrigiert wird. Aber die Bedeutung von Snozzis Architektur liegt nicht nur darin, daß sie den zur Verwirklichung des Planes notwendigen Druck erzeugt und damit unter anderem die schnelle Realisierung der Umfahrungsstraße und der Fußwege bewirkte, welche diese Gebäude mit den Gruppen der Wohnhäuser verbinden. Sie liegt ebenso in der Verweigerung jeder versöhnlichen Anbiederung an die »traditionelle« Architektur des Dorfes, in der absichtlich kargen Formensprache als wahrem Ausdruck einer Architektur, die sich als Wiederkehr des »heroischen« Geistes der Moderne versteht.

Während der letzten 20 Jahre hat Snozzi eine Entwurfsstrategie entwickelt, die systematisch auf die Bewahrung des »Ortes« zielt. Früher im Rahmen der Naturschutzkommission des Kantons Tessin und später anläßlich zahlreicher Wettbewerbe hat er – immer außerhalb jeden konservativen Geistes und nie müde werdend, sich zu wiederholen – die Ansicht vertreten, daß Orte gebaut, nicht jedoch durch die Architektur zerstört werden dürfen. Ein Standpunkt, der selbstverständlich scheint, den jedoch nur wenige Architekten in den Mittelpunkt ihrer Entwurfsarbeit stellen. Konsequent hat Snozzi in jedem seiner Projekte versucht, die natürlichen Gegebenheiten eines Ortes mit dem Medium der Architektur zu unterstreichen und herauszuarbeiten. Aber im frostigen und nüchternen Klima der Schweiz braucht eine solche Haltung in der Architektur, die von einem authentischen Geist des Widerstandes gegenüber dem stetigen Prozeß der Zerstörung aller Formen unserer Erde bestimmt ist, einen gewissen Heroismus. Im Gegensatz zu lokalen Berufskollegen, die sich unterwürfig den Programmen und Anforderungen anpassen, versteht es Snozzi als Teil seiner Aufgabe, der Stimme einer »relativen Wahrheit des Ortes« Gehör zu verschaffen, selbst wenn er damit die Wettbewerbsfähigkeit seiner Projekte vermindert. So kommt es bei Wettbewerben fast immer dazu, daß er den vorgegebenen Bauplatz ablehnt und statt dessen in seinem Projekt den Schwerpunkt auf die Wahl des Standortes legt. Heroismus, in diesem Fall das Beharren Snozzis, systematisch das, »was der Ort verlangt«, im Gegensatz zu dem, was der Kunde verlangt, zu unterstützen, führt außerordentlich selten zu Aufträgen, jedoch zum soliden Ruf eines starrköpfigen Ritters im Kampf gegen Windmühlen.

Aber mit zunehmender Erfahrung hat Snozzi mehr und mehr sein Wissen und seine Kompetenz in bezug auf »Orte« festigen können, und das ermöglicht es ihm heute, die verschiedensten Situationen mit einer »relativen Gewißheit« zu bewältigen und das »wahre Problem« herauszuschälen, sei dies der Neubau einer Brücke, der richtige Ort für eine Schule oder die

*Anstelle des Abdrucks der freien Rede hat Luigi Snozzi um den Abdruck eines Artikels von Pierre-Alain Croset, einem Mitarbeiter, gebeten. Dieser Beitrag entstand in ausführlichen Gesprächen mit Snozzi über das Projekt Monte Carasso.*

Abgrenzung eines Sportzentrums. Viele Vorhaben, die andern Architekten unbedeutend erscheinen mögen, bedeuten für Snozzi Eingriffe in das Gelände, die man beizeiten beachten muß, wenn man die Zerstörung der Komplexität und Vielfalt der Orte verhindern will. Dies wird gerade in »unbedeutenderen Orten« von der offiziellen Stadtplanungs-Kultur oft übersehen.

Nach so vielen Bemühungen und einem solchen Einsatz auf dem Gebiet der Kritik und der konstruktiven Polemik stellte das Monte-Carasso-Projekt für Snozzi eine günstige Gelegenheit dar, seine seit langem gereiften gestalterischen Hypothesen umfassend zu verifizieren. Snozzi erkannte »die politisch-kulturelle Reife der Autoritäten und die beachtliche Beteiligung der Öffentlichkeit«. Tatsächlich wurde Snozzi nach einer Volksinitiative gegen einen Anfang der siebziger Jahre aufgestellten und angenommenen Bauleitplan von der Gemeinde Monte Carasso gebeten, die Möglichkeit eines Standortes für die neue Primarschule innerhalb des Komplexes des ehemaligen Klosters als Alternative zur vorgesehenen Lage an der Peripherie nahe der Autostraße zu überprüfen. Nachdem er zunächst in einer Frage konsultiert worden war, bei der es sich um eine einfache Restaurierung und neue Nutzung des bedeutendsten Monumentalbaues des Dorfes handelte, nutzte Snozzi die Gelegenheit, einen umfassenden Vorschlag für die Aufwertung dieses Quartiers zu entwickeln. Der Vorschlag beruhte in erster Linie auf dem Prinzip einer klaren Begrenzung des neuen Zentrums durch eine Ringstraße, an der die einzelnen Bauten aufgereiht werden. Dieser Einfriedung steht ein freier, jedoch architektonisch definierter Raum rings um den monumentalen Komplex der Kirche und des ehemaligen Klosters gegenüber. Dieser freie Raum hebt die bestehenden Bauten hervor, während die neuen Baukörper ihn umgrenzen: die Turnhalle an der Nordostecke der Ringstraße, der Kindergarten an der Südostecke sowie die Erweiterung der alten Mauern des Friedhofes, die diesen in die Geometrie der Anlage integriert und die Bildung einer großen, angehobenen Platzanlage ermöglicht, die die drei Bauten zusammenfaßt und das angrenzende Gelände mit seinen lockeren Hausgruppen dominiert.

Aber Monte Carasso hat Snozzi nicht nur Gelegenheit für eine »gebaute Verifikation« geboten; dank des außerordentlichen Verständnisses seitens der kommunalen Behörden ist der eigentliche Prozeß der Planung selbst zum Experiment geworden. Diesen Prozeß beschreibt Snozzi mit den folgenden Worten: »Wenn man Normen für kleine, homogene Gebiete, in denen eine echte Nachfrage nach Neubauten besteht, aufstellt, werden diese zunächst durch die örtlichen Behörden genehmigt; später, wenn sie in die Realität umgesetzt werden, durchlaufen sie dann eine Phase der Bewährung und können in eine Krise geraten, die unter Umständen zu ihrer nochmaligen Bearbeitung führt. Dieser Vorgang kann sich dann wiederholen, und daraus ergibt sich ein dialektischer Prozeß zwischen den planerischen Vorstellungen und der effektiven Verwirklichung.«

Ein Besuch an Ort und Stelle liefert am besten die Bestätigung eines solchen Prozesses. Die drei ausgeführten Gebäude – zwei davon wurden erst nach der Annahme der Planung projektiert – beweisen eindrücklich die Flexibilität der Planungsprinzipien. Die kleine Bank gegenüber der Kirche schließt logisch die vierte Seite des Platzes ab, der schon an den drei anderen Seiten durch öffentliche Bauten begrenzt ist. Das Haus des Bürgermeisters bezeichnet genau den Punkt, an dem die Ringstraße ihre Richtung ändert. Diese beiden kleinen Bauten, die nicht vorgesehen waren, bilden eine eindeutige Bereicherung des Plans, und trotz ihres geringen Volumens wird allein ihr Vorhandensein in Monte Carasso den Fortgang des Wandlungsprozesses beschleunigen. Die Bank markiert den Beginn des neuen, zurückversetzten Fußweges, der fortlaufend nach beiden Seiten verlängert werden wird. Das Haus des Bürgermeisters wird nicht für lange Zeit allein mitten im Felde stehen. Um ihr Haus zu erreichen, werden die Bewohner zunächst einen Pfad treten, der dann durch die Gewohnheit zu einem Privatweg wird und früher oder später zum Bau einer öffentlichen Straße führt, die man danach bis zur Nordostecke der Turnhalle verlängern wird. Zwischen drei Gebäuden besteht heute nur eine Sichtverbindung, die aber durchaus ausreicht, um jene Spannung zu erzeugen, die es notwendig macht, sie gelegentlich durch den Bau eines Fußwegnetzes in die Realität umzusetzen. Drei Gebäude, aber auch drei sehr verschiedene Architekturen: die Bank, ein Kubus, diskret verziert als Hinweis auf ihre Doppelfunktion; die Turnhalle, ein Winkelbau, beruht auf dem Prinzip öffentlicher Durchgänge; das Haus des Bürgermeisters endlich, ein kleiner, isolierter Turm.

Das erstgenannte Gebäude ist durch die versetzten Geschosse charakterisiert: Erd- und Untergeschoß für die Bank und erstes und zweites Obergeschoß für die Wohnung sind so konzipiert, daß die Sonne das ganze Gebäude durchflutet. Eine geniale Lösung, die den Nachteil der ungünstigen Orientierung der Hauptfassade nach Norden, zur Piazza, überspielt. In der Wohnung läßt die Dreiteilung den zentralen Korridor durch die ganze Höhe der Wohnung offen und verbindet dadurch visuell die Schlafzellen mit dem hohen Wohnraum, während der Teil des Wohnraums zur Piazza hin, um eine halbe Geschoßhöhe angehoben, dem Atrium für die Bankkunden eine größere Höhe verleiht. In der Hauptfassade wird der Eingang zur Bank durch den Kunstgriff einer zweiten, mit einem Gesims voll ausgebildeten Fassade, die als Einschub in einer großen verglasten Öffnung steht, betont. Ein Spiel, das ironisch die Gesimse der benachbarten Häuser persifliert, das aber auch Snozzi nur teilweise gelungen ist, der sich hier zum ersten Mal in der Situation sah, eine »wirkliche« Fassade zu entwerfen. Das Spiel der »Fassade in der Fassade« hätte an Wahrheit gewonnen, wäre das Volumen des Eingangs entschlossen hervorgehoben worden. In der gebauten Lösung ist es einfach verkleidet und damit zur Dekoration des zentralen Teils der Außenwand geworden.

Die beiden Gebäude der Turnhalle stehen nicht genau rechtwinklig zueinander. Damit wird die Komposition der Kirche und des ehemaligen Klosters wiederaufgenommen. Während der lange Körper der Umkleideräume die Begrenzung der Platzanlage oberhalb der Ringstraße bildet und parallel zur Kirche verläuft, schließt der Baukörper der Turnhalle die Folge der Gebäude ab, die sich an der rechteckigen Geometrie des ehemaligen Klosters orientieren. Dort, wo das Gebäude mit den Umkleideräumen auf die Piazza trifft, wird es zum weiterführenden Laubengang, der dazu einlädt, einzutreten oder durch ihn hindurch den Weg zu den Häusergruppen talabwärts fortzusetzen. Die Turnhalle hingegen erhebt sich inmitten der Wiese als geschlossener Block auf einem durchlaufenden Sockel aus Glasbausteinen, durch den ersichtlich ist, wie der Saal in den Boden eingelassen wurde. In beiden Gebäuden findet man dieselbe Art der Dachkonstruktion: eine durchgehende Platte auf einer Reihe runder Stahlstützen. Das Ergebnis ist jedoch ganz unterschiedlich. Bei den Umkleideräumen sind es niedrige Säulchen, die auf der Seite des Laubengangs auf quadratischen Betonstützen stehen und auf der anderen Seite ein durchlaufendes Fensterband zur Belichtung der Innenräume bilden. Auch in der Turnhalle findet sich ein solches Fensterband in Verbindung mit den Randstützen. Es betont in seiner einzigartigen Gestaltung die Situation des im Gelände »Eingegrabenen«: Die Außenmauer wird bis zur Oberkante des Geländes diagonal nach außen und dann als durchlaufendes Band aus Glasbausteinen schräg zurückgeführt. Dieses »dicke Fenster« ergibt einen außerordentlichen, die Halle vergrößernden Effekt, verstärkt den Gegensatz zwischen den weißen Wänden und dem schwarzen Gewölbe des Daches und läßt das »Eingegrabensein« zu einer Bereicherung des Raumes werden. In dem durch die opalisierenden Materialien gedämpften Licht, im Schutz des großen Gewölbes, dessen schwarze Farbe die Verbindungen und die Übergänge im Schatten verschwinden läßt und den Effekt einer einzigen glänzenden Oberfläche erzeugt, hat man eher den Eindruck, in einer Kapelle oder einer Krypta statt in einer Turnhalle zu sein.

Paradoxerweise erscheint das kleinste der drei Gebäude als das radikalste: das Haus des Bürgermeisters, ein kleiner Turm aus Stahlbeton. Außerhalb jeder Bauvorschrift des Dorfes, illustriert es, wie sich eine »Ausnahme« in einem bestimmten Zusammenhang rechtfertigt. Zum Flachdach im dritten Geschoß hinaufsteigen zu dürfen ist ein Privileg, das dem »ersten Bürger« des Dorfes vorbehalten bleibt; die Wahl eines Turmbaus rechtfertigt sich aus seiner Lage in den Weingärten, und es ist vor allem die Architektur, die dem Weingarten eine Bedeutung verleiht und ihn gleichzeitig schützt. Will man die Vorstellung von Alberto Sartoris' »Haus eines Weinbauern« beschwören, so zeigt sich, daß der Ruf nach einer orthodox modernen (»ortodossamente moderno«) Architektur unter bestimmten Umständen durchaus den Wert einer authentischen Geste rechtfertigen kann. Die Kraft dieser Geste liegt vor allem in der präzisen Plazierung dieses Hauses, in der Art, wie die gleichzeitig als Orientierungspunkt und als Grenze zur Straße gebaute Linie einer Terrassierung über dem Weinberg auftaucht; eine Terrasse, die den Bewohnern den Luxus eines Wohnraums im Freien von 60 m Länge bietet.

Als »work in progress«, als ein »Werk im Entstehen«, ist Monte Carasso für Luigi Snozzi heute ein bevorzugter Ort, seine Hypothesen in unterschiedlichem Maßstab und auf verschiedenen Ebenen zu verifizieren: die Theorien zur Restaurierung am Beispiel der Umwandlung des alten Klosters zum Kindergarten, ein Auftrag mit absoluter Priorität, der dem Dorf sein wichtigstes Monumentalbauwerk zurückgab; seine Vorstellungen zu Methoden und Ausdrucksformen der Architektur privater und öffentlicher Aufträge, zu denen demnächst noch ein Gebäude mit Umkleideräumen für das Stadion kommt; und schießlich seine Theorie des offenen Planungsprozesses, bei dem Baulinien und Baunormen jederzeit durch private Bauprojekte in Frage gestellt werden können. Parallel dazu entwickeln sich Prinzipien für die Wiederaufwertung historischer Ortskerne mit dem Ziel, das Bestehende weitmöglichst zu verdichten und damit das Zersiedeln des Bodens durch Einfamilienhäuser aufzuhalten. Dennoch sollte man das Einfamilienhaus als Wohntyp nicht moralisch verurteilen, sondern seine Ansiedlung sinnvoll regeln. Snozzi studiert zur Zeit eine neue Form, Häuser ins Zentrum der Siedlungen einzufügen, und nimmt damit das Problem der Beziehung vom Haus zum Boden in Angriff, während andernorts Einfamilienhäuser zerstört und durch die Planung dazu verurteilt werden, »nach draußen« zu ziehen. Man sollte den Wert dieser Aktionen Snozzis nicht unterschätzen, durch die es ihm gelungen ist, Defekte unseres Siedlungswesens aufzuzeigen, die man gemeinhin für irreparabel hält.

(Erstveröffentlichung in: Casabella, Nr. 506, Oktober 1984)

SITUAZIONE 1979

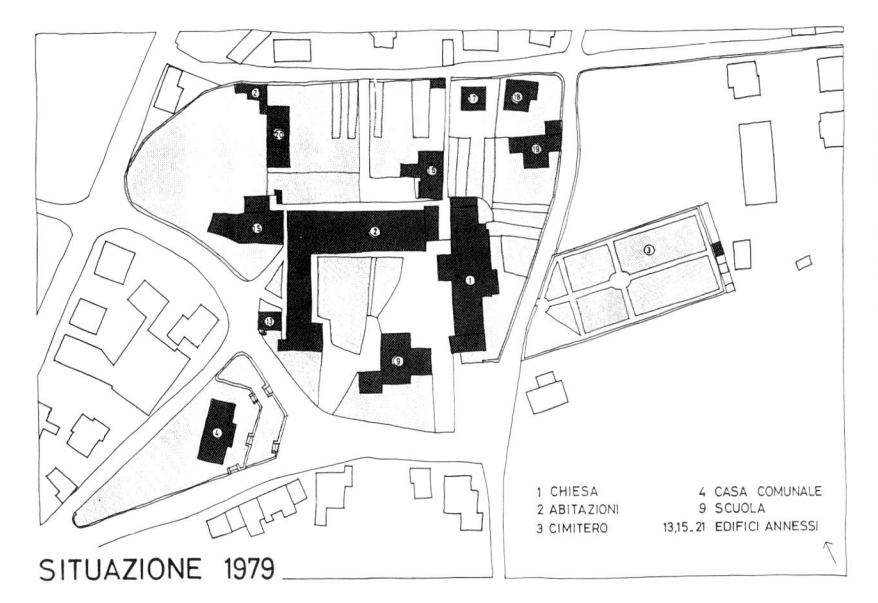

1 CHIESA   4 CASA COMUNALE
2 ABITAZIONI   9 SCUOLA
3 CIMITERO   13,15.21 EDIFICI ANNESSI

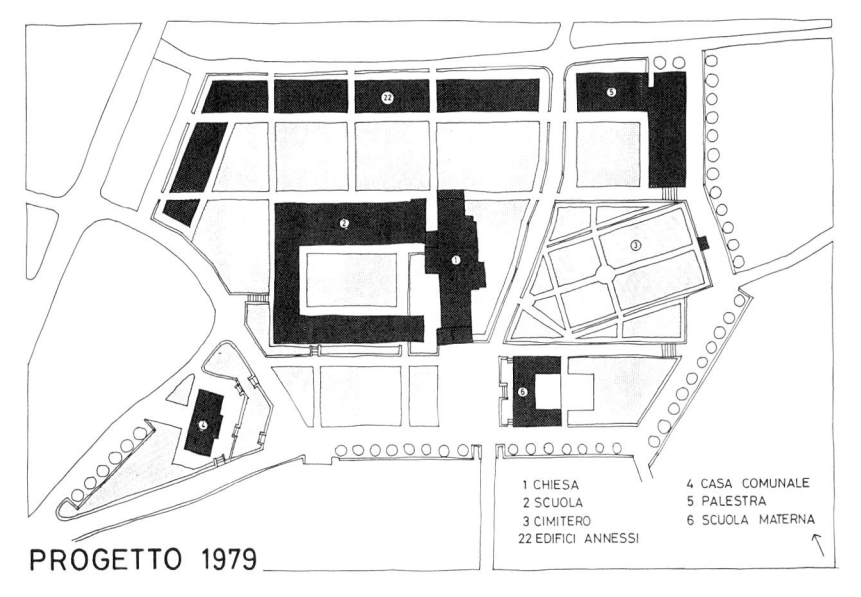

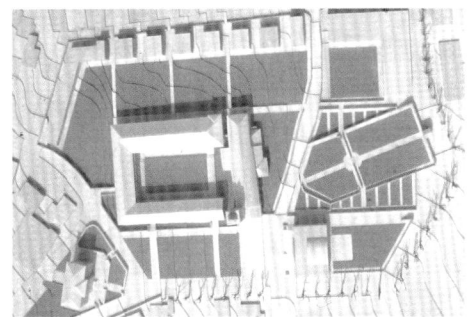

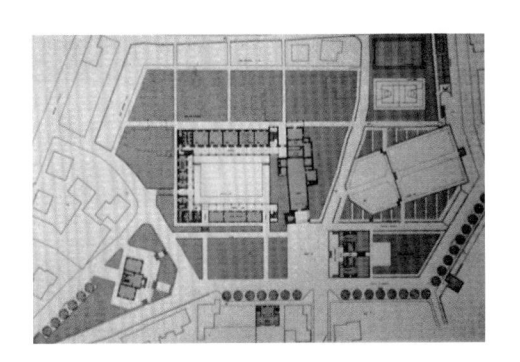

*Monte Carasso*

PROGETTO 1979

1 CHIESA   4 CASA COMUNALE
2 SCUOLA   5 PALESTRA
3 CIMITERO   6 SCUOLA MATERNA
22 EDIFICI ANNESSI

Bauen im historischen Kontext: meine Erfahrungen am Beispiel Monte Carasso   151

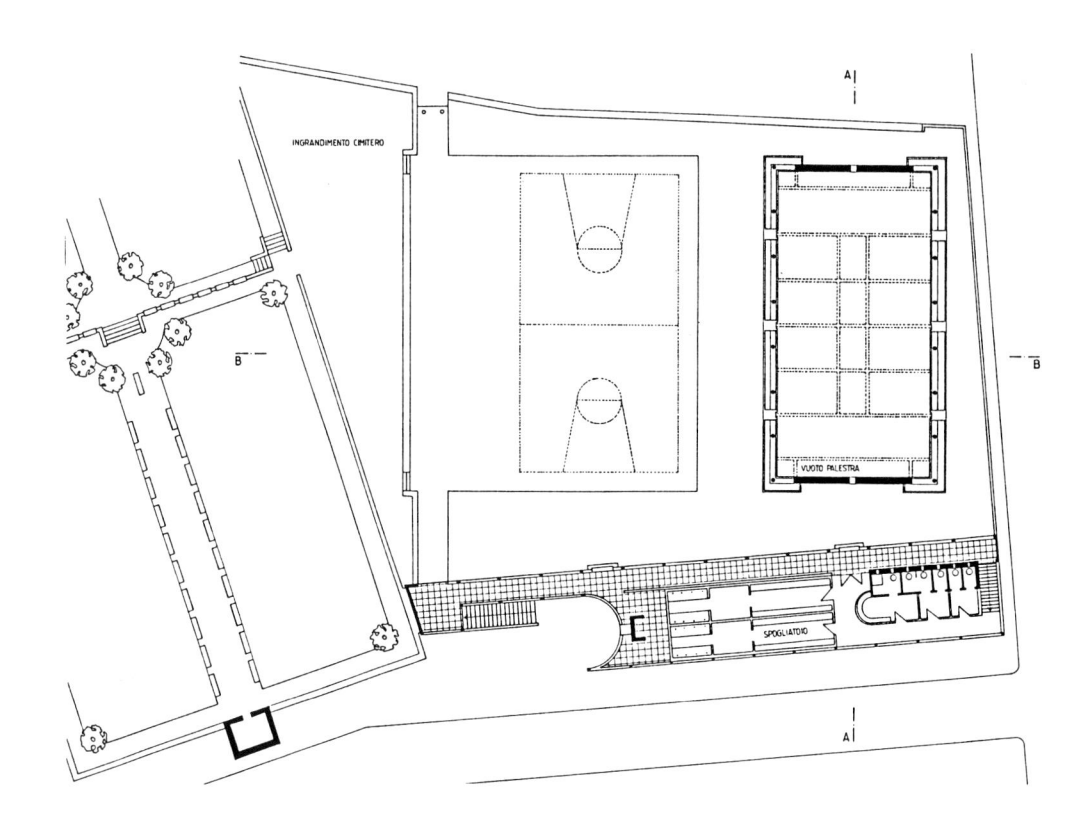

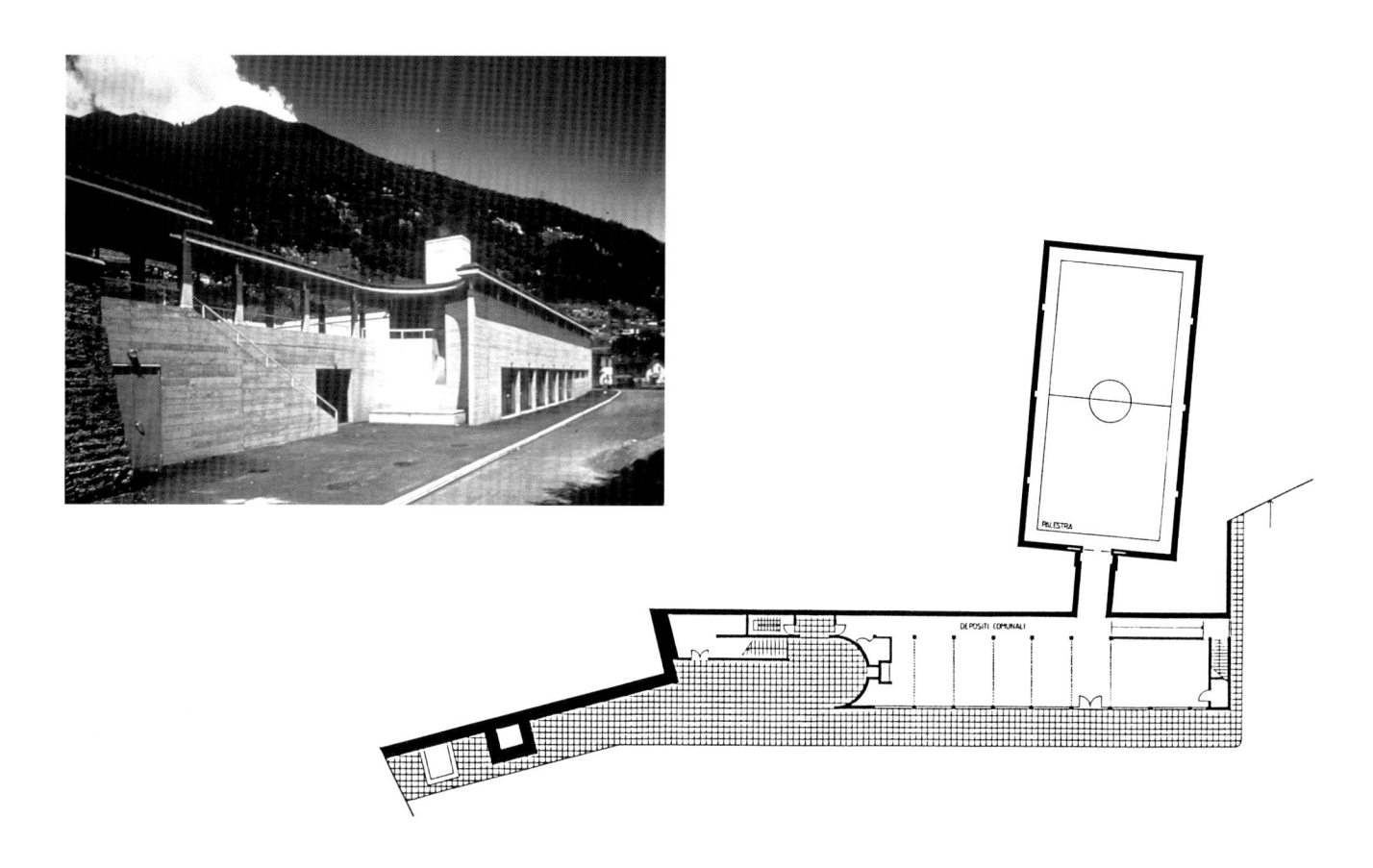

*Sportanlagen*

152 | Luigi Snozzi

*Sporthalle*

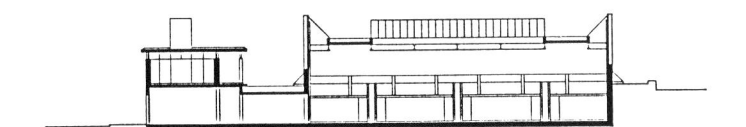

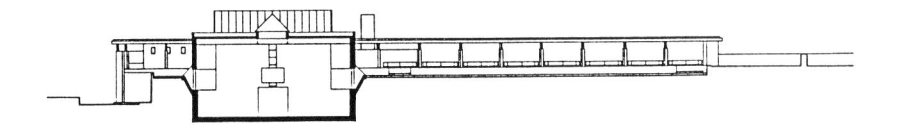

Bauen im historischen Kontext: meine Erfahrungen am Beispiel Monte Carasso

*Haus des Bürgermeisters*

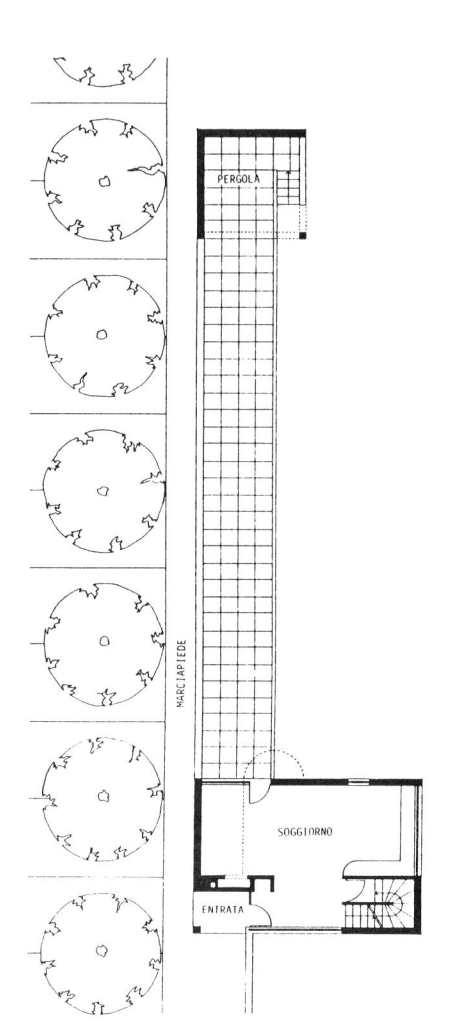

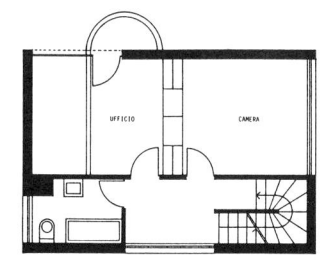

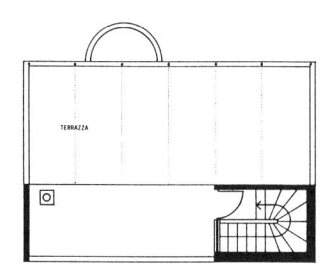

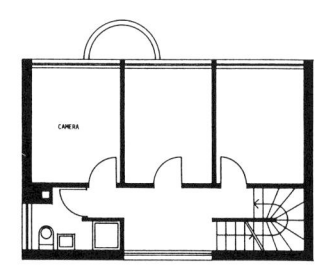

154 | Luigi Snozzi

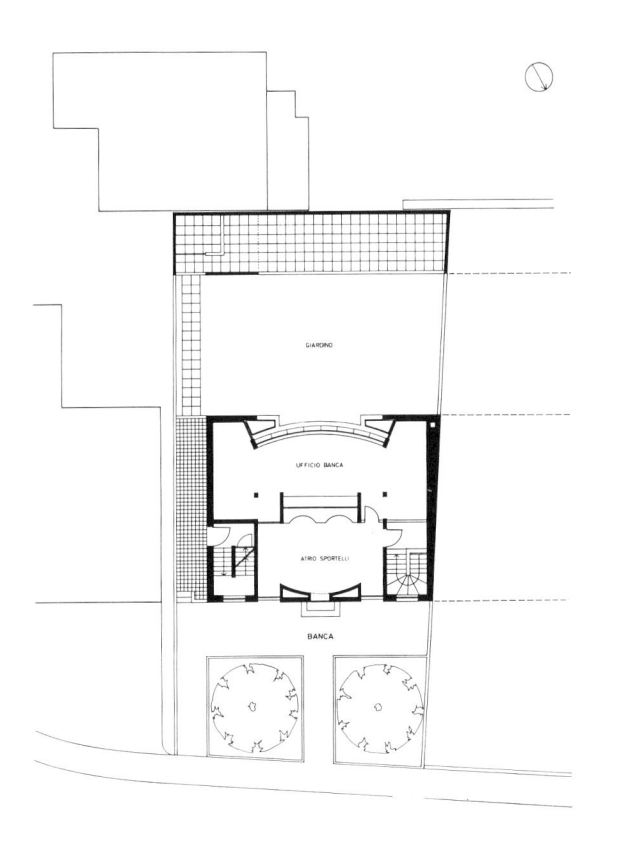

*Bankgebäude*

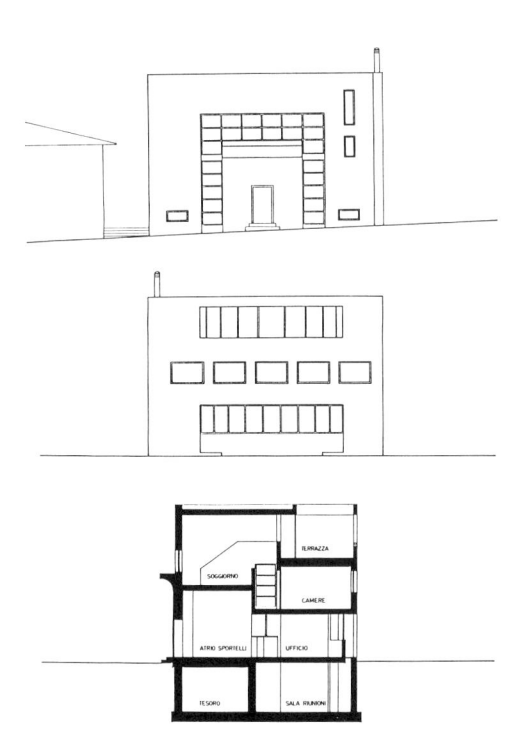

Bauen im historischen Kontext: meine Erfahrungen am Beispiel Monte Carasso

*Friedhof*

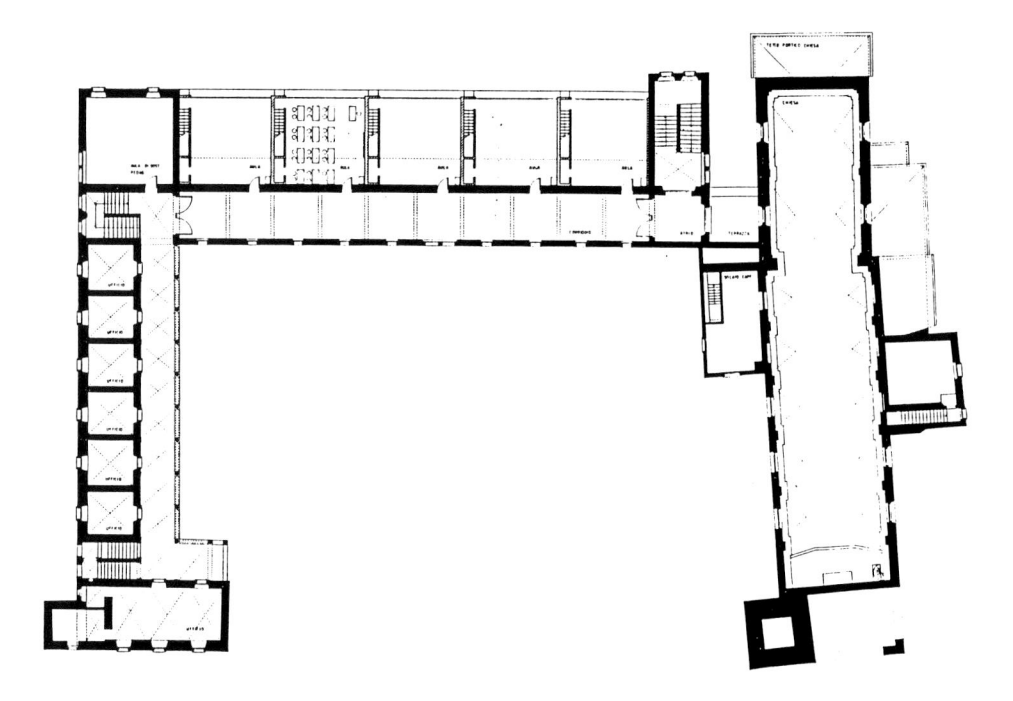

*Primarschule*

*Primarschule*

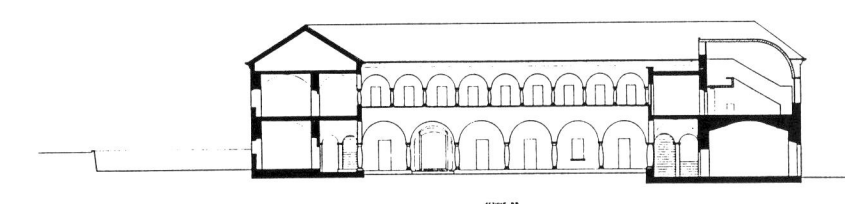

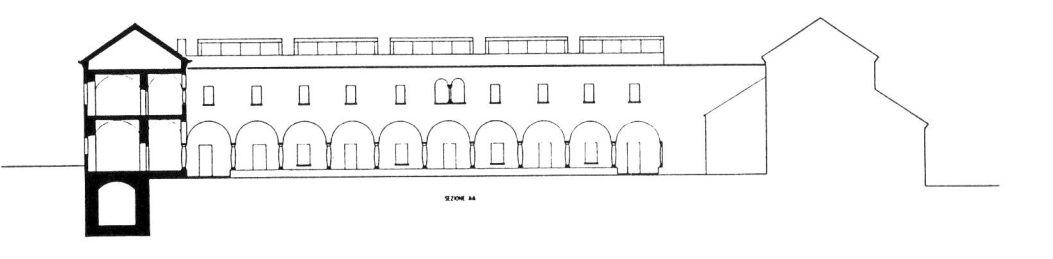

Bauen im historischen Kontext: meine Erfahrungen am Beispiel Monte Carasso

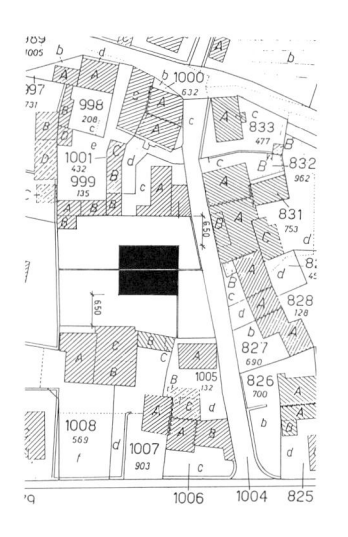

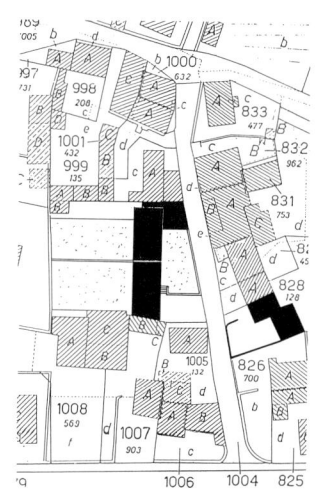

*Casa Morisoli
ursprüngliche Planung
1. und 2. Bauabschnitt*

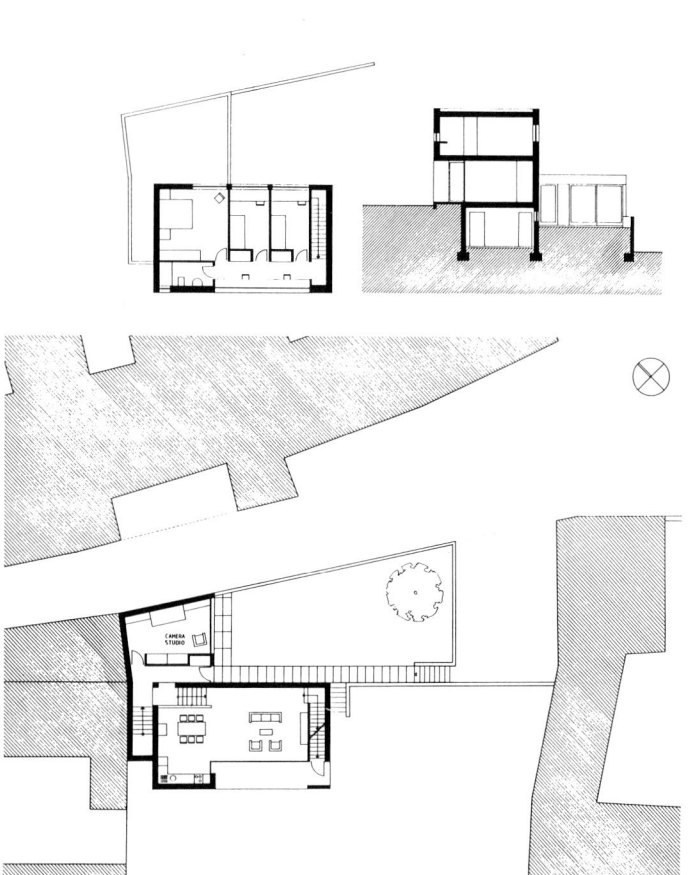

*Casa Guidotti*

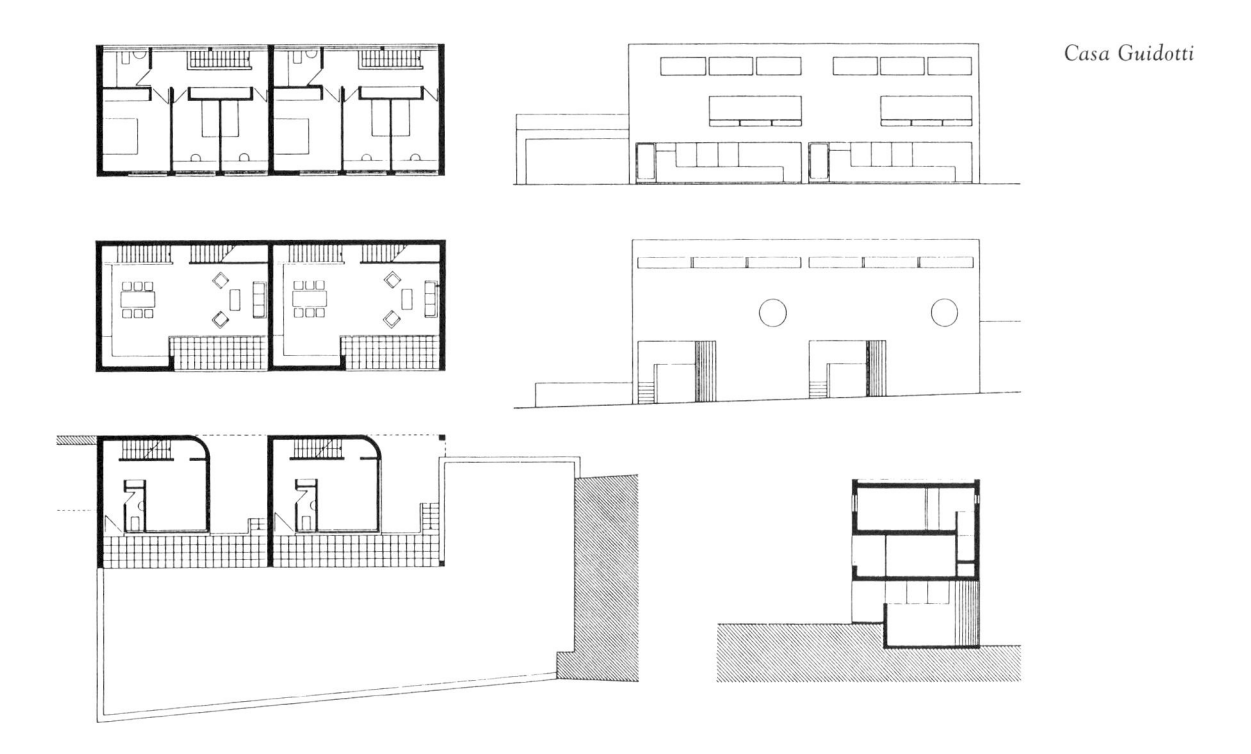

*Casa Verdemonte*

Bauen im historischen Kontext: meine Erfahrungen am Beispiel Monte Carasso

*Sportanlage*

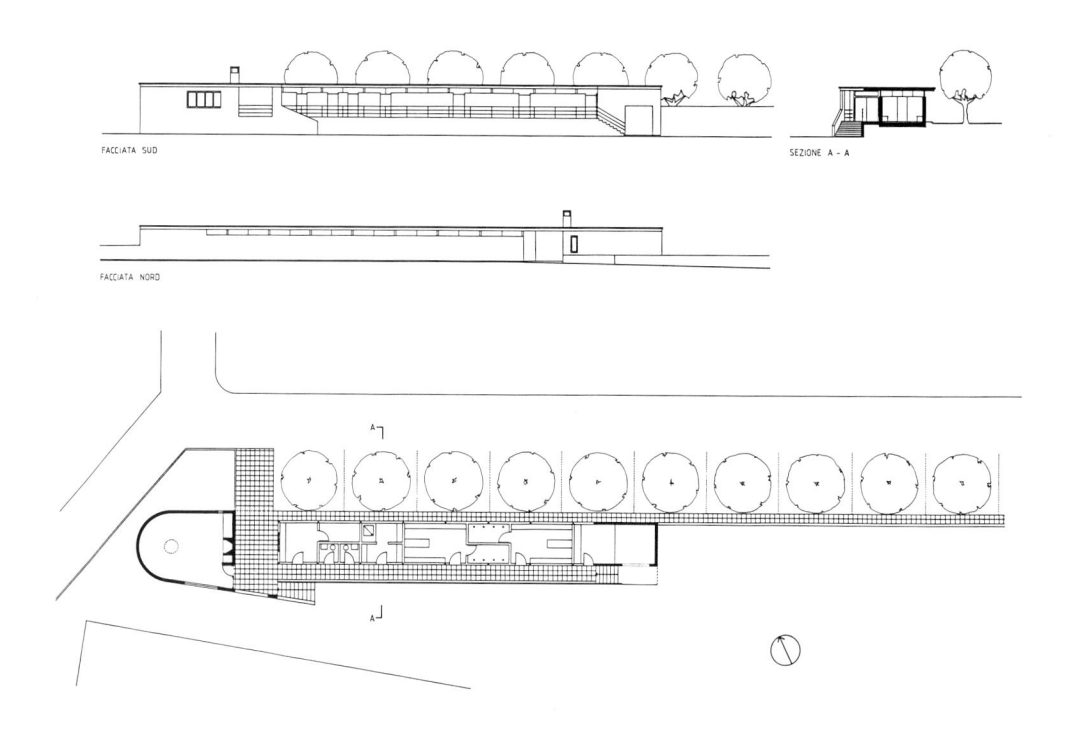

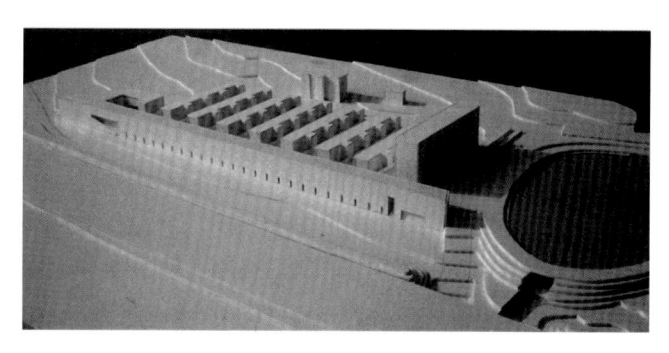

FACCIATA SUD  SEZIONE A - A

FACCIATA NORD

*Quartier Morenal*

160 | Luigi Snozzi

# Kontinuität in der Architektur – neuer Bedarf

Miklós Hofer

Das Thema dieses Symposiums, »Zukunft der Gegenwart«, beschäftigt schon seit Jahren die Architekten, Urbanisten, Historiker und jetzt sogar schon die Politiker, da mittlerweile auch die Gesellschaft eine Veränderung der Praxis des Modernismus fordert. Zuerst waren es die jungen südamerikanischen Architekten, die 1975 auf dem Madrider UIA-Weltkongreß gegen die schematische vereinheitlichende und aggressive Ausbreitung des Modernismus und speziell des Funktionalismus rebellierten. Drei Jahre später, auf dem nächsten UIA-Kongreß in Mexiko, war es nach den Thesen Kenzo Tanges die klassisch gewordene Machu-Pichu-Charta, die Tausenden von Architekten bewußtmachte, daß schuldhafte Fehler das fachliche Gewissen belasteten. Der finnische Architekt Reima Pietilä artikulierte vielleicht am deutlichsten seine Meinung über diese Krise und lieferte auch das Programm der Zukunft, als er sagte: »Dem Modernismus und Funktionalismus folge der Kulturalismus!« Er dachte an eine Synthese, welche die Ergebnisse des 20. Jahrhunderts, den gesamten modernen Rationalismus sowie die Errungenschaften der technischen Revolution bewahrt, aber die Architektur mit den künstlerischen und kulturellen Werten verschmilzt.

In den vergangenen zehn bis zwölf Jahren meiner Lehrtätigkeit merkte ich, daß die Studenten zwar die dringende Notwendigkeit einer Erneuerung der Architektur spüren, andererseits aber unsicher sind in der Frage des richtigen Weges. Nach lange währender Beschäftigung mit diesem Thema gelangte ich zu der Erkenntnis, daß wir Kontinuität in Zeit und Raum suchen, daß wir die Stetigkeit der Kultur und die Harmonie der Umwelt wiederherstellen möchten. Das war der Grund dafür, diesen Gedanken zum Thema meines kurzen Vortrags zu machen, denn ich denke, daß dies die gegenwärtigen und künftigen Aufgaben veranschaulicht. Es gibt viele die moderne Architektur – insbesondere ihr letztes Stadium – kritisierende Essays, Artikel und Bücher, aber nur wenige Vorschläge für den zu beschreitenden Weg.

Die Einladung zu diesem Symposium rief dazu auf, hier einige unserer eigenen interessanten Arbeiten, auch unter dem Aspekt des Themas dieser Konferenz, vorzustellen. Deswegen werde ich nach einleitenden theoretischen Gedanken zum Thema kurz über meine eigenen Arbeiten sprechen und dann zur Praxis der gegenwärtigen ungarischen Architektur kommen, zum spezifisch ungarischen Traditionalismus, den meine Kollegen auch gern »organische Architektur« nennen. Und schließlich möchte ich, selbst schon seit zwanzig Jahren Hochschullehrer, etwas zur ungarischen Architekturausbildung sagen, in der heute die historische Anschauung dominiert. Dies ist wahrscheinlich auch der Grund dafür, daß man sich bei uns eine große Sensibilität gegenüber der historischen Umgebung und den Baudenkmälern bewahrt hat.
Ich gehöre zu der Generation, die im Sinne der klassischen modernen Prinzipien des Bauhauses erzogen wurde. Wir lernten die obligatorische Einheit von Funktion, Konstruktion und Form, gewöhnten uns an die bestimmende Rolle der Priorität genießenden Funktion. In uns

setzte sich das Axiom der modernen Architektur fest, nach dem schön sei, was nützlich ist. Heute wissen wir, was Brent Brolin folgendermaßen formulierte: »Aufrichtigkeit und Wahrheit verhelfen einem Gebäude nicht zu Schönheit, einer Stadt nicht zu Bewohnbarkeit.« Jahrzehnte hindurch erhielt sich bei den Architekten aufgrund der Lehre Le Corbusiers über die moderne Architektur ein messianisches Bewußtsein, das besagte, daß auch im Widerspruch zu den Bedürfnissen der Gesellschaft wir es seien, die wissen, in welcher Art Umwelt gelebt werden soll, denn wir seien schließlich die dafür zuständigen Fachleute. So entstanden die jedwedes städtische und gemeinschaftliche Leben ausschließenden Schlafstädte sowie abends leblose, ausgestorbene Bürozonen wie die Frankfurter City Nord und die Londoner City. Anstatt das Auto aus den traditionell lebendigen Städten zu verbannen und dadurch eine weitere aggressive Motorisierung zu bremsen, floh der Mensch die Stadt. Die Philosophie des Modernismus verurteilte dermaßen nachdrücklich die historische Bindung und den Bezug zur Geschichte, daß die Architekten lieber den Schematismus wählten, als eine moralische Verurteilung auf sich zu nehmen. Die bewußte Konfrontation mit der Vergangenheit, die von wirtschaftlicher Seite noch gefördert wurde, hatte verheerende Folgen. Die vielen Hochhäuser in den historischen Städten beweisen den schwerwiegenden Irrtum. Diese Symptome und Erscheinungen verhalfen mir zu der Erkenntnis, daß wir in der architektonischen Umwelt zurückfinden müssen zu einer *Kontinuität* in Zeit und Raum.

Zur räumlichen Kontinuität

– Man muß den regionalen und lokalen Charakter einer Siedlung erkennen und den Architekten und Urbanisten bewußtmachen.
– Die neuen Bebauungsformen und architektonischen Baukörper sollen nicht um jeden Preis und unbedingt einen Kontrast zum historischen Milieu der Umgebung bilden.
– Auf der Grundlage der natürlichen und klimatischen Gegebenheiten sowie sozialer Traditionen ist die innere Logik der historisch entstandenen architektonischen Praxis zu untersuchen. Man muß prüfen, welche Elemente der traditionellen Architektur in der heutigen Zeit verarbeitet werden sollen.
– Planning, Urban Design und die architektonische Gebäudeplanung sollen eine Einheit bilden, so daß beispielsweise der Verkehrsplanung keine Priorität gegenüber der architektonischen Umwelt eingeräumt wird.
– Anstelle des objektzentrierten Denkmalschutz-Denkens muß bei Architekten, Ingenieuren und Politikern eine die Umwelt in ihrer Gesamtheit schützende Betrachtungsweise gestärkt werden.
– Das Erhalten der bestehenden alten Gebäude ist auch aus wirtschaftlicher und energiepolitischer Sicht von Vorteil. Ich verweise dabei auf Kenzo Tanges Vorschlag von 1978 in Mexiko, in dem er darauf hinweist, daß ein beschleunigter Verschleiß und Austausch der Bausubstanz das Rohstoff- und Energiepotential der Erde vernichten würden.
– Die Bindung zur Umwelt, zur Geschichte und zu kulturellen Traditionen ist eine moralische Kraft, die zur Stabilität der Gesellschaft beiträgt. Dies bestätigen soziologische Untersuchungen der Mentalität in Groß- und Kleinstädten.
– Die Kontuität der natürlichen Umwelt, die Erhaltung der Tektonik und Vegetation bilden ein wichtiges Element einer harmonischen Umgebung.

## Zur »zeitlichen« Kontinuität

Wir alle, welche die ruhmreichen fünfzig Jahre des Modernismus durchlebten, erinnern uns des ungeschriebenen Gesetzes, wonach das Historisieren die größte Schande der modernen Architektur sei, denn jede Epoche müsse ihre eigenen Ausdrucksformen finden, in ihrer eigenen Sprache sprechen. Wir beriefen uns dabei darauf – und uns verwies man darauf –, daß die Renaissance keine Gotik, der Klassizismus kein Rokoko baute. Das ist zwar richtig, aber nur insofern, als jede neue Periode, jeder neue Stil zahlreiche charakteristische Elemente des Vorangegangenen in sich vereinigte. Der neue Stil entstand immer aus der Synthese des Alten und des Neuen. Allein die Moderne war es, die radikal alles am Jugendstil und am Historismus negierte. Nun ist es die Aufgabe der Gegenwart, die Synthese zu bilden, die Pietilä Kulturalismus nannte, jene Kontinuität, die das rebellierende 20. Jahrhundert mit den Jahrtausenden kultureller Entwicklung versöhnt. Es ist unsere Aufgabe, die heutigen ausgezeichneten technischen Möglichkeiten, Technologien, das Großartige des Komforts mit der Kultur, der Kunst und den Werten der Tradition zu vereinen.

Als Architekt und als Lehrer sehe ich jetzt unsere wichtigste Aufgabe nach dem Praktizieren des Modernismus im Rückführen der Architektur in die Sphäre der Kunst, ohne dabei Wirtschaftlichkeit und Zweckbestimmung zu opfern.

In der heutigen relativ heterogenen, widersprüchlichen Architektur spürt man vorläufig nur die Fragen der heutigen Gesellschaft; wir sehen aber noch nicht den bleibenden Wahrheitsgehalt der gegebenen Antworten. Denken wir dabei an die verschiedenen Varianten der Postmoderne oder an die Beispiele des Dekonstruktivismus oder Neo-Konstruktivismus. Eines jedoch ist gewiß: Jetzt, da das klassische Wertesystem der Kunst und der Architektur zerfallen ist, da eine solche Unsicherheit in der Beurteilung von Werten herrscht, darf nicht zugelassen werden, daß die historische Architektur, der Zauber der historischen Städte den aggressiven Angriffen extensiver Entwicklung zum Opfer fallen. Achten wir auf Kontinuität, auf daß wir der Zukunft dieses wunderbare Erbe weitergeben können. Dabei geht es nicht um einzelne Objekte, klägliche, vom Verkehr umgangene Waisenkinder der neuen Metropolen, sondern um zusammenhängende Teile des Gewebes europäischer Kultur.

Einige Beispiele meiner nun 36 Jahre währenden Tätigkeit spiegeln vielleicht die Veränderungen unserer Zeit und des gesellschaftlichen Umfelds, aber auch die Sensibilität der Ungarn für die Tradition. Dabei begann ich meine Laufbahn in eher konstruktiver Anschauung und wäre beinahe Statiker, Konstruktionsplaner, geworden. Für ungarische Verhältnisse war es ungewöhnlich, daß meine erste Arbeit nach Beendigung der Universität der Bau des eigenen Hauses war. Ich erbaute es auch selbst in einem waldigen Villenviertel in Buda. 1960 bekam ich nach dem Erreichen eines ersten Preises im Wettbewerb für einen Aussichts- und Fernsehturm den Auftrag für den Miskolcer Fernsehturm. Miskolc ist Ungarns zweitgrößte Stadt, eine Industriestadt mit historischen Traditionen. Der 72 Meter hohe Turm sollte in der Nähe einer mittelalterlichen Kirche entstehen. Um das geschichtliche Flair jenes Ortes zu schützen, bat ich um eine Verlegung des geplanten Standorts auf einen entfernteren Hügel. Ich plante einen filigranen, nadelgleichen Turm mit großen Kragarmen für die Aussichtsplattform, mit einem hängenden Espresso-Geschoß und leichten Treppen. Damals sah ich mich zum ersten Mal mit dem Widerspruch zwischen historischer Umgebung und modernen funktionellen Ansprüchen konfrontiert, und heute, im Abstand von 30 Jahren, scheint es richtig gewesen zu sein, der Umgebung die Priorität einzuräumen.

Nachdem ich eineinhalb Jahre in England gearbeitet hatte, plante ich für einen Arzt eine anspruchsvolle Villa. Dabei stieß ich zum ersten Mal auf die Kritik der Gesellschaft an der modernen Architektur. Der Auftraggeber wollte eine Art moderner Mittelalterlichkeit, ein Gebäude mit burghaftem Charakter. In langen Gesprächen kritisierte er den gefühllosen Praktizismus der modernen Architektur. Das Ergebnis dieser Überlegungen war dieses Gebäude.

1968 begann ich mit der Planung der Technischen Hochschule Győr, einer technischen Universität für Verkehrs- und Fernmeldewesen für 2000 Studenten, mit Wohnheimen, 10 000 m$^2$ Werkstätten und einer Laborhalle. Győr ist eine 700 Jahre alte, geschichtsträchtige Stadt und Bischofssitz. Die Hochschule entstand in der Nähe der Innenstadt, jenseits des Mosoni-Arms der Donau in einem in der Entwicklung begriffenen Stadtteil. Es gab dort zwar keine direkt historische Umgebung, jedoch verlangte der Geist des Ortes, die Nähe zur historischen Stadt, eine gelockerte Bebauung mit gegliederten Gebäuden. Der damalige finanzielle Rahmen von umgerechnet ca. 40 Millionen DM erlaubte nur eine sehr billige, beinahe ärmliche Ausführung. Wir verwendeten vollständige Vorfertigung und Spannbetonböden von 18 m Spannweite im Interesse späterer Flexibilität.

15 km vor Budapest liegt Szentendre, ein kleines barockes Städtchen mit kaum 10 000 Einwohnern, der bevorzugte Wohnort der ungarischen bildenden Künstler. Im Rahmen eines Wettbewerbs erhielt ich 1969 den Auftrag zur Planung eines Kulturzentrums. Die Aufgabe ist typisch für das Thema dieses Symposiums: »Neues Bauen in historischem Kontext«.

Nach ausführlichen Studien und Gesprächen mit den dort ansässigen Künstlern gelangte ich zu dieser Lösung, der Anordnung des 400 Plätze fassenden Theaters, der Bibliothek mit 100 000 Bänden, der Klubräumlichkeiten usw. Ich bemühte mich, das große Volumen des Gebäudes aufzubrechen, es zu zerkleinern und damit dem Maßstab der umliegenden kleinen Wohnhäuser anzupassen. Auf dem benachbarten Grundstück befindet sich der serbische Bischofssitz, der einzige orthodoxe des Landes. Um bei den Fassaden große gläserne Fensterflächen zu vermeiden, löste ich die Beleuchtung durch Glasdächer.

Im Kulturzentrum fand ein 30 m$^2$ großes Mosaik des ungarischen Konstruktivisten Meister Barcsay mit ikonostasischer Stimmung seinen Platz.

Danach beauftragte mich 1973 der Künstler Jenö Barcsay, die Sammlung seines Lebenswerks in einem alten, ruinenhaften, zu erweiternden Bürgerhaus einzurichten. Auch das Erscheinungsbild dieses Gebäudes bestimmt der Widerspruch zwischen historischer Umgebung und moderner Funktion, machte es zu dem, was es ist. Ich plante einen Innenhof, der mit Wasser überflutet werden kann oder als Amphitheater für Konzerte geeignet ist. Auf dem einen Bild sieht man gerade ein Pleinair-Akt-Studio im atriumartigen Hof, denn Meister Barcsay lehrte zwanzig Jahre lang an der Kunstakademie das Figurenzeichnen.

Es folgt nun eine Aufgabe, die mich 22 Jahre lang beschäftigte: das neue Budapester Nationaltheater. Diese Arbeit gab mir Gelegenheit, das Verhältnis des Modernismus zum Publikum gründlich kennenzulernen, zu verstehen, daß die Gesellschaft der Elite-Kunst und -Architektur nicht bedarf und den Modernismus eigentlich nicht möchte. Die Menschen sind traditionsbewußt und erwarten besonders vom Nationaltheater ein feierliches, klassisches Flair und auch etwas Theatralisches. Die Fachjury schrieb eine klassisch-moderne Architektur vor – in den verschiedenen gesellschaftlichen Foren förderte man jedoch die Wiedererrichtung des einstmals abgerissenen Neorenaissance-Theaters an anderer Stelle. Von 1965 bis 1984 erarbeiteten wir 35 Alternativen. Endlich bekamen wir die Baugenehmigung, es entstand die gesamte Ausführungsplanung – aber dann, 1986, hatte die Regierung schon nicht mehr das Geld dazu.

Bei dem mit dem ersten Preis des internationalen Wettbewerbs ausgezeichneten Entwurf von 1965 ist das Gebäude gleichzeitig Tribüne des 100 m breiten Aufmarschwegs; dies erklärt den monumentalen Balkon. Nach einigen anderen Variationen und einigen Jahren Pause ergab sich 1973 wieder die Gelegenheit zur Suche nach einer neuen Lösung. Damals orientierte ich mich an der Umgebung, an dem das Nationaltheater umgebenden Park. Der gesamte Zuschauerraum wäre in einer Art Wintergarten untergebracht worden, in einer Glashalle. Die Fachjury schrieb vor, daß das Gebäude zur Hauptstraße hin geschlossen sein sollte, das Publikum wiederum war anderer Meinung.

Die Alternativen sind meistens Hybride aus klassischer Kulisse und modernem, verglastem Raum. Es gelang, für den Zuschauerraum eine Lösung zu finden, die meinen Vorstellungen und denen des Publikums entsprach. Für den schließlich genehmigten Plan, den wir auch verwirklichen wollten, war eine unbeschwerte, pavillonartige Architektur charakteristisch, die sich harmonisch in die Umgebung mit ihren Gebäuden aus der Gründerzeit einfügte.

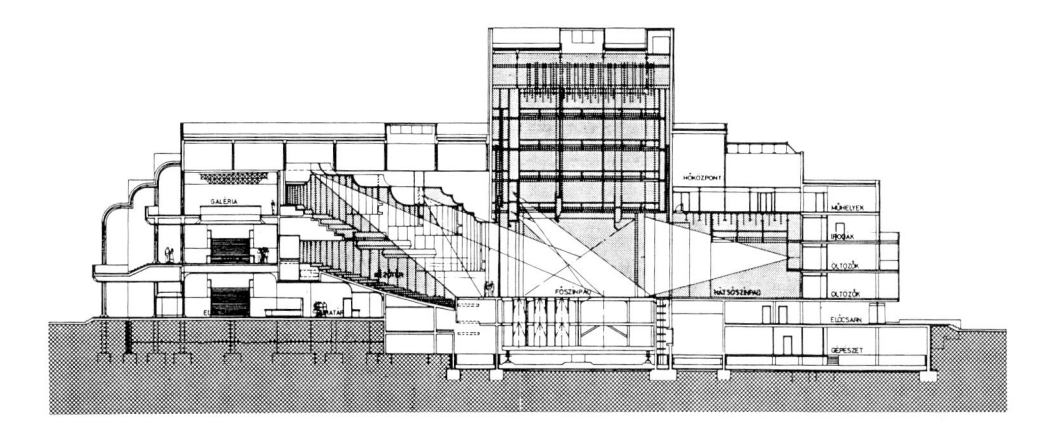

Die Schule von Szentmártonkáta ist ein Beispiel für das veränderte Verhältnis der ungarischen Gesellschaft zur Architektur. 1984 suchte mich die Führung des Dorfes auf: der Bürgermeister, der Schuldirektor und der Pfarrer. 1848 war mein Ururgroßvater dort Regierungsbevollmächtigter des ungarischen Freiheitskampfes und leitete die Angelegenheiten jenes Landesteils. Man bat mich, eine traditionelle Schule zu bauen, die in das Bild dieses Dorfes in der ungarischen Tiefebene passe und den Geist des Klassizismus und der Revolution ausdrücke. In diesem Sinne entstand der Entwurf, der in gemeinschaftlicher, hingebungsvoller Arbeit von der Dorfbevölkerung verwirklicht wurde. Es war sehr interessant, den Schaffensdrang der einfachen Menschen zu spüren und ihre an die Architektur gerichteten Erwartungen zu erleben. Ich könnte auch sagen: Sie beanspruchten Kontinuität, Fortführung der historischen Umgebung und der geistigen Tradition.

Diese ca. 700 m² große Villa im traditionellen Villenviertel Budas ist ein typisches Beispiel für die Ansprüche der heutigen ungarischen Gesellschaft an ihre Umgebung. Das Gebäude sollte dem Auftrag gemäß eine Art zeitloser Vornehmheit ausstrahlen. Die Auftraggeberin ist Geschäftsfrau und Kunstsammlerin, die einerseits allen Komfort des 20. Jahrhunderts beanspruchte, dies aber andererseits im Rahmen traditionell klassischer Architektur verwirklicht sehen wollte. Später baute ich unter dem Garten noch einen mit Oberlichtern beleuchteten unterirdischen Bürotrakt von 300 m² Fläche. Die Einzelheiten wie Springbrunnen, jugendstilhafte Fenstereinsätze usw. gehen nicht auf den Architekten zurück, sondern charakterisieren die Besitzerin.

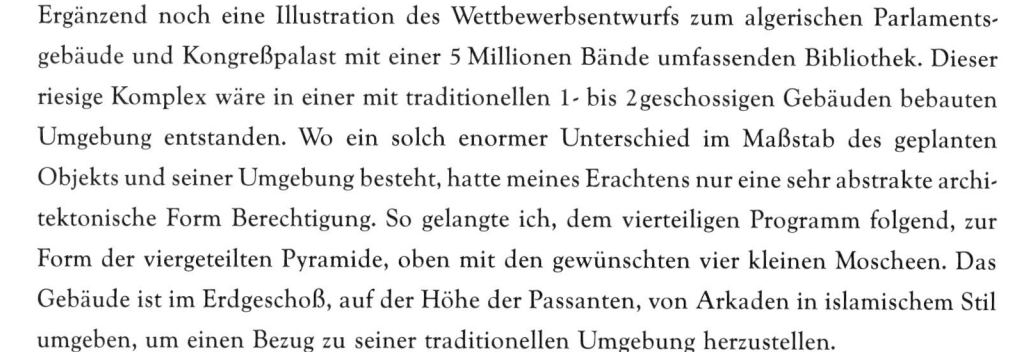

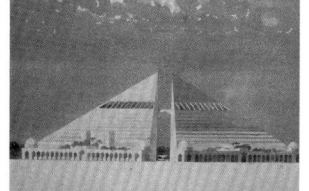

Ergänzend noch eine Illustration des Wettbewerbsentwurfs zum algerischen Parlamentsgebäude und Kongreßpalast mit einer 5 Millionen Bände umfassenden Bibliothek. Dieser riesige Komplex wäre in einer mit traditionellen 1- bis 2geschossigen Gebäuden bebauten Umgebung entstanden. Wo ein solch enormer Unterschied im Maßstab des geplanten Objekts und seiner Umgebung besteht, hatte meines Erachtens nur eine sehr abstrakte architektonische Form Berechtigung. So gelangte ich, dem vierteiligen Programm folgend, zur Form der viergeteilten Pyramide, oben mit den gewünschten vier kleinen Moscheen. Das Gebäude ist im Erdgeschoß, auf der Höhe der Passanten, von Arkaden in islamischem Stil umgeben, um einen Bezug zu seiner traditionellen Umgebung herzustellen.

Abschließend möchte ich ein der »Tradition und Moderne« verpflichtetes Beispiel heutiger Architekturpraxis in Ungarn zeigen. In der gegenwärtigen ungarischen Architektur ist ein traditioneller Zug bezeichnend. Maßgebend hierfür sind ideelle und auch objektive, beispielsweise wirtschaftliche Gründe. Es gibt aber auch moderne Strömungen, wie den Dekonstruktivismus, High-Tech oder Neo-Bauhaus. Als in der letzten schematischen Phase des Funktionalismus die massenhaft produzierten Plattenbausiedlungen entstanden, brachte die Gesellschaft dieses Phänomen mit dem sozialistischen System in Verbindung und begann es wirklich zu hassen. Die traditionelle, nationale und volkstümliche Elemente verarbeitende Architektur wurde auch zum Symbol nationalen Widerstands. Seit dem Ende der siebziger Jahre gewann eine Gruppe junger Architekten um Imre Makovecz immer mehr an Bedeutung und Einfluß, die *organische Architektur*.

Aber auch objektive Gründe trugen zum Aufleben der traditionellen Architektur bei. Dazu gehörten beispielsweise das Fehlen einer modernen Industrie und der Mangel an modernen Materialien und Konstruktionen.

In Ungarn ist eine recht spezifische Architektur entstanden, die vor allem in den kleinen Provinzstädten und Dörfern die traditionellen Formen wahrt. Einen Anteil an dieser Praxis hat neben den schon erwähnten Faktoren auch das neugeschaffene System der demokratischen Volksvertretung, welches nach der vorangegangenen zentralen politischen Leitungsstruktur nun eher die populäre Architektur fördert und häufig selbst fachliche Entscheidungen gesellschaftlichen Foren überläßt. Eine weitere Erklärung dafür liegt in der Auffassung der Architekten, in deren Ausbildung die Architekturgeschichte eine dominierende Rolle einnimmt. Das war auch damals so, als Walter Gropius an der Harvard University die Architekturgeschichts-Ausbildung einstellen ließ.
In Ungarn dauert die Universitätsausbildung der Architekten fünf Jahre mit einem Zeitaufwand von ca. 4500 Stunden.

Sie teilen sich wie folgt auf:

| | | | |
|---|---|---|---|
| – Mathematik, Physik, Darstellende Geometrie | 405 Stunden | = | 9,4% |
| – Festigkeitslehre, Tragwerke, Statik, Stahlkonstruktionen | 570 Stunden | = | 13,2% |
| – Baukonstruktion, Baustoffkunde, Bautechnologie | 865 Stunden | = | 20,0% |
| – Architekturgeschichte | 330 + 120 Stunden | = | 7,6% |
| – Theorie und Praxis des Entwerfens | 1210 Stunden | = | 28,0% |
| – Freihandzeichnen | 350 Stunden | = | 8,1% |
| – Gesellschaftswissenschaften, Wirtschaft, Recht | 240 Stunden | = | 5,6% |
| – andere Fächer | 350 Stunden | = | 8,1% |
| insgesamt | 4320 + 120 Stunden | | 100,0% |

Etwa die Hälfte der Entwurfsaufgaben bezieht sich auf Objekte, die in traditioneller Umgebung entstehen. Dadurch ist die Sensibilität unserer Studenten für das Umfeld, den Kontext, relativ hoch.

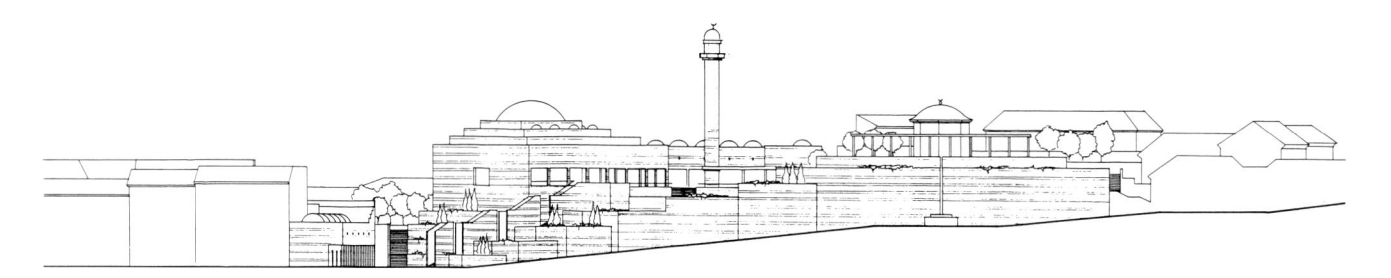

*Islamisches Kulturzentrum und Moschee in Budapest.*

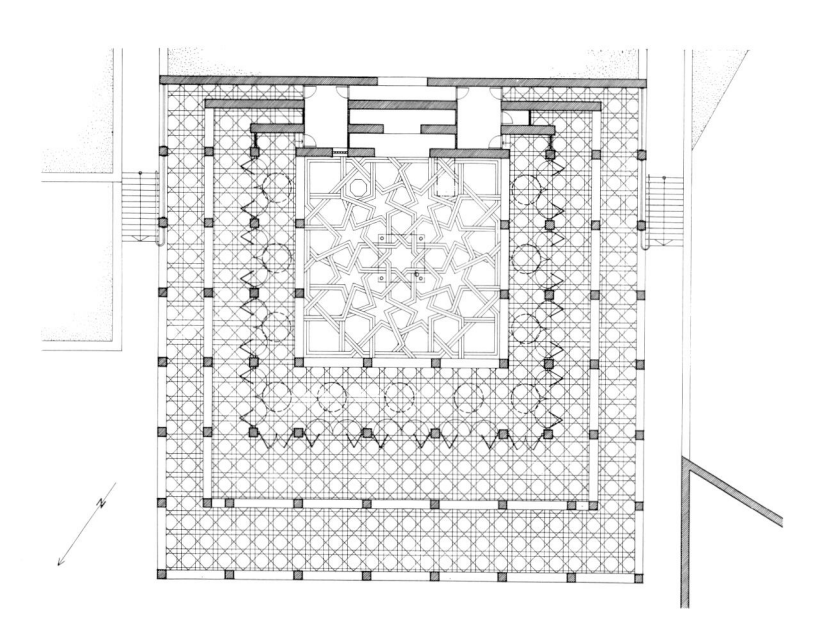

Miklós Hofer

# Topos und Typus

Boris Podrecca

### Der frühere Zustand

Zu Beginn meiner Bautätigkeit habe ich Geschichte als Protest gegen die damalige Architekturpraxis verwendet. Jene glatte Moderne, mein erster großer Versuch am BMW-Haus in München, all dies war mir zuwenig biographisch, zuwenig dicht und ortsverbunden und zugleich zuwenig autonom. Die Umbauten, die folgten, waren provokant, aber im Grunde genommen waren sie Verdichtungen von Themen, die um mich herum lauerten. Sie waren Ordnungssegmente auf der Suche nach einer Syntax und nach einer Elastizität des Ausdrucks, die nicht nur Punkt und Komma, sondern das *gesamte* Repertoire der Interpunktion umfaßte. Diese Arbeit wurde oft als eine Aufrasterung von Motiven mißverstanden, in Wirklichkeit war sie ein Ausschöpfen von Ortsreserven, das Suchen nach einer Heimat der Gestalt. Der Rückgriff auf die Erzählkunst der Groß- bzw. Vorväter führte in die Arbeit gewisse narrative Momente ein, die unausweichlich waren. Ich suchte Vernetzungen, Singularismen, Autonomien, mehrsprachige Echos in der mich umgebenden Welt, deren Kruste ich allerdings noch durchbrechen mußte. Es ging mir nicht nur um das Sprechen und Hören im Sinne Wittgensteins, sondern vor allem um das *Zeigen*.

Das Durchforschen von Personen und deren Geschichte enthielt nichts Reaktionäres, wie es die avantgardistische Denunziation vermitteln wollte. Ich habe versucht weiter zu gehen, etwas Wesentliches und Vergessenes wieder in Erinnerung zu bringen. Eine kleine Schar von Wiener Architekten wollte die Bedeutungsleere des technischen Scheins und eines ad absurdum geführten *modernen* Vokabulars nicht mehr teilen. Ein neuer Sinn, eine neue Ethik, ein neues Logos offenbarte sich und drängte, die Vergeßlichkeit der Epochen zu bekämpfen. Architekturen aller Zeiten existieren nebeneinander, ihre Heterophonie als Gegebenheit ist unwandelbar. Verlegen ist allein der Empfänger, der Angesprochene. Er hat sich aus der Ver-Antwortung gestohlen und in ein methodisches Drumherumreden geflüchtet. Für unsere Epoche hätte dies das völlige Vergessen unserer gesamten Kultur infolge einer Art technologischer Mutation bedeuten können. Aus Erinnerung wird jedoch Erkenntnis und Entdeckung. Er-kennen bedeutet neu kennen. Im archaischen Glauben der Griechen ist die Erinnerung die Mutter der Musen. Dies drückt eine fundamentale Einsicht in das Wesen der Kunst, der Architektur und des geistigen Vermögens aus. Zuerst war es also notwendig, das Vergessene wieder im kollektiven Bewußtsein zu verankern und in eine neue Grammatik einzubinden. Alle parallelen Theoreme wie der Fundamentalismus der Tendenza in Mailand und Venedig, die imperiale Rhetorik Roms, der technologische Abgesang Londons oder das leere Esprit von Paris und das ebenso leere Esperanto Amerikas wurden bedeutungslos, weil sie wiederum nur Theoreme, eine globale indoktrinierbare Sicht der Welt verfolgten, also gerade das Gegenteil von dem, was gebraucht wurde, nämlich eine neue Offenheit und eine größere Elastizität der Sprache. Im Gegensatz zum Automatismus der späten Moderne war der Umgang mit der Vergangenheit in meiner Arbeit nie von sichtbarer Ausbeutung oder bildhaftem Zitat geprägt, was sich als Destillat einer Geschichtsmacht hätte behaupten können. Ich erinnerte mich oft an die Bemerkung Benjamins über den Begriff der Geschichte: »Die Vergangenheit führt einen heimlichen Index mit, durch den sie auf Erlösung verwiesen wird.« Es ist klar, daß die Tuchfühlung mit dem Alten einer strengen ästhetischen Komplizenschaft des Architekten und der nötigen von Haßliebe gebotenen Distanz bedarf. Anderenfalls wird Geschichte als Rhetorik mißbraucht, auch wenn sich diese Technik des architektonischen Handelns unter dem Deckmantel des Dialektischen versteckt. Die Architekturkritik der siebziger und achtziger Jahre hat versagt und lediglich ein Vagabundieren des Gemüts in der Architekturszene offenbart. Es gelang ihr nicht, Authentizität von Synthetischem zu trennen. Nur wenige Vereinbarungsbegriffe, mit denen Architektur und Kritik auszukommen hatten – mögen sie nun diskutabel oder unpräzise sein – boten gewisse Markierungs- und Bezugspunkte und halfen die Entropie einzudämmen. Ich weigerte mich, sowohl bei der ludischen als auch bei der reduktiven Postmoderne mitzumischen, deren Geist seit jeher klar war. Er resultierte aus ihrer leidenschaftlich bejahenden Geschichtsobservanz, die alles sakralisiert, zerlegt, umgruppiert und umrüstet und in ein rein hypothetisch würdigeres Leben verwandeln möchte. Was heute davon übrigblieb, ist das farblose Bild einer formelhaften und reglementierten Gesellschaft. Nebenbei führte ein solches Verständnis der Geschichte zur Mitverfertigung einer Welt des unendlichen Ludibriums und zu ihrer Zerlegung in avantgardistische Partikelfetzen, die es in der Kunst, jedoch nicht in der Architektur geben darf.

Der neue Zustand

In der gegenwärtigen Situation erscheint mir eine Remythologisierung der Architektur jedoch antihistorisch. Um es im Sinne Marcel Duchamps auszudrücken: Nach dem Readymade kann nicht unwidersprochen die Aura des Einmaligen und Einzigartigen des Alten gelten. Das ehemalige Original steht durch »Bluttransfusionen« erneut einer Auratisierung zur Verfügung. Andererseits aber wäre das Verschweigen geschichtlicher Bedürfnisse, die eine gewisse Sicherheit gewähren, unangebracht und würde an Entmündigung grenzen. Gerade deswegen und gegen die subjektive Freiheit in einem auftragslosen Jahrhundert muß der Rückzug der Architektur in eine gesellschaftlich verankerte Autonomie und Normalität, eine Architettura civile, erfolgen. Wobei Normalität nicht das Einfache, sondern das verdichtet Elementare meint. Damit ist auch nicht eine lineare Lesbarkeit der Architektur gemeint, sondern ihr komplexes und multiformes Ideogramm, das eher transversal, diagonal, kreisförmig und deduzierbar ist. Die Autonomie, die Eigentlichkeit, die Materialität der Architektur ist ein begriffliches Aquivalent zu den Superlativen, die sich sowohl aus Vergangenheit als auch der Zukunft rekrutieren. Allein daraus kann eine adäquate Körpersprache ihrer zeitgemäßen Physiognomik entstehen. Architektur zu begreifen ist heute kaum mehr ohne eine beinahe musilsche Parallelhandlung denkbar, die sich aus sämtlichen existentialistischen, psychoanalytischen, postmodernen, dekonstruktivistischen und minimalistischen Folien zusammensetzt, welche wiederum auf dem »Urtext« – und nur der interessiert uns wirklich – lasten. Am Ende scheint sich, so absurd es klingen mag, die dekonstruktivistische These von einer prinzipiellen Ununterscheidbarkeit von Primärem und Sekundärem zu bewahrheiten. Dies könnte zu der Annahme verleiten, daß auch Architektur ein Produkt der Gentechnologie sein könnte. Hier ließe sich dann der Gedanke Ben Jonsons anknüpfen, daß die heutige Kulturrezeption mehr eine »Digestion« als eine »Ingestion« sei.

Die langsame Verarmung unserer Gesellschaft wird uns ganz klar in Richtung einer solchen Technik des Bauens führen, die ohne Masken, Pathos, kunstnahe Originalität, Innovation, Erzählung und ohne jegliche mediale Patronage auskommen, aber trotzdem abgesichert sein wird. Der Begriff der spezifischen Dauer der Architektur mit seiner Distanz zum Tageswert ist bis dato kaum popularisierbar. Deswegen kann er aber nicht derart unvermittelt bleiben und darf auch nicht verramscht werden. Heute eignet er sich nicht einmal mehr für den Reißwolf. Das zukünftige Werk wird also nicht mehr »interessant« sein, sondern eher »interessenlos«, lediglich von der Notwendigkeit seines Entstehens getragen. Ein Zurückweisen des opportunen Gefallens, der Neuigkeit, zählt nicht mehr. Die Vergangenheit und ihre uns liebgewordenen Väter stehen vor uns in einem zwar noch charismatischen, aber doch verblaßten Licht. Peter Handke deutete mir in letzter Zeit dieses Gefühl der Vaterlosigkeit an und schrieb über seine Erfahrungen mit dem geliebten Film: »Damals im Kino, bei La Notte, bei John Wayne, bei Pierrot Le Fou, ebenso wie bei Frankensteins Monster, wußte ich, wer meine Leute waren. Jetzt weiß ich das nicht mehr. Immer noch gehe ich regelmäßig ins Kino oder verirre mich eher regelmäßig dahin. Und vielleicht ist es eine Täuschung, wenn bei fast jedem Film jene Seelennahrung von einst mir verdorben erscheint, zum Seelenfraß geworden, im doppelten Sinn des üblen Essens und des Wurmfraßes.«

Meine Vaterlosigkeit nach eindringlicher Beschäftigung mit jenen mir liebgewordenen, weil schwer klassifizierbaren, schwer enzyklopädierbaren Baumeistern führt ebenfalls weg vom assoziativen Bauen.

Es ist immer mehr die Materie selbst, die Zusammenfügung durch Gelenke, das Bekleiden des Vakuums, der chromatische Klang (was für eine Parallele zur Musik), die Physis der Körper, das Gewicht und die Leichtigkeit, die Gegenständlichkeit und Vielschichtigkeit der Architektur, die Ausstrahlung und nicht die Beschreibbarkeit, die Stadt und nicht das Objekt – Themen, welche die Oberhand gewinnen. Die Konzentration von Matisse auf die wesentliche Zielsetzung, auch wenn sie spielerischer Natur ist, interessiert mich mehr als die artistische Metamorphose der Dingwelt Picassos. Tintoretto, Goya, Zurbarán, das Unbeschreibbare an ihnen, das Faktische ihrer Malerei, und nicht das Faktische der Welt, interessieren mich mehr als die andere Seite der Klassiker.

Es geht nicht lediglich darum, von Ästhetik-warm versus Ästhetik-kalt umzusatteln. Dies wäre eine oberflächliche Täuschung. Vielmehr geht es um das Bild einer authentischen Gegenwart, um die verinnerlichte Verdichtung des Ortes, in dem man baut.

Wird eine neue Ästhetik der Massenkultur und somit auch der Massenarchitektur durch die ausschließliche manipulative Zurichtung und Nivellierung dieses neuen Bewußtseins durch den medialen Hunger unserer Kulturindustrie entstehen?

Kann im Freudschen Sinn die Auflösung der Macht der Vergangenheit über die Gegenwart erfolgen, oder soll man wiederum im Benjaminschen Sinn von einer Schuld der Gegenwart an der Vergangenheit sprechen? Und soll man dem Aufruf zur Stillegung der vergewaltigten Geschichte folgen als Chance der Selbstfindung bei gleichzeitigem Verzeihen gegenüber den bisherigen Tätern?

Wettbewerb Stadtentwicklungszone Nordbahnhof, Wien 1992

*Zwischen der Altstadt und der Donau befanden sich zwei riesige Bahnhöfe, die größten der Monarchie, die die Verbindung Wiens nach Osten bis hin nach Rußland bewerkstelligten. Durch die abnehmende Bedeutung des Bahnverkehrs wurde der größere der beiden, der Nordbahnhof, frei und bildet heute eine leere Wanne im dichten Gewebe der Stadt. Ein Wettbewerb sollte die Antwort für die Bebauungsstrategie dieser kritischen Stelle in Wien liefern. Das Projekt entwickelt die neue Stadt für 20000 Menschen an der Kreuzachse von vier einprägsamen Magnetfeldern, und zwar zwischen dem Stephansdom mit der Überführung über die Donau bis hin zur UNO-City und quer dazu die großen Grün- und Sportflächen des Praters und die monumentale barocke Anlage des ehemaligen Kaiserjagdreviers, des heutigen Augarten-Parks. Diese sehr städtische Bebauung mit hofartigen infrastrukturellen Einheiten erhält an der ehemaligen Gleistrasse einen großen urbanen Park, der quer durch die Stadt eine intensive Grünbeziehung zwischen den Weinbergen des Wienerwaldes und der großen grünen Lunge der Stadt, des Praterbereiches, herstellt. Der künftige Nordbahnhof als neues Zentrum an einer Entwicklungsachse sowie als Modellfall für innere Stadterweiterung ist zur Zeit das wichtigste Stadtentwicklungsprojekt im dicht bebauten Gebiet der Stadt.*

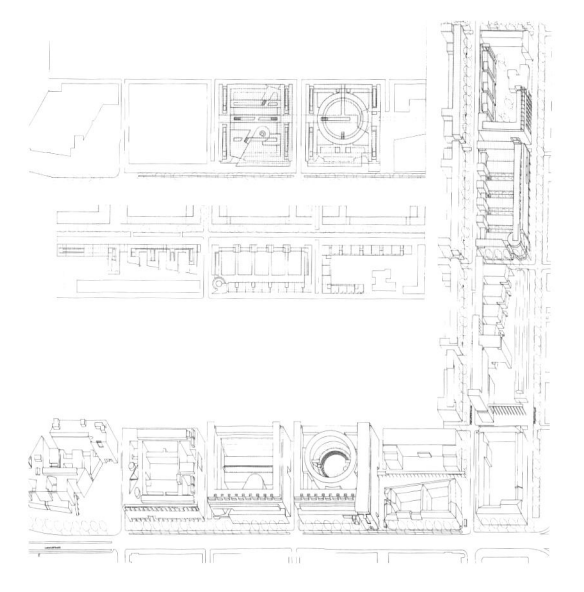

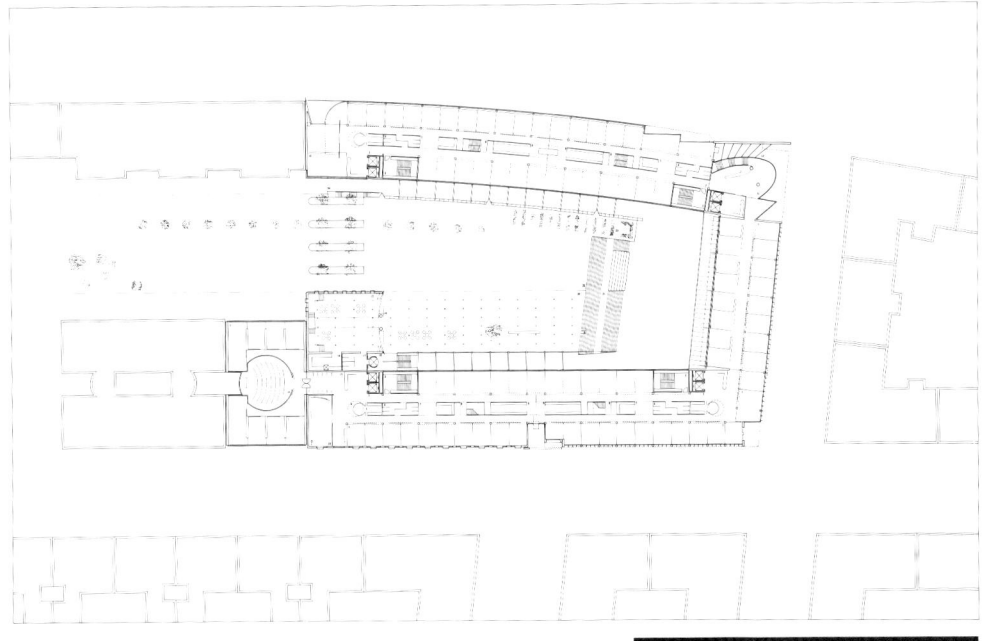

Bürohaus + Ladenzentrum
Brigittenauer Lände, Wien
1990

*Die »Kleine Donau«, wie der Donaukanal neuerdings beschönigend und mit einer Prise Hoffnung genannt wird, ist seit jeher von zwei Qualitäten der Stadt begleitet: Am stadtäußeren Ufer lag die proletarische Vorstadt mit dem jüdischen Viertel, ständig von den Launen des Wasserstandes der Donau bedroht; am inneren Ufer erhob sich die im wesentlichen von der Gotik und dem Barock geprägte Residenzstadt mit ihrem kompakten Körper von Bauwerken. Diese Grunddisposition ist trotz der enormen Verdichtung und Erweiterung der Stadt bis heute spürbar. Das Projekt des Bürozentrums an der Brigittenauer Lände ist also nur ein kleiner, aber konstituierender Teil in einem urbanistischen Mosaik, das die Neuordnung des nordöstlichen Randes der Wiener Innenstadt bezweckt.*

*Die Intervention Podreccas markiert gewissermaßen den äußersten Rand metropolitanen Einflusses auf das gründerzeitliche Vorstadtambiente. Das Bauwerk wird, vor allem für die vielen aus der Peripherie entlang der »Kleinen Donau« Anreisenden, ein erster Verweis auf die Nähe der kulturellen und politischen Mitte der Stadt sein. Mit dem gläsernen, an Schiffsmetaphern erinnernden Curtain Wall zum Donaukanal verwirklicht dieser Entwurf die erste der drei »Spiegelungen« der Fassadengrammatik.*

Topos und Typus | 173

Meidlinger Hauptstraße,
Wien
Die Wiederherstellung einer
städtischen Ader, 1992/93

*Eine der größten Einkaufsstraßen Wiens verläuft, und das ist ihre Besonderheit, aufsteigend im Sinne einer großen städtischen Rampe quer durch den Bezirk Meidling.*

*Dieses eigenartige perspektivische Erleben des Straßenraumes ist einer der führenden Ansätze bei der Thematisierung des neuen Raumes.*

*Die beiden sehr heterogenen und verzwickten Straßenränder werden in ihrer formalen und baukörperlichen Ambivalenz belassen.*

*Auf dieser Straße werden drei platzartig geformte Bereiche mit unterschiedlichen Charakteren übereinandergestülpt.*

*Der erste und tiefliegende Bereich ist das sogenannte »Platzl«, die echte alte, historische Mitte des Bezirkes, die als texturales und reliefartiges Gebilde neu strukturiert wird und einen Begegnungs- und Aufenthaltsort bildet.*

*Der zweite in der Mitte der Straße ist ein grüner Bereich mit einer großen Stadt-Pergola aus Glas, und der dritte im auslaufenden Teil dieser Einkaufsarterie ein marktähnlicher, mit zu diesem Zweck entworfenen Kiosken, fliegenden Geschäften, kleinen Basaren.*

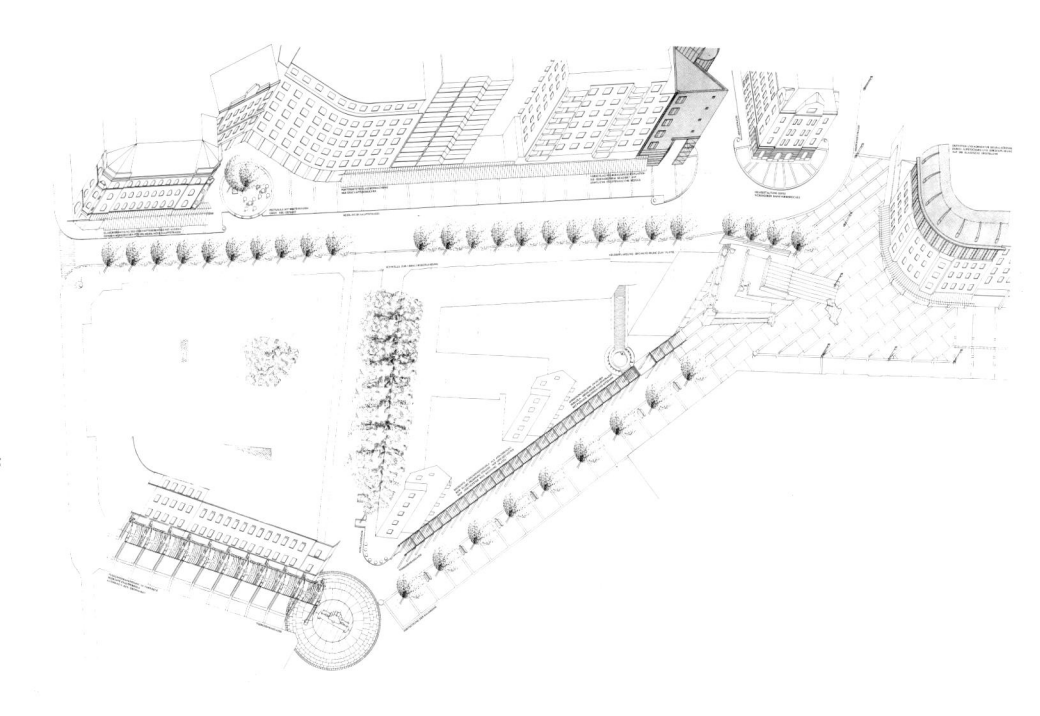

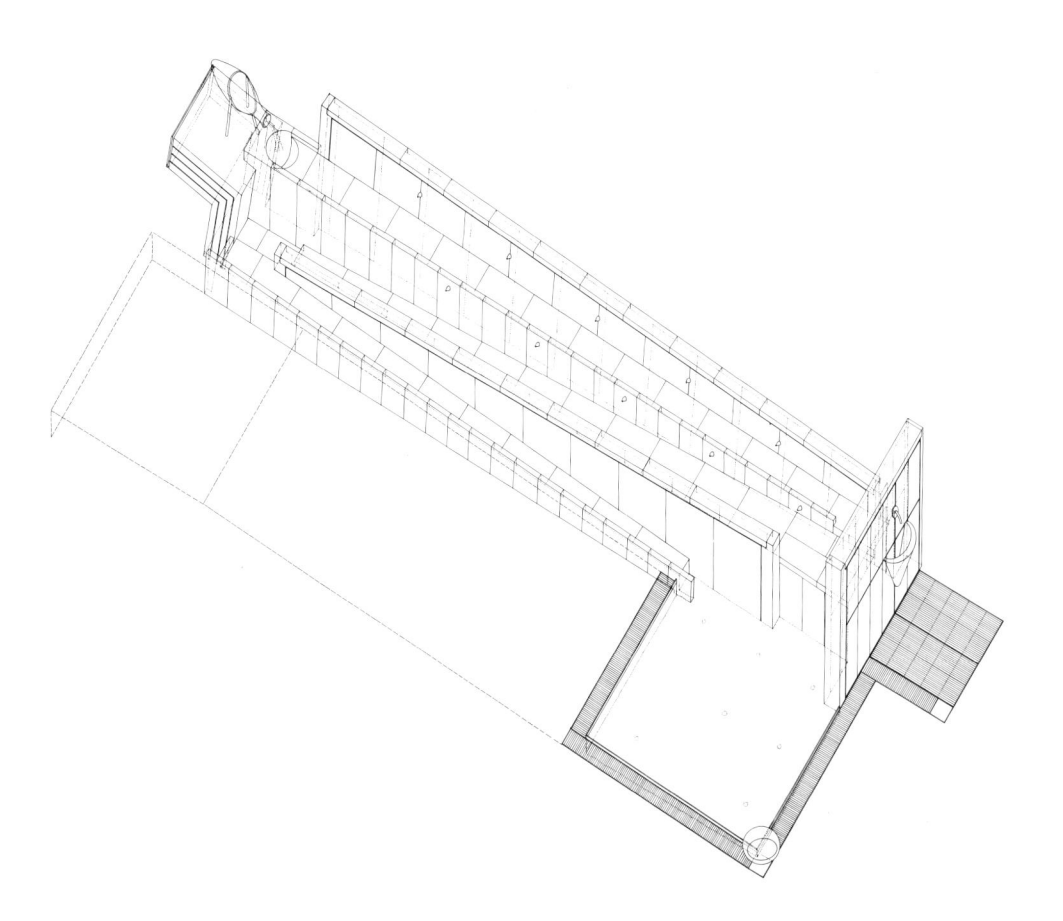

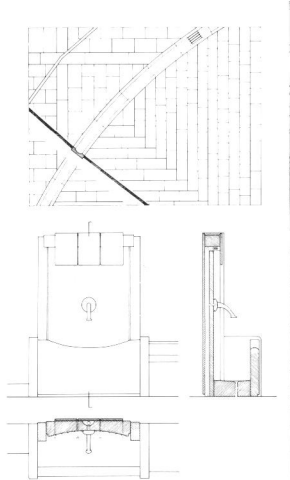

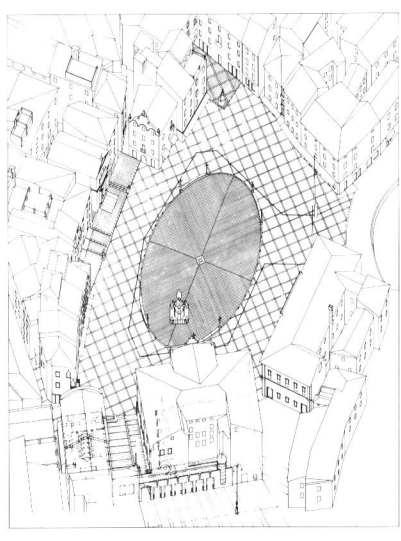

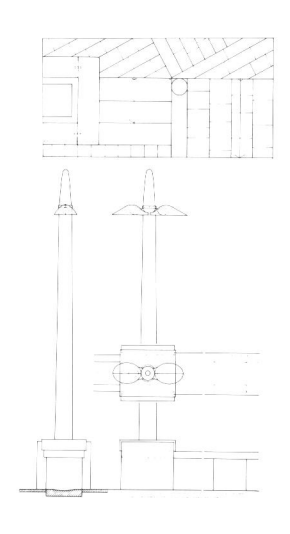

## Neugestaltung des Tartini-Platzes, Piran, Slowenien 1986–1992

*Als Teil der urbanen Revitalisierung dieser istrischen Küstenstadt ist die Neugestaltung des Tartini-Platzes der Hauptteil und andere, kleine in Zusammenhang dazu stehende Eingriffe, deren Weiterleitung in das Stadtgewebe.*

*Die überdimensionale Ausdehnung des Platzes ist durch die Zuschüttung des früheren Hafenbeckens entstanden. Die Kontur des ehemaligen Beckens ist durch einen Schnitt in den Stein markiert, wo in Bronze die Geschichte der Stadt eingraviert werden soll. Das Zentrum der neugestalteten Anlage, quasi Platz im Platz, im Sinne einer Maßstabskorrektur, wird von einer leicht bombierten Ellipse in weißem Stein gebildet. Auf dieser befindet sich das Denkmal des Musikers und Geigers Tartini, sie wird durch steinerne Beleuchtungssäulen und Steinbänke über dem Rinnsal markiert.*

*Eine große bronzene Windrose, im Museum der Stadt aufbewahrt, bildet die Mitte der Steinausrichtung. Zwischen der Ellipse und den Häusern aus den verschiedensten Epochen befindet sich ein richtungsloses Feld aus grauem Stein, in weiße Bänder gegliedert.*

*Andere bauliche Eingriffe um den Platz herum sind ein neues Kaufhaus, der Erdgeschoßumbau des Rathauses, eine leicht erhöhte Plattform vor der St.-Peters-Kirche für Veranstaltungen, die texturale Behandlung der Mündung der Römerstraße am Platz und drei neue, aus der Tradition der Gegend heraus gestaltete Brunnen.*

Topos und Typus

Platzgestaltung Piazza XXIV
Maggio, Cormons 1990

*An der Verbindung Görz-Udine
liegt die Stadt Cormons; sie
gliedert sich in Viertel, die sich
an diesem Platz durch die
Gebäude abbilden. Die Charakteristik dieses Raumes ergibt
sich einerseits aus der Verkehrsführung, andererseits aus der
Hierarchie der raumbildenden
Bauten. Dominant ist neben
dem Campanile der Palazzo
Locatelli, dessen Volumen sich
auch am dominantesten in der
Textur des Bodens abzeichnet.
Nebenan steht der zweitwichtigste Bau, die Enotheca, die als
»ärmeres« und kleineres
Gebäude einen schmäleren,
aber stärker gemusterten Steinbelag zugewiesen erhält. Verschränkt werden diese beiden
Flächen durch die Brunnenanlage, deren Höhepunkt ein
»Steinwerfender Knabe« des in
Wien ausgebildeten Bildhauers
Alfonso Canciani bildet. Diese
beiden der Versammlung gewidmeten Bereiche werden von den
Verkehrsflächen umspielt. Das
Prinzip dieser Gestaltung liegt
neben der ingenieurmäßigen
Bewältigung der Beleuchtungs-
und Entwässerungsproblematik
im Dialog von Raum und dessen Fassung. Die Analyse der
urbanen Struktur ist dem Boden
eingeschrieben, indem sich der
Schatten des Kirchturmes als
Steinbelag in das Vorfeld des
dominanten Palazzo schneidet
und in diesem wiederum die
Spuren der Vorgeschichte als
gläserne Zeichen im Boden aufleuchten. Die Stadtgestaltung
gerät zum Deutungsmodell und
zur Leseanweisung der Stadtgeschichte.*

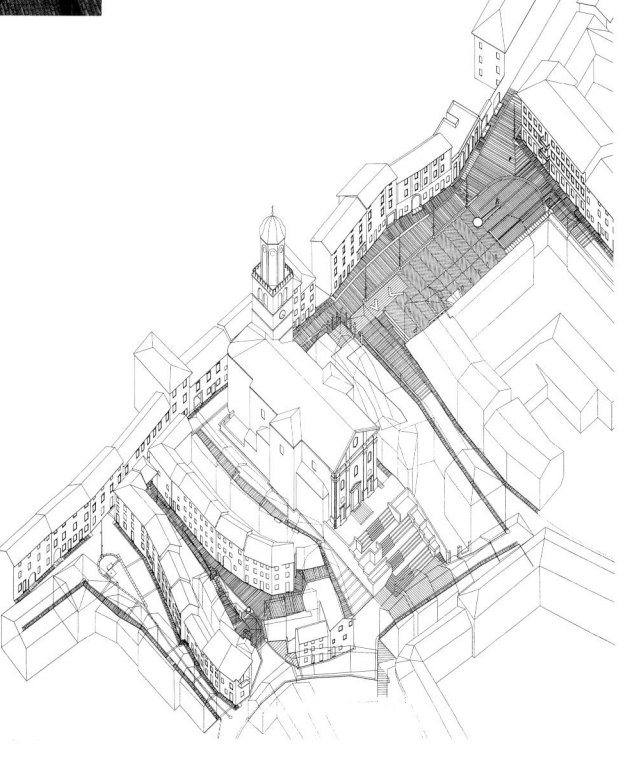

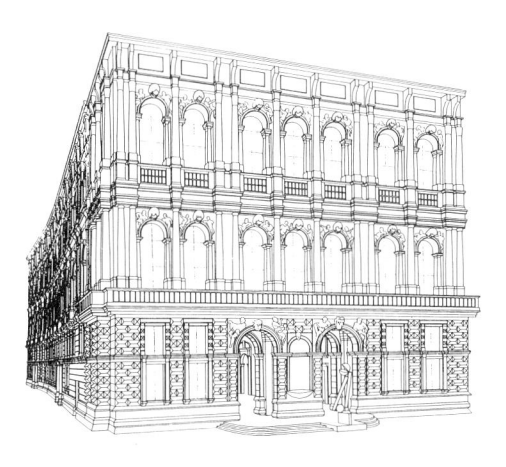

**Ca' Pesaro, Museum Moderner Kunst, Venedig 1990**

*Am Canal Grande liegt das Museum Moderner Kunst, das Ca' Pesaro. Der Entwurf will nicht nur dieses verschlafene Haus wiederherstellen und erweitern, sondern auch in einer Parallelität am Canal Grande den Rezonico-Palast, das Archiv sämtlicher Biennalen, zu diesem Museum zuführen als eine große kulturelle Fondation in dieser Stadt. Das Parterre dieses Museums soll noch Stadt sein, mit Geschäften, kleinen Galerien, Cafés und Buchhandlungen, die erste Etage beherbergt temporäre Ausstellungen. Venedig hat zur Zeit keinen Raum, der den musealen Ansprüchen und Direktiven der heutigen Zeit gerecht wird, daher auch der Bau dieses Hauses, während im letzten und ausgedehnten Geschoß die ständige Sammlung der Moderne angesiedelt wird. Aus dem mittleren Hof dieses Museums gelangt man in einen neuen Skulpturen-Hof, einen kleinen Canale flankierend, wo sich auch ein Zubau mit einer großplattenkeramischen Textur aus Glas und Stahl befindet, der diesem Museum im Hintergrund den Stempel der heutigen Zeit aufdrückt. Die großen technischen Probleme bei diesem Museum betreffen das konstruktive Repertoire der wunderschönen hölzernen und bemalten Decken, die nicht mehr genügend tragen, die neuen stählernen Unterstützungen, die nicht nach statischen Gesichtspunkten, sondern nach Denkmalschutz-Prämissen zwischen den verschiedenen Bemalungsmotiven dieser Decken plaziert werden können.*

Topos und Typus

Autohaus Mazda Lietz,
Waidhofen/Ybbs, Österreich
1991

*Dieses Autohaus an der Peripherie ist von Wien eine Stunde entfernt und steht an der Nahtstelle zwischen einem durch Verkehrskreuzungen und Bahntrasse besetzten Territorium und einer intakten hügeligen Landschaft.*
*Das Haus mit seiner tragenden Mauer, einer Art Wirbelsäule, macht diese Grenze bewußt und thematisiert sie mit einer neuen aufsteigenden Straßenrampe, die den Haupt-Ausstellungsraum durchquert, aus ihm heraustritt und abrupt abgeschnitten wird. Hier, schon im Freien, wird das jeweils neueste Produkt dieser Firma ausgestellt.*
*Die zwei von der Straße sichtbaren Fassaden orientieren sich einerseits durch die große runde Verglasung zur Kreuzung hin und andererseits mit einem loggiaähnlich überdachten Gebilde zur Stadt hin.*
*Hinter diesen drei Elementen befindet sich das eigentliche Werkhaus, das aus profanem Wellblech-Material gebaut wurde.*
*Alle Glieder dieses Hauses sind schuppenartig zueinander aufgeschichtet, fast im Sinne eines Mikado-Spieles, und bilden eine fragile und rhythmische Struktur um das Artefakt unserer Zeit – das Auto.*

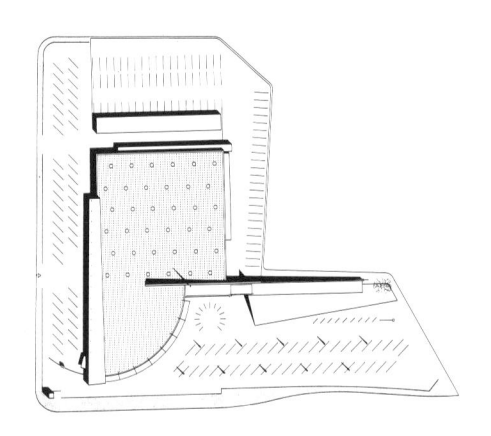

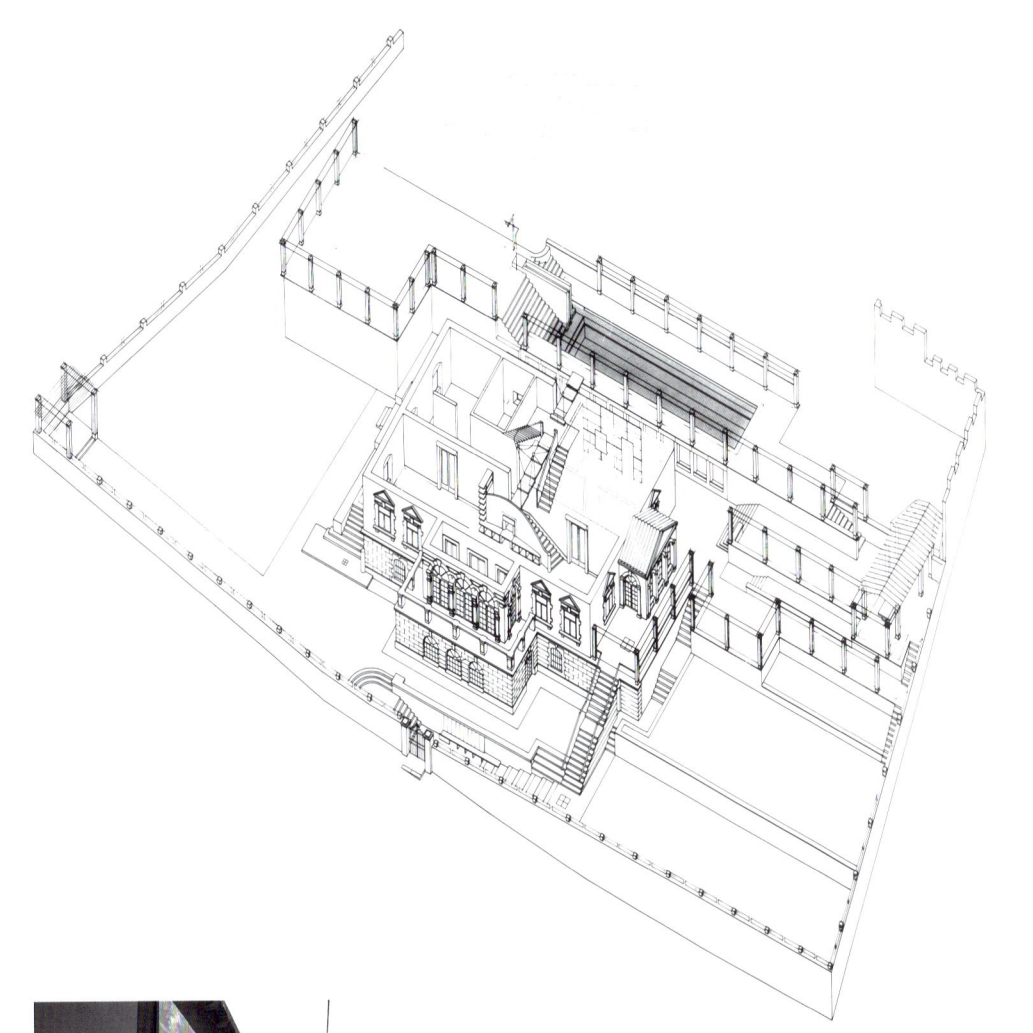

Haus Moralic, Cavtat,
Kroatien 1986

*Das Haus Moralic liegt in dem durchgrünten, historischen Ort Cavtat neben der Stadt Dubrovnik. Die Lage des Hauses befindet sich zwischen dem Meeresufer und einem Mausoleum des größten jugoslawischen Bildhauers Mestrovic. Es wurden beim Umbau und Zubau dieses Hauses die drei straßenseitig sichtbaren Fassaden im palladianischen Manierismus des Ottocento aus denkmalerischen Gründen belassen und restauriert.*

*Die hintere Fassade erhielt eine neue Steinbekleidung und fügt sich in ein Programm von Steinarchitektur, ausgehend von hundert vollen Monolithen bis zu monolithisch verkleideten Wänden usw. ein.*

*Das Haus wird durch kleine Brücken mit der Außenanlage verbunden. Sieben Terrassen mit sieben verschiedenen Charakteristika, wie Obsthaine, Café, Küche und Eßbereich im Freien, Schwimmbecken mit Kaskade und Sonnen-Terrasse, ergänzen diese großzügige Anlage.*

Topos und Typus

Kunstgalerie
Sv. Donat, Piran, Slowenien
1990

*In der Altstadt lag eine fragmentierte Kapelle. Im Zuge der Altstadtsanierung wurde der Umbau in einen Kunsthandel vollzogen, unter Verheiratung der sakralen Aura des Objektes mit der profanen Umnutzung durch einen jungen Unternehmer. Dem vorgegebenen Grundriß wurde als Schiffsmetapher ein umgedrehter Rumpf übergestülpt; in die »Arche« eingearbeitet ist ein Fenster, das sich in der Dachsparrenform fortpflanzend schließlich an der gegenüberliegenden Wand am Kopf stehend in Alabaster wiederfindet. Der »Sturz des Engels« von der geweihten Fassade des Altbaus zur Schauwand des Kommerzes wird motivisch verarbeitet. Das dreigeschossige Innere wird zu einer über den verweltlichten »Altar« und die darüberliegende Empore verbundenen räumlichen Einheit. So wie das Verkaufspult in Stoff- und Funktionswechsel den heiligsten Ort uminterpretiert, das tischartige Obergeschoß des Typus des Ziboriums, ein Zeichen des Transzendenten in der Welt der Wirtschaft. Wie die sich im Untergeschoß zum Schrank fortentwickelnde Platte des Altars, betonen auch die Stiegen und die den Boden durchstoßenden Säulen das neue Raumkontinuum. Dieser Bau entstand direkt aus den Handskizzen und Erklärungen des Architekten gegenüber dem Bauherrn und den Handwerkern; ein kleines, klares Statement ergibt sich hier aus dem wohlkalkulierten Einsatz von Materie und Idee.*

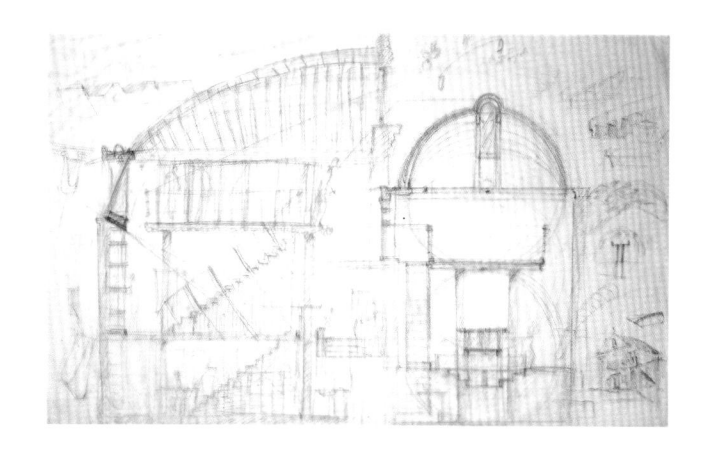

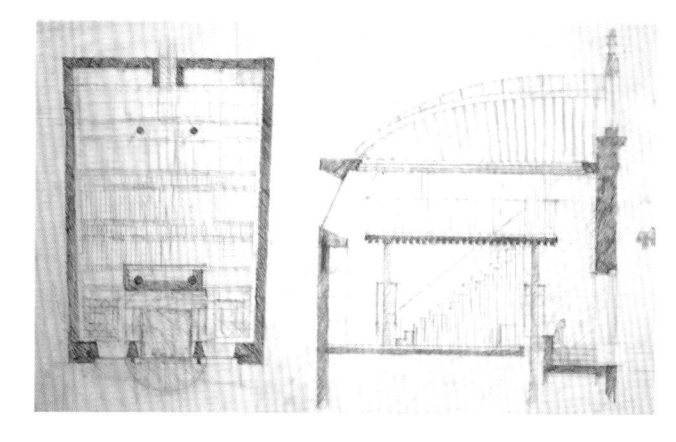

180  Boris Podrecca

# Stadtpartikel

Heinz Tesar

Das nachstehende kurze Statement habe ich 1990 für die Johannes-Kepler-Universität, Linz, zum Thema »Verantwortung« verfaßt.
»Der Architekt arbeitet im Spannungsfeld von *Idealität* und Realität.
In der Idealität hat er die Verantwortung – für die Realität das Bewußtsein.
Somit hat der Architekt Verantwortungsbewußtsein, d. h. Distanz und Nähe, zu haben.

Diese Bipolarität, die ihr sich stets änderndes Ziel in der Kongruenz und Deckung der beiden Pole sucht, nenne ich das *kreative Gewissen*.
Ich spreche lieber von Gewissen als von Gesinnung, da im Begriff des Gewissens der für den Baukünstler äußerst wichtige kritische Ansatz – nämlich die gegenseitige Bespiegelung von Idee und Wirklichkeit, von Idealität und Realität – verankert ist.
Daher gibt es auch im Sprachgebrauch den Begriff kreatives Gewissen, während es den Begriff kreative Gesinnung – jedenfalls im Bereich der Kunst – nicht gibt.«

Denken in Schichten

Es ist ohne Zweifel an der Zeit, eine kritische Sicht der Begriffe vorzunehmen, da wir beginnen, unsere Arbeit als Teil eines fortschreitenden Überlagerungsprozesses zu sehen. Diese veränderte Sicht der Dinge ist auch ein Ansatz, die Arbeitsweise neu zu überdenken.

Die Thematik meines architektonischen Denkens in Schichten und das Spektrum des Wortes Schichten lassen sich folgendermaßen ausdrücken:
– Schicht als Begriff der Geologie/Ablagerung,
– Schicht der Materie,
– Schicht der Zeit,
– Schicht des Denkens,
– Schicht der Empfindung,
– die Ge-schichte,
– das Ge-schichtete,
– die Einschicht,
– Haut – Kleidung – Mode – Parfum –/die Folie,
– das Sekret,
– die Stadtgeschichte, das Stadtgeschichtete.

Schichten – als Verbum – bedeutet: bauen, legen, ordnen, stapeln

Die Stadt als Sekret der Gemeinschaft, Sekret bedeutet synonym Ablagerung und geheime Mitteilung, Architektur als geistig-sinnliche Ablagerung oder Schichtung unsichtbarer und sichtbarer Natur.

Meine Gedanken zur jeweils konkreten Aufgabe sind grundsätzlich bildhaft *in* meinen Projekten dargestellt. Eine verbale Formulierung *zu* den Projekten ist daher vorwiegend eine betrachtende Haltung, die im weiten Sinne eine Interpretation darstellt, jedoch nicht allein der von mir eingebrachten Gedanken, sondern vielmehr des gestalthaften Ganzen, welches der Ort an sich und die neu eingebrachten Erörterungen bilden.

Formulieren einer Schicht

Es geht dabei nicht darum, grelle Worte und Bilder zu finden, sondern die spezifische Situation des Ortes, die Topographie und die Geschichte mittels Architektur zu fassen. Das bedeutet jedoch wiederum nicht, daß alles zu Formulierende sozusagen am Ort zur Stelle ist, sondern daß wir ein Stück des Fließenden einzubringen haben, wobei die Wechselbeziehung von *Individualität* und *Typus* den Ausgangspunkt der Architektur darstellt.

Ich bin hier nahe der Definition von Architektur als Ergebnis vieler Gespräche eines Individuums mit einem Ort. Diese sollen Akzentuierung, Charakterisierung und nicht zuletzt Schaffung von Ort erzeugen – abgeklärt in den verschiedenen Schichten der Geschichte des Ortes und an der Geschichte des spezifischen Individuums. Die Geschichte von Stadt (Ort) und die Geschichte des Individuums sind Voraussetzung für die Entstehung von Architektur. Es ist eine Dualität, die in optimaler Weise im Gleichgewicht zu sein hat. Stabilitäten (Pragmatismen) und Labilitäten (Überbewertungen) sind der Architektur nicht dienlich.
Ziel ist eine Architektur mit einer langsamen, ruhigen, charakterisierenden Sprache, die in ihrer Einfachheit verständlich und in ihrer Vielschichtigkeit von zeitloser Gültigkeit ist. Die zeitüberdauernde Gültigkeit einer Aussage ist deren höchste Qualität.

Wenn ich eine bewußt vereinfachende, beinahe gymnasiale Definition von Architektur zu geben hätte, würde ich im Sinne der Grammatik sagen: Architektur ist in sich Umstandsbestimmung des Ortes, der Zeit, der Art und Weise, und des Grundes. Eine konzentriertere Herausforderung ist kaum denkbar.

Hier sei auch die Frage nach der Verständlichkeit der Bildsprache Architektur nochmals angeschnitten – auf primärer und auf sekundärer Ebene. Ich meine mit der Erstebene die sinnliche Wahrnehmungsschicht, die Prägung durch Archetypen oder Homotypen, wie ich eine Erweiterung des Begriffs genannt habe. Mit der Zweitebene meine ich die objektivierte Wahrnehmung durch Wissen, Bildung und Intellekt. Wie schwer die übergreifende Verständlichkeit beidschichtig erreichbar ist, weiß jeder, der sich dieser Problematik stellt.

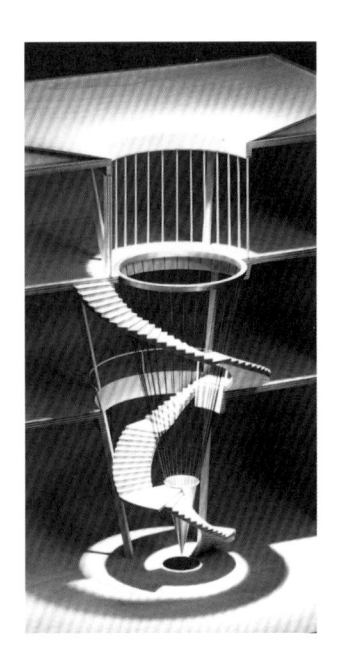

*Prähistorisches Museum, München, Königsplatz
Projekt 1990*

Eine mögliche Arbeitsweise in diesem Zusammenhang ist das Zeichnen, das in seiner fundamentalen Bedeutung zu sehen ist. Zeichnen muß vertraut werden wie Schreiben, denn die Skizze ist eine Art Bildschrift. Das Zeichnen ist nicht eine spezielle Sache, sondern vielmehr ein Vehikel wie Sprache, Wort und Schrift. Nur der kontinuierliche Gebrauch dieses Vehikels ermöglicht seine selbstverständliche Handhabung und enthebt es der beschränkenden Besonderheit. Es ermöglicht, unabhängig von Tagesgegebenheiten in einem Kontinuum zu denken, das auf lange Sicht Spuren im architektonischen Werk hinterläßt. Formulierungen werden direkt am Ort möglich und aus sich heraus verständlich. Dabei ist es nicht wichtig, ob diese Notizen konkret oder esoterisch sind, ob es sich um Bestandsaufnahme, um Transformation oder um Neuformulierungen handelt.

(Hierzu siehe auch:
*Casabella*, 498/9/1984: »Modificazione. Una riflessione a strati«; *Magyar epitömüveszet* 1989: »Rétegek«/Schichten.)

*Löffelputz*

*Naturmuseum, Berlin, Flußwerder in der Havel*
*Projekt 1988, Modell*

Stadtpartikel | 183

*Nordbahnhofgelände, Wien*
*Projekt 1991/92*

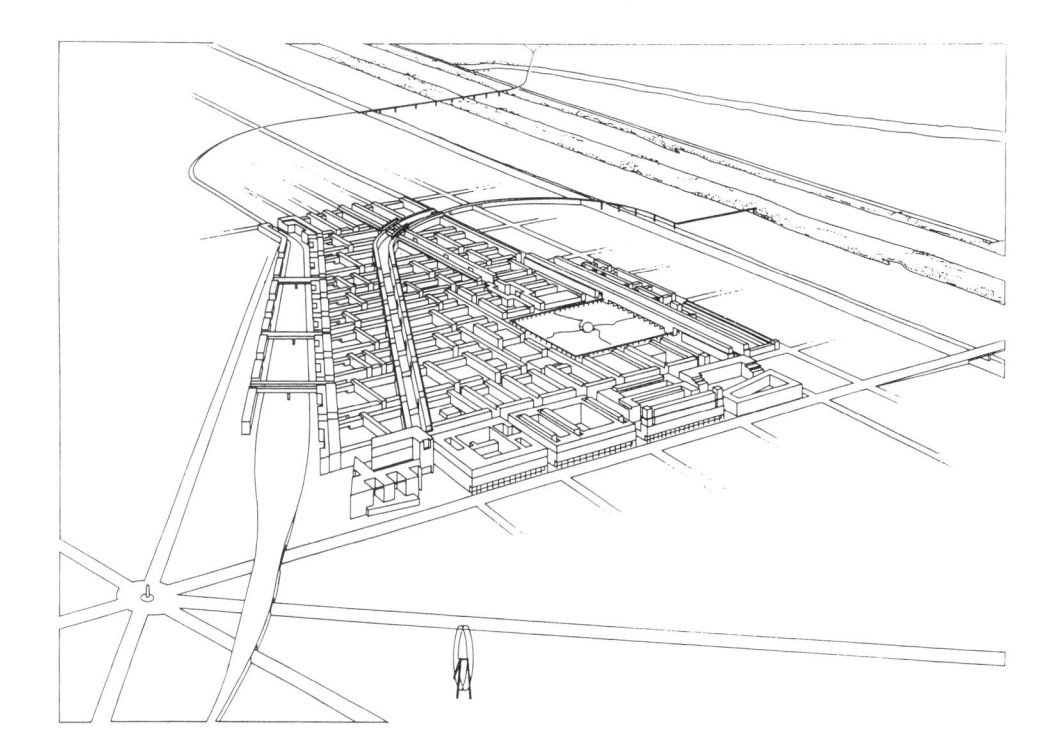

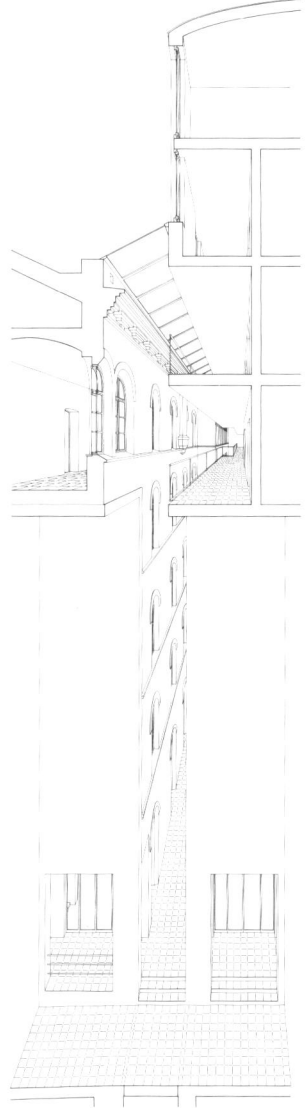

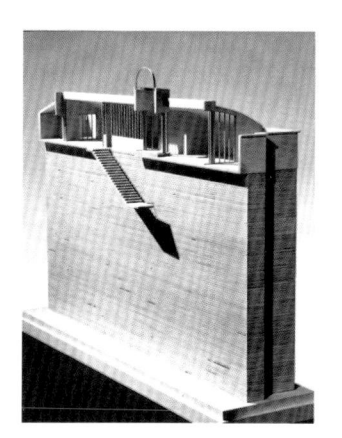

*Dachhaus Sabaini, Linz*
*Modell*

*Rossauer Kaserne, Rossau*
*Lichtraum zwischen Altbau*
*und Neubauinnenschicht*

184 | Heinz Tesar

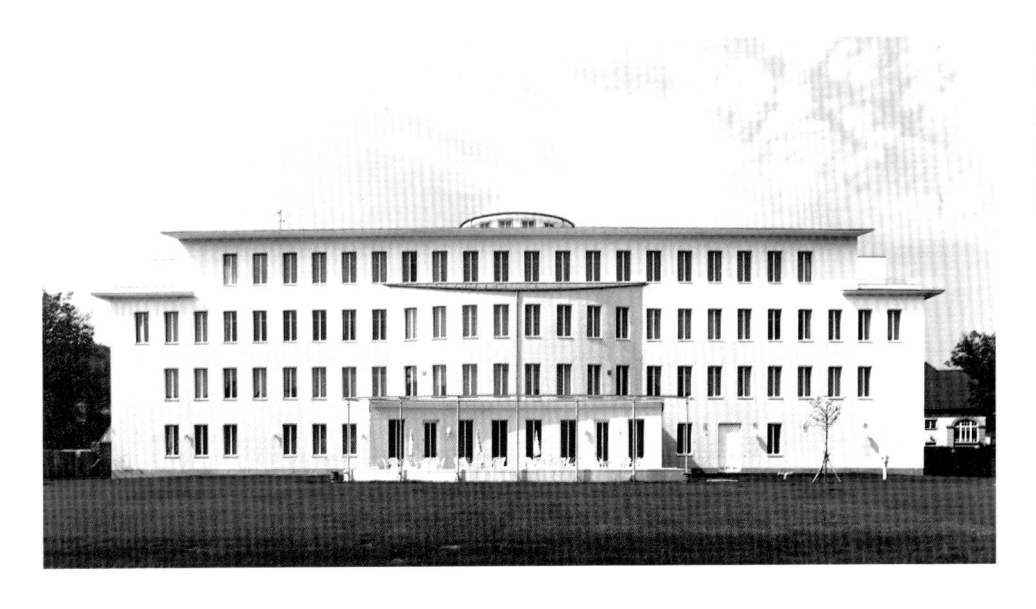

*Schömerhaus, Klosterneuburg bei Wien*
*Verwaltungsgebäude 1985–1987*
*Gartenansicht*

*Halle mit Treppe*

*Prähistorisches und Ägyptisches Museum,*
*München, Königsplatz, Projekt 1990*

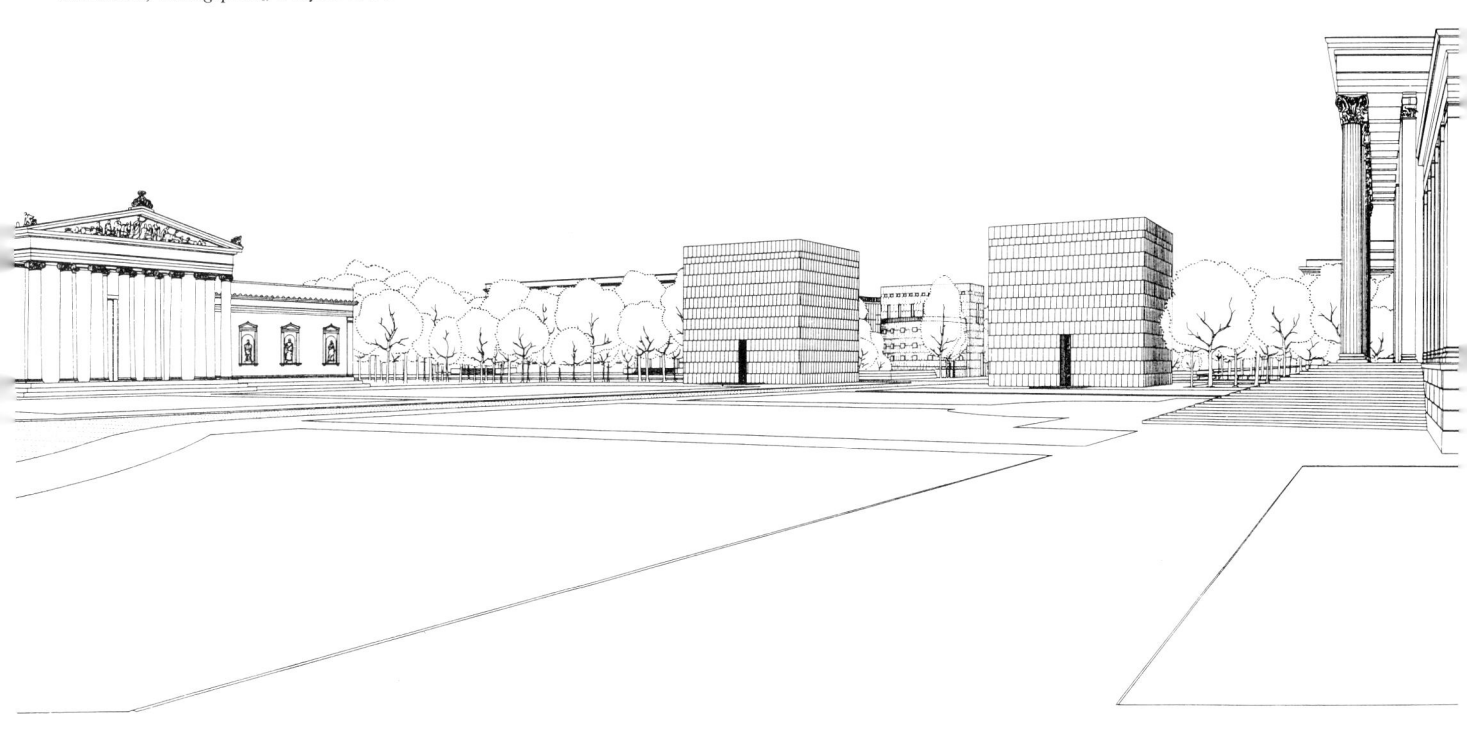

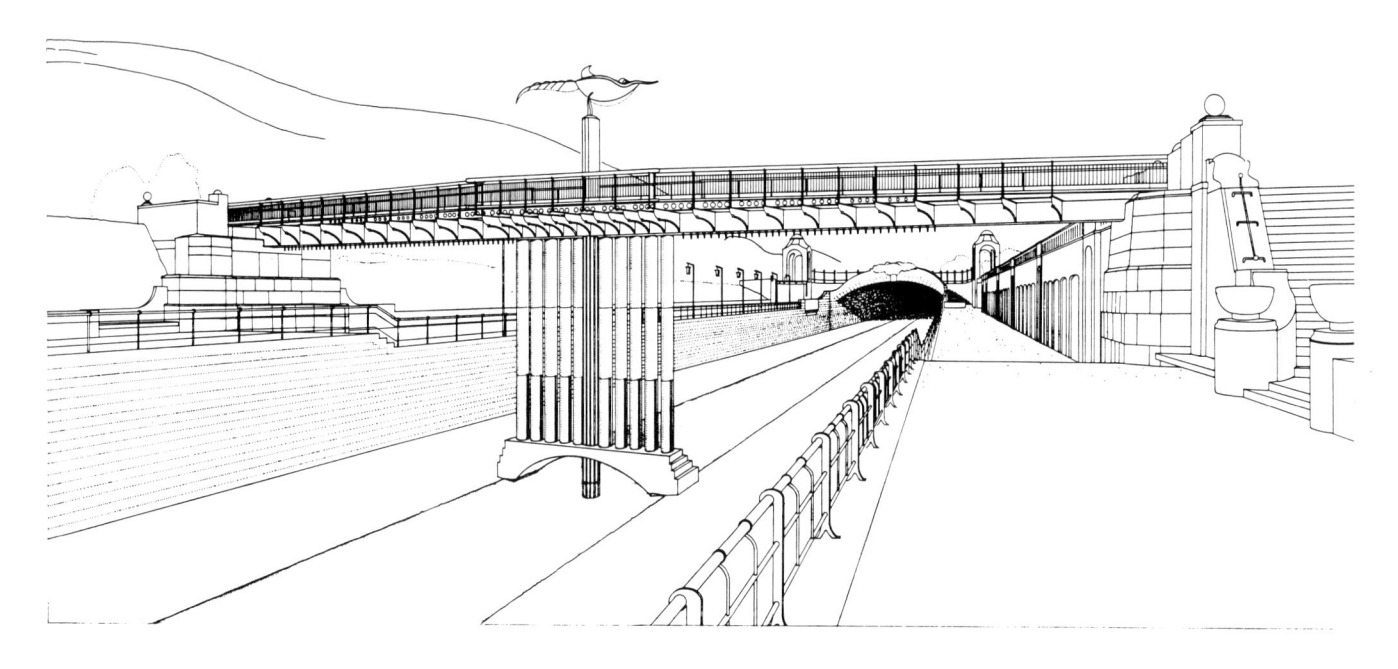

*Stadtparkbrücke, Wien*
*Projekt 1985*

*Klösterliareal, Bern*
*Projekt 1981–1984*

# Dialoge

Karla Szyszkowitz-Kowalski,
Michael Szyszkowitz

Seit jeher erscheint uns die Art von Verkrampfung bei der Diskussion, ob nun im geschichtlichen Kontext gebaut werden solle oder angeblich neu, unnötig. Wir sehen dabei immer die Parallele zu einer Begegnung zweier Menschen, deren Inhalt auch nicht ein Kräftemessen sein kann oder sein sollte, ein Abwägen, ob des einen oder des anderen Standpunkt wichtiger sei. Eher und im besten Fall sollte es so sein, daß eine Art von flüssigem Verweben dessen, was war, und dessen, was kommt oder kommen muß, vielleicht sogar zwangsläufig zu einer neuen dualen Qualität führt. Daß die an sich für Kehrseiten einer Medaille gehaltenen Dinge sich zu einem Konzept ergänzen, eben zu einer Medaille, deren entfernte Positionen sich gegenseitig erst selbst herstellen und für diese Herstellung unabdingbare Gesprächspartner sind.

Damit sind nun die Rollen im Dialog gewichtet: Je besser die eine ist, um so besser kann die andere sein. Und je besser wir die eine Seite des Vorhandenen wahrnehmen können, je größer unsere Zuneigung dazu ist, desto deutlicher sollte im Idealfall unsere Kraft sein, eine vereinende Gesamtidee sich entwickeln zu lassen, die nicht aus der Addition lebt, sondern aus der Hoffnung einer gegenseitigen Potenzierung.

Die gegenseitige Wahrnehmung basiert gelegentlich auf undeutlichen Zeichen, auf schwer zu benennenden Empfindungen oder Funktionen, wie der Atmosphäre, der vermuteten Interpretation eines Ortes, der Suggestionskraft eines Ortes und ähnlichen Dingen – kurz, Aspekten, die sehr persönlich sind und die in der persönlich motivierten Antwort auch ihre Stärken finden. Das ist ein Appell gegen eine internationale, immer gültige Jedermannsarchitektur, ohne eine Zurverfügungstellung der eigenen Person des Architekten, zu der wir verpflichtet sind. Oft ist die Wahrnehmung des Vorhandenen, die sogleich zu einer direkten Umsetzung führt, nicht der geeignete Weg zur Entfaltung von neuen Kräften und architektonischen Äußerungen. Denn diese müssen vollkommen frei sein und können so direkt meist nicht abgeleitet werden.

Vielleicht ist das ein unüberbrückbarer Gegensatz, aber er birgt doch einen Vorteil, nämlich einen Grund zur Freude jedenfalls für alle jungen Menschen: Für die jeweils kommende Generation bleibt so vieles immer wieder noch unerfunden. Eine Hoffnung für alle, die nach uns erfinden werden.

Der Großteil von uns Architekten hat – wir nehmen uns da überhaupt nicht aus – wahrscheinlich aufgrund der Tätigkeit, die wir ausüben, ein gestörtes Verhältnis zur gebauten Geschichte. Entweder wir zerstören sie, indem wir sie verändern, oder wir lassen sie in ihrer musealen Verwendung erstarren.

Wir glauben aber auch, daß jede Form, und in unserem Falle die dreidimensionale Form, die Architekturform, in ihrer relativen Gültigkeit einer ständigen Veränderung unterworfen ist – nicht im Sinne ihrer prinzipiellen Wirkung, im Sinne einer Allgemeingültigkeit, sondern eher im Hinblick auf ihren Aktualitätsbezug in den Situationen des Gebrauchs innerhalb des zeitgeschichtlichen Ablaufs. Das Gängige nämlich, die ästhetisch bequeme Kost, das bloße Repetieren eines bekannten Zusammenhangs, macht uns unempfindlich. Wir sehen das Gleichbleibende nach einer gewissen Zeit nicht mehr. Es wird nicht mehr registriert, es wird nicht mehr aufgenommen, oder, anders ausgedrückt, wir wenden dafür keine intellektuelle, keine emotionale Energie mehr auf, wir sind nicht mehr berührt.

Um uns aber eine Empfindsamkeit zu bewahren, ein Offensein gegenüber dem Phänomen der dritten Dimension, des Raumes, müssen wir die Form an sich – in der Architektur wie in jeder anderen künstlerischen Sparte ist das so – immer wieder neu überdenken. Sie muß neu formuliert werden bei jeder Aufgabe, die mit künstlerischer Ambition in Angriff genommen wird. Denn ebendas ist ja letztlich der Impetus, die Triebfeder jedes schöpferischen Menschen. Und das zu sein, nehmen wir wohl alle für uns in Anspruch. Daher müssen verbrauchte Formulierungen durch neue ersetzt werden.

Aber je stärker Bindungen an gewisse bestehende Formen sind – denken Sie an großartige historische Nachbarschaften – oder je beherrschender formale Strukturen sein mögen – denken Sie an die noch vorhandenen mittelalterlichen Innenstädte –, desto stärker muß unseres Erachtens die darauf reagierende künstlerische Antwort sein. Diese Antwort muß ja die Emotionen und den geistigen Ballast, ob positiv oder negativ gesehen, binden im Sinne von Einbinden, und dieses Einbinden ist uns besonders wichtig. Dadurch erst kann die Situation neu interpretiert, können neue kulturelle Instanzen geschaffen werden, die uns weiterbringen.

Als wesentliche Voraussetzung für eine folgerichtige Neuinterpretation einer Situation drängt sich die intensive Auseinandersetzung mit dem auf, was schon da ist, dem Ort, der Umgebung, der Region, ja der Geschichte, der Geschichten, den Schichten, gleichsam der Patina, die schon existiert. Ein Wunsch, der trotz seiner Selbstverständlichkeit von vielen Architekten nicht beherzigt wird. Wie viele haben die Plätze ihrer Baustellen in Wirklichkeit noch gar nicht gesehen! Ich denke an die großen internationalen Wettbewerbe, wo man Stilrichtungen angibt, ohne daß sich die Architekten jemals mit der Situation beschäftigt haben. Das zu Verändernde, die Situation, die Nachbarschaften, muß also in seiner Wesenhaftigkeit erkannt, um nicht zu sagen respektiert werden. Wir müssen gleichsam den Odem eines Ortes inhalieren, und erst dann kann sich die künstlerische Weiterentwicklung ergeben, denn das Bauen auf der Tabula rasa wäre neben der Tatsache, daß es diese ja eigentlich gar nicht gibt, für uns völlig uninteressant.

Wir zeigen Ihnen jetzt einige Versuche unseres Büros in der angedeuteten Richtung. Es sind nur ein paar Projekte, und wir wollen eigentlich nur auf den Aspekt der Geschichtlichkeit und des Jetztseins hinaus:

*Schloß Großlobming, Hauswirtschaftsschule mit Internat und Kulturzentrum bei Knittelfeld, Steiermark 1979–1981*

Karla Szyszkowitz-Kowalski, Michael Szyszkowitz

Ein Schloß, welches das Thema des Dialogs vorführt. Hier sind zwei Pole, ein altes und ein neues Schloß in direkter Nähe, im echten Nahkampf sozusagen, in ständiger Affinität zueinander – ohne auf diese einzelnen Affinitäten und die tatsächlich übereinstimmenden Dinge jetzt einzugehen. Mit beiden Positionen entsteht ein neues Thema zwischen beiden Teilen, wobei der eine ohne den anderen nicht mehr denkbar wäre. Das Thema ist nun der Zwischenraum, der sich eigentlich durch den Mittelpunkt zwischen den Gebäuden als Zentrum der Auseinandersetzung oder Ambivalenz formuliert.

*Schloß Pichl,*
*Forstwirtschaftsschule*
*Mitterdorf, Steiermark*
*1982–1984*

Dieses ist eine ähnliche Situation: wieder ein Schloß und ein Neubau, aber mit einer sehr viel größeren Distanz einander gegenübergesetzt, und zwar wegen der fast abgeschlossenen Eigenständigkeit des Vorhandenen.

Es sind Elemente da, die miteinander spielen. Auch in diesem neuen Pendant gibt es Gebilde, die auf ähnliche Art in ähnlichem Volumen, vielleicht sogar mit einer ähnlichen Maßstäblichkeit das Spiel mit dem Alten aufnehmen. Und auch hier liegt der eigentliche Inhalt der Aufgabe in dem Raum dazwischen, in der neuen Qualität als Schwerpunkt dieser dualistisch angeordneten Situation.

*Kirche mit Haus der*
*Begegnung,*
*Graz-Ragnitz*
*1984–1987*

Dialoge

Auch hier ein geschichtliches Thema, wenn auch aus der jüngsten Vergangenheit. Die neuere Geschichte sieht ja oft so aus wie auf dem hinteren Bild: Vorstädte, die keinen Ort ergeben, für Menschen kein Kristallisationspunkt des Sich-am-richtigen-Ort-Befindens. Der erforderliche Stadtraum der Identifikation ist als Restfläche nur verstreut und beziehungslos vorhanden. Als Antwort darauf erfolgt der bauliche Versuch, diese ungeordnet schwirrenden physikalischen Teilchen einzufangen zu einem Ausgangspunkt, der die eigene Lagebestimmung und damit erst eine menschliche Besinnungsfähigkeit – und eine menschliche Handlungsfähigkeit – ermöglicht.

*Siemensvilla und Rheumaforschungszentrum,*
*Berlin*
*Wettbewerb 1988*

Ein Projekt in Berlin: Die Geschichte ist gut ablesbar, es handelt sich einmal um Pavillons aus dem 19. Jahrhundert, in sehr großem Stil, zum anderen ergibt ein vom Wannsee aufsteigender Park, der in jahrzehntelanger Mühe hergestellt wurde, ein schönes Ambiente. Unsere Reaktion darauf war in der Gestaltung der neuen Baukörper die Übernahme dieser Pavillonmaßstäblichkeit – und zwar im selben Rhythmus, in derselben Sprache, in derselben Raumbeanspruchung; und darüber hinaus die Fortführung des Gartengedankens zu einem vertikalen Garten, der über aufsteigende vertikale Strukturen dann seinerseits das neue Haus bildet.

*Kaufhaus Kastner und Öhler,*
*Graz*
*1989–1993*

Karla Szyszkowitz-Kowalski, Michael Szyszkowitz

Ein anderes Projekt ist ein Haus von den Architekten Helmer und Fellner, die in Deutschland eine Reihe von Opernhäusern gebaut haben. Hier handelt es sich um ein Kaufhaus von der Jahrhundertwende, bei dem ein gemeinsamer Atem trotz oder gerade wegen der verschiedenen Architektensprachen vorhanden ist. Es zeigt ein festes Material gegen ein flüssiges Material, ein Mauerwerk gegen ein gläsernes Gespinst, ein gemeinsames Flittern der Linienführungen der Lisenen aus Mauerputz und gläsernen Versetzungen.

*»Oberes Tor«,
Bietigheim-Bissingen,
Wettbewerb 1992*

Ein ehemals dichtes Stadtgefüge mit seinem Stadtende, einer Mauer, der das Stadttor mit Turm abhanden gekommen ist. Die Zerstörung des Turms hinterläßt auch eine Auflösung der Grenzen der engen Stadt und somit ein ausferndes Undichtegefühl zur Neustadt hin. Die Städte breiten sich aus und bröseln von der Dichte her so aus, daß man sie wegen der fehlenden Grenzen gar nicht erkennen kann. Dieses Projekt stellt in einer neuen Art von Verfestigung an dieser Stelle einen Turm dar, um die Situation wieder zu ordnen und durch dieses Setzen einer neuen Grenze eine identitätsmäßige Bereicherung herzustellen.

*Biochemisches Institut der Technischen Universität Graz,
1985–1991*

Das letzte Projekt als Abrundung unseres Themas: Das neue Haus soll die Realisierung eines unvollständigen, unbeendeten Platzkonzepts sein. Wir haben den Gedanken zu Ende geführt, sogar mit einer Anhebung des Platzes verstärkt, er hat eine Schrägstellung bekommen. Und mit dieser Erhöhung des Bodens im Randbereich konnten wir Bezüge verdeutlichen und intensivieren. Die auf die Stadt ausgerichtete Unterhaltsamkeit, zu der alle Gebäude im städtischen Verband verpflichtet sind, kann sehr unterschiedlich sein, in kargen und kühlen Städten anders als in prächtigen Residenzen. Aber immer ist sie eine öffentliche Aufgabe, die ein Gebäude wahrzunehmen und zu erfüllen hat.

Wir sind davon überzeugt, daß Architektur ein Katalysator für das menschliche Leben oder überhaupt für das Leben auf dieser Welt sein sollte und wünschen uns, daß die unterschiedlichsten Charaktere die unterschiedlichsten Katalysatoren für die Zukunft herstellen. Wir denken, daß dies die erhoffte Paßgenauigkeit für die Zukunft sein könnte.

# Nachwort

Jürgen Joedicke

Es ist nicht möglich, die vielfältigen und oft überraschenden Eindrücke dieses Symposiums in einem Schlußwort zusammenzufassen, aber ein Nachwort sei gestattet, das zugleich ein Wort des Dankes sein soll.

Als ich über das Thema dieses Symposiums nachdachte, sind mir die Worte Paul Valérys in Erinnerung gekommen, die sich in seiner Schrift »Eupalinos oder Der Architekt« finden. In einem dort aufgezeichneten imaginären Dialog zwischen Sokrates und Phaidros berichtet letzterer von einem Architekten, Eupalinos genannt, und dessen Absichten beim Entwerfen und Bauen. Schöner kann man es eigentlich nicht aussprechen, was auch in diesen Tagen immer wieder angeklungen ist:

»Eines ist wichtig vor allem: zu erreichen, daß das, *was sein wird*, mit der ganzen Kraft seiner Neuheit genüge den vernünftigen Ansprüchen dessen, *was gewesen ist*.«

Man mag einwenden, daß dies die Worte eines Dichters sind und Worte leichthin zu gleiten vermögen, die Realität des Bauens aber eine andere sei, und daß das eine nicht zum anderen passe. Daß die Realität eine andere ist, haben wir oft genug und schmerzlich erfahren müssen, aber vielleicht liegt das auch daran, daß Architekten bei allem notwendigen Zweckdenken, dem Eingehen auf wirtschaftliche Notwendigkeiten etwas vergessen haben, was ich die poetische Dimension der Architektur nennen möchte.

So lassen Sie mich einen Moment innehalten und über jene Worte des Dichters nachdenken. Denn was hier angesprochen wurde, zielt, so meine ich, unmittelbar auf den Kern des Themas dieses Symposiums.

Drei Aspekte möchte ich herausheben:

Was immer wir in Zukunft bauen werden, es wird sich neben Vorhandenes stellen, es wird mit ihm in einen Dialog treten müssen. Sich dem Vorhandenen unterzuordnen, sich dem Vorhandenen anzupassen, das kann nicht das Ziel unseres Entwerfens und Bauens sein. Denn die Flucht in die Geschichte ist immer auch eine Flucht aus der Geschichte.

Erinnern wir uns zum anderen auch daran, daß es einen fruchtbaren Dialog nur zwischen gleichberechtigten Partnern geben kann. Nur das einer Zeit Eigene, das Unverwechselbare, das In-sich-Ruhende ist geeignet, in einen Dialog mit den großen Bauten der Vergangenheit einzutreten.

Und schließlich: Was wir entwerfen und bauen, überdauert die Zeiten. Es muß deshalb offen sein für Kommendes, für neue Inhalte, für neue Verhaltensweisen.

Der Mensch, für den wir bauen, ist der Mensch in seinen vielfältigen und nicht auf einen Nenner zu bringenden Erscheinungen, ist der Mensch in seinem Widerspruch. Es darf nicht sein, daß wir uns ein idealisiertes Bild des Menschen rekonstruieren, das oft genug nichts anderes ist als ein ideologisch verfremdetes Bild. Hier – und nicht in der Form – liegen die Wurzeln eines demokratischen Bauens.

Eine Architektur des Kompromisses und der Halbheiten ist damit gewiß nicht gemeint, sondern vielmehr eine Architektur, die in ihrer Ordnung Spielräume enthält, den Menschen also nicht bestimmt, sondern ihm Möglichkeiten gibt, sich zu entfalten und zu neuen Horizonten aufzubrechen. Erinnern wir uns noch einmal daran, wie es Paul Valéry in seinem platonischen Dialog niederschrieb: »Eines ist wichtig vor allem: zu erreichen, daß das, was sein wird, mit der ganzen Kraft seiner Neuheit genüge den vernünftigen Ansprüchen dessen, was gewesen ist.«

Das Wort des Dankes geht zuerst und vor allem an Egon Schirmbeck, meinen Freund und Kollegen. Er war es, der dieses Symposium vorbereitet hat, der es in so hervorragender Weise durchgeführt und zu einem guten Ende gebracht hat. Seinem Engagement, seinem Können und seinem persönlichen Einsatz ist der Erfolg dieses Symposiums zu danken.

Ich möchte allen unseren Mitarbeitern am Institut Grundlagen der modernen Architektur und Entwerfen der Universität Stuttgart sehr herzlich danken, die sich in ganz außerordentlicher Weise für diese Aufgabe eingesetzt haben, insbesondere Nicola Trescher und Andrea Röck. Mein besonderer Dank gilt auch Helmut Trauzettel und seinen Mitarbeitern, Herrn Dr. Ziege vor allem, die alles in ihrer Kraft Stehende getan haben, damit dieses Symposium zu einem Erfolg wird. Mit Helmut Trauzettel verbindet mich seit unseren gemeinsamen Studienzeiten in Weimar gegenseitige Hochachtung und eine vertrauensvolle Freundschaft. Ohne sie wäre das Symposium in dieser Form nicht möglich gewesen.

Ich habe vor allem aber den Kollegen zu danken, welche sich die Zeit genommen haben und nach Dresden gekommen sind, um hier ihre Gedanken vorzutragen und das Gedachte an ihren Bauten aufzuzeigen.

Und wir alle, Veranstalter und Teilnehmer dieses Symposiums, haben zu danken der Wüstenrot Stiftung, in deren Auftrag das Symposium stattgefunden und die es in so großzügiger Weise gefördert hat.

Dahinter steht die Auffassung des Auftraggebers, daß es zu den vornehmsten Aufgaben unternehmerischen Handelns gehört, den wirtschaftlichen Erfolg nicht um seiner selbst willen anzustreben, sondern daß darin die Möglichkeit gesehen wird, der Verpflichtung zur Erfüllung übergeordneter, kultureller Belange unseren Gemeinwesens nachzukommen.

Was hat uns bewegt, von auswärts, aus allen Teilen Deutschlands und aus dem Ausland, nach Dresden zu kommen, um hier am Symposium teilnehmen zu können? Es war gewiß nicht die Reise in eines der vermeintlich »neuen« Bundesländer, sondern es ist die Suche nach dem Land, das einst das Herz Deutschlands war und in Zukunft auch wieder sein wird.

Es war und es ist die Reise in ein Land, in dem nach schweren Jahren die Gegenwart wieder eine Zukunft hat.

**Ausstellung**
**Bauen im historischen Bestand am Beispiel Dresden**

Entwurfsprojekte von Studierenden der Technischen Universität Dresden
und der Universität Stuttgart


Die Entwicklung der vergangenen Jahre zeigt, daß sich die Architekten im Rahmen der ihnen übertragenen Aufgaben zunehmend mit der vorhandenen Bausubstanz auseinandersetzen. Das Planen neu einzufügender Strukturen in direkter Nachbarschaft von historischen Gebäuden bedingt gegenüber dem Bauen »auf der grünen Wiese« zusätzliche Entwurfsgrundlagen. Nachdem der große Nachholbedarf nach 1945 in weiten Teilen abgeschlossen werden konnte, begann man sich in der jüngeren Vergangenheit verstärkt der noch vorhandenen Bausubstanz anzunehmen. Die Erfahrungen bei Projekten der letzten Jahre zeigen, wie wichtig es ist, sich bereits im Studium mit diesen neuen oder veränderten Aufgabenstellungen zu beschäftigen – Aufgaben, die bis weit ins 21. Jahrhundert hinein einen großen Anteil im Arbeitsfeld der Architekten einnehmen werden.

Bei jeder Planung »im Umgang mit der Vergangenheit« stellt sich das Maß der Anpassung oder des Kontrasts von neuem. Bereits realisierte Lösungen sind nur selten übertragbar und bedingen jeweils die Vertiefung und Herausarbeitung von räumlich-gestalterischen Prinzipien. Die oft konträr diskutierte Frage, in welchem Umfang Eingriffe und Veränderungen sichtbar sein oder gar zusätzlich betont werden sollen, ist bei jedem Projekt neu zu stellen. Abgesehen von historisch exakt zu rekonstruierenden Gebäuden, sind die Abbildung des Umnutzungsprozesses und die Realisierung mit jeweils zeitgenössischen Mitteln von zentraler Bedeutung. Von Architekt und Nutzer oder Eigentümer sind das Bewußtsein über die historischen Zusammenhänge und Abläufe und deren Dokumentation in der räumlich-gestalterischen Konzeption jeweils neu zu erarbeiten und gegebenenfalls entsprechend zu dokumentieren. Die totale Rekonstruktion (wenn außer Plänen und Erinnerungen nichts mehr vorhanden ist) ignoriert die Geschichte und den Ausdruck einer jeweiligen Gesellschaft.

Die neuen Möglichkeiten zur Kooperation und zum gegenseitigen Austausch von Erfahrungen zwischen Universitäten der neuen und der alten Bundesländer gaben den Ausschlag für ein gemeinsames Entwurfsprojekt von Studenten der Universität Stuttgart und der Technischen Universität Dresden. Es gibt wenig Orte in Europa, bei denen die Auseinandersetzung mit der noch vorhandenen historischen Bausubstanz eine besondere Herausforderung darstellt. Dresden ist einer dieser herausragenden Orte, der eine ungewöhnliche Sensibilität im Umgang mit seiner Vergangenheit bedingt. Für die Stuttgarter Studenten war die Bearbeitung von Entwurfsprojekten in Dresden eine ungewöhnliche und faszinierende Herausforderung. Insgesamt wurden von den Studierenden vier unterschiedliche Aufgaben bearbeitet. Für die Projekte waren in erster Linie die stadträumlichen Beziehungen und die Auseinandersetzung mit der noch vorhandenen historischen Umgebung von Bedeutung. Die Aufgaben selbst sind mehr oder weniger frei gewählte Funktionen, die aber gleichzeitig Anregungen für die Diskussion über mögliche Standorte geben können.

Am Standort »Herzogin Garten« war in Verbindung mit der ehemaligen Orangerie ein Naturkundemuseum zu entwickeln. An der Dreikönigskirche in der Dresdener Neustadt war ein Stadthotel mit ergänzenden Einrichtungen zu entwerfen. Zwischen Schloß, Kulturpalast und Johanneum sollte ein Geschäftshaus mit Büros und Wohnungen entwickelt werden. Der Neustädter Markt wurde als möglicher Standort für eine Dresdener Philharmonie gewählt. Für alle Aufgaben waren überschlägige Raum- und Funktionsprogramme vorgegeben. In Anbetracht des besonderen Hintergrunds bei der Auseinandersetzung von Neu und Alt war die Programmvorgabe sehr frei interpretierbar. Um ein möglichst breites Spektrum von möglichen Gestaltungsprinzipien zu erhalten, war ein großer Freiraum zur Definition eigener Grenzwerte gegeben. Die Ergebnisse zeigen, wie breit gefächert die Interpretation im Umgang mit der Vergangenheit sein kann, ohne dabei die Geschichte zu ignorieren. Wir hoffen, daß die erarbeiteten Beiträge zur weiteren Diskussion für den einen oder anderen Standort beitragen und mögliche Wege in der Zukunft für die Gegenwart aufzeigen.

Wir bedanken uns bei den Entwurfsteilnehmern für die engagierte Mitarbeit und das große Interesse an diesem aktuellen Thema und bitten um Verständnis, daß aus der Fülle der Projekte in diesem Rahmen nur eine Auswahl präsentiert werden kann.

# Entwurfsprojekte

Technische Universität Dresden
Institut für Gebäudelehre und Entwerfen
Prof. Dr.-Ing. habil. Helmut Trauzettel
Dipl.-Ing. Michael Ziege

Naturkundemuseum im »Herzogin Garten«

Johannes Blum

Ministerialgebäude der Landesregierung Sachsen

Antje Dietrich

Naturkundemuseum im »Großen Garten«

Claudia Scheffler

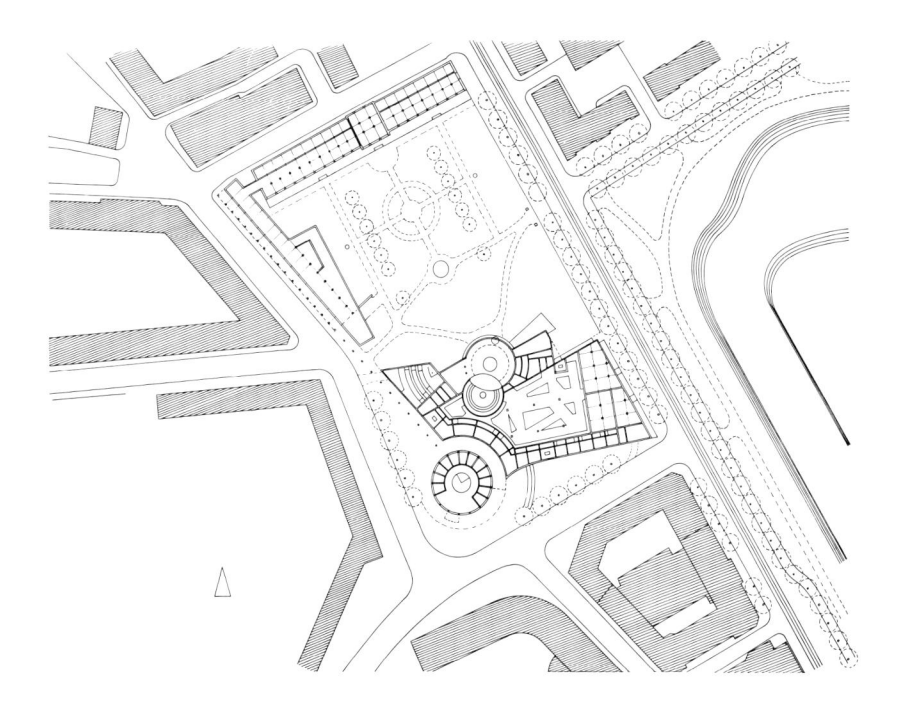

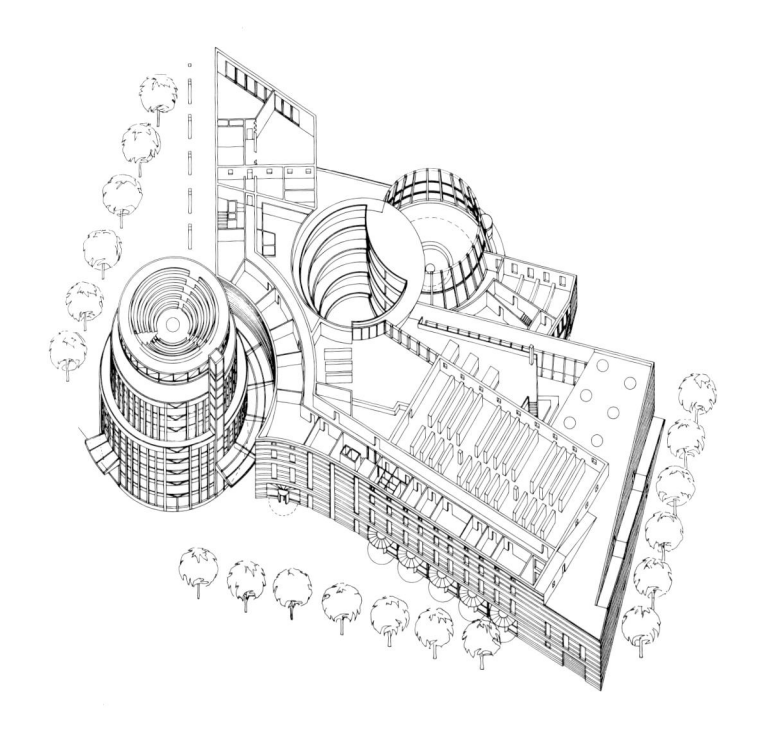

Johannes Blum    **Naturkundemuseum im »Herzogin Garten«**

# Ministerialgebäude der Landesregierung Sachsen

Antje Dietrich

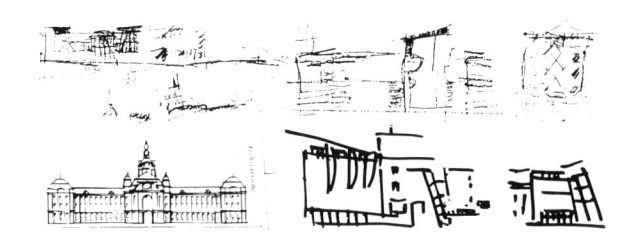

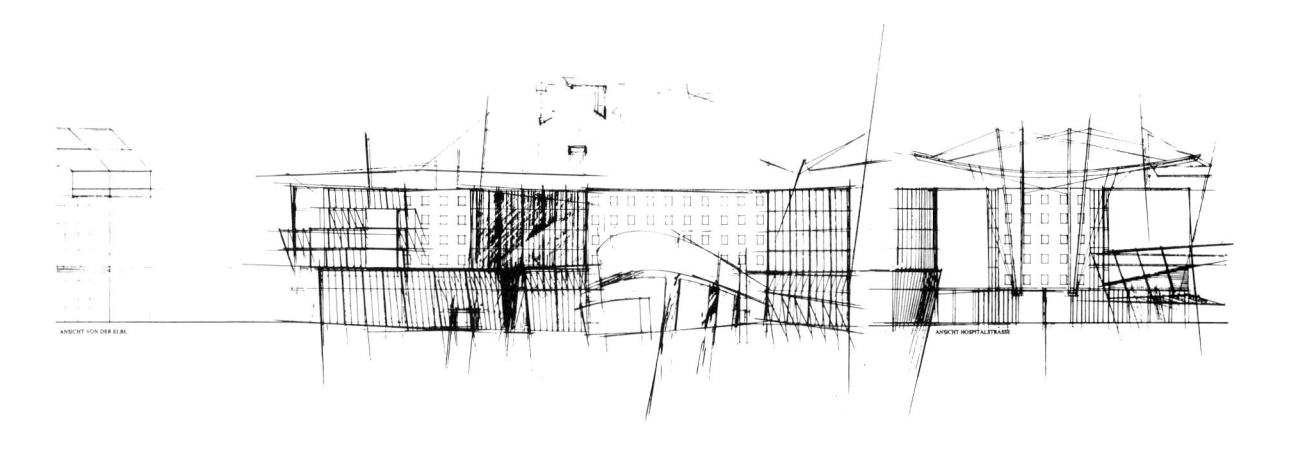

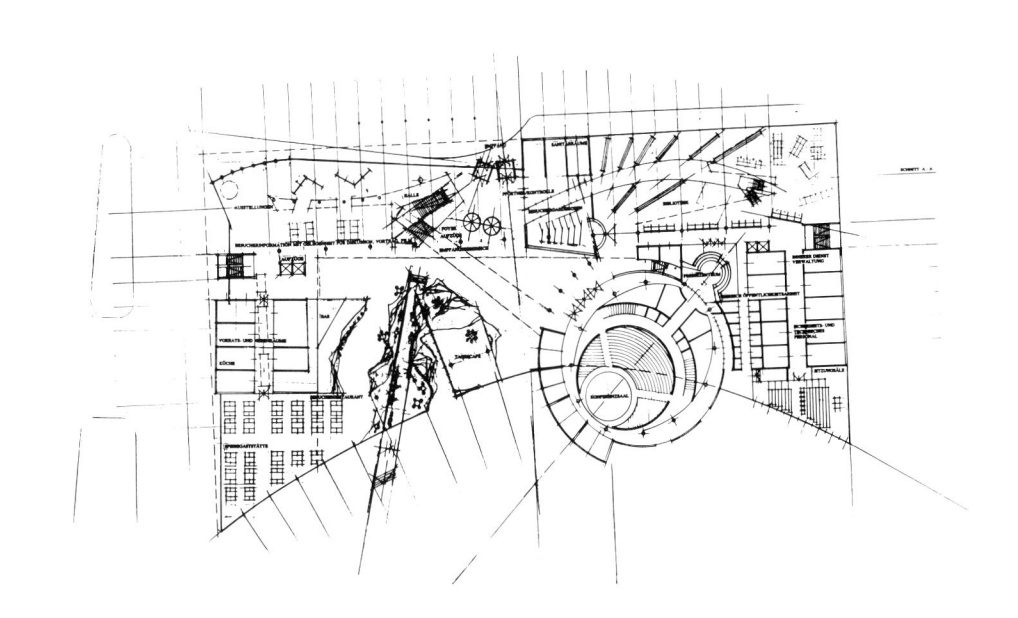

Claudia Scheffler

# Naturkundemuseum im »Großen Garten«

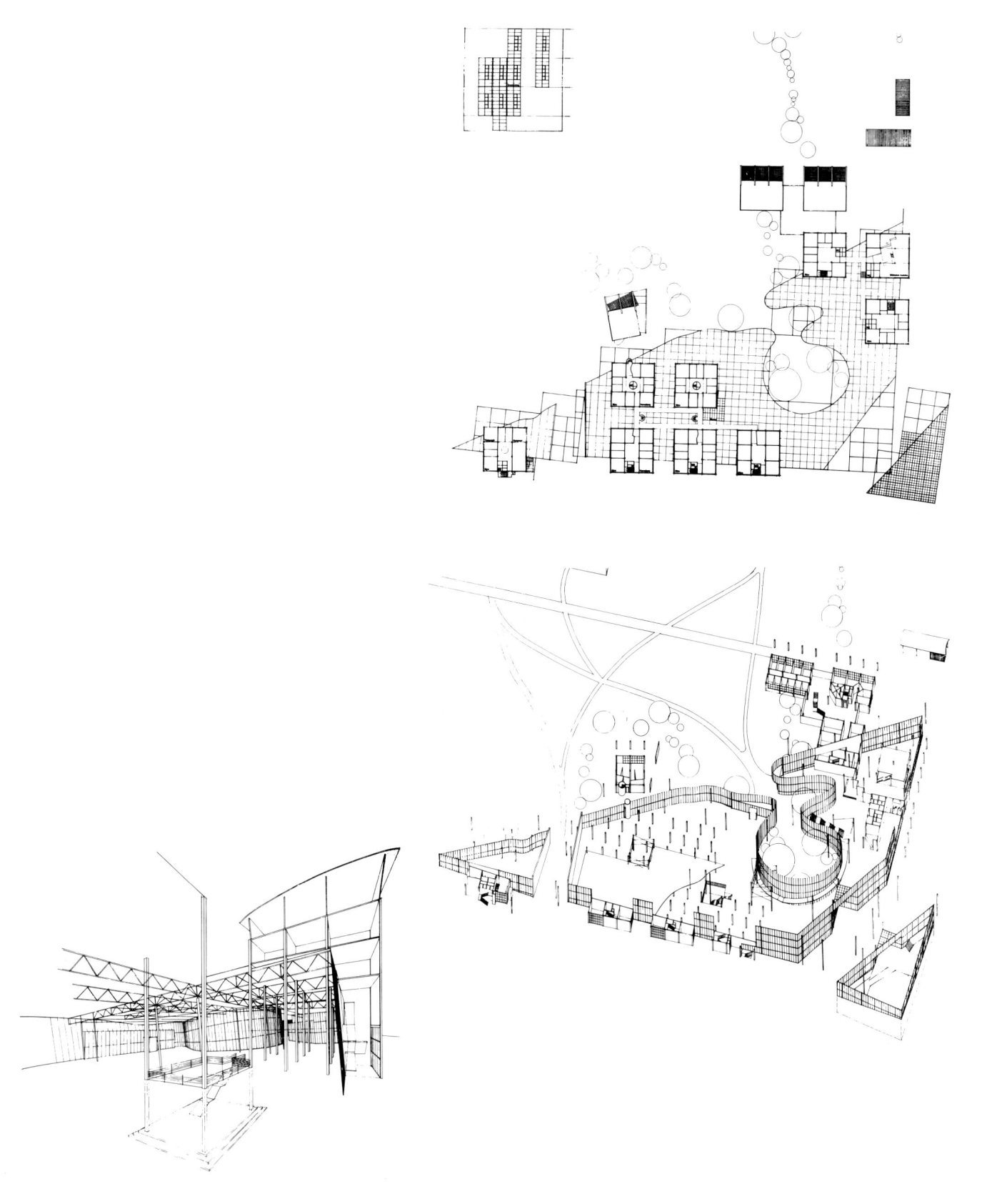

# Entwurfsprojekte

Universität Stuttgart
Institut Grundlagen der modernen Architektur und Entwerfen
Prof. Dr.-Ing. habil. Egon Schirmbeck
Dipl.-Ing. Erhard Caspari
Dipl.-Ing. Volker Pfeiffer
Dipl.-Ing. Günter Weber


Philharmonie am Elbufer (Diplomarbeit)

Oliver Cyrus
Tobias Kister


Naturkundemuseum im »Herzogin Garten«

Kai Flender
Volker Kurrle
Cathrin Lutz
Tilman Schalk
Jutta Wiedemann


Hotel an der Dreikönigskirche

Christine Bergermann
Gesine Geiselmann
Katja Meyer
Andrea Scherer
Simone Wurth


Wohn- und Geschäftshaus zwischen Schloß und Johanneum (eigene Interpretation)

Albrecht Muschelknautz
Diana Reichle
Annette Zitzwitz

Oliver Cyrus  **Philharmonie am Elbufer**

Der Neubau eines großen Konzerthauses – der Philharmonie in Dresden – könnte eine der ambitioniertesten Bauaufgaben der kommenden Jahre in der Elbmetropole sein. Als Standort für den Entwurf erscheint das Grundstück am Neustädter Elbufer geeignet. Das Gelände liegt in unmittelbarer Nähe zur Kernstadt und bietet einen grandiosen Ausblick auf die Dresdener Altstadtsilhouette.

Die städtebaulichen Anforderungen an ein neues Gebäude sind hoch: Eine Platzkante zum Neustädter Markt muß gebildet und eine Antwort auf die unterschiedlichen bauhistorischen Epochen, die an das Grundstück grenzen, gefunden werden. Zudem ist ein angemessener Dialog mit den prominenten Bauten der Altstadt und der Brühlschen Terrasse herzustellen. Der Entwurf für die Dresdener Philharmonie nimmt sich in seiner äußeren Erscheinungsform bewußt zurück und versucht, ein Gleichgewicht zwischen Reduktion und dem Selbstbewußtsein zu entwickeln, das der Bauaufgabe zukommt. Der Hauptbaukörper ist durch seine rechteckige Saalform bestimmt, die Foyers sind der Elbe zugewandt und die kleineren Volumen an der Westseite dem zierlicher wirkenden Barockbau des Blockhauses zugeordnet. Das Gebäude steht auf einem Sockel, der sich in das zur Elbe abfallende Gelände schiebt.

Die großen verglasten Foyerbereiche lassen einerseits den Blick der Konzertbesucher auf das Elbpanorama zu, andererseits ist von der Altstadtseite abends die Aktivität des hell erleuchteten Konzerthauses zu beobachten.

Der 2000 Personen fassende Konzertsaal orientiert sich an den Proportionen des klassischen Saales mit seiner akustisch günstigen »Schachtelform«, ist aber mittels Hebepodien, Bühnentechnik und variablem Deckenrelief wandelbar. Damit sind akustisch günstige Werte zu erwarten und Möglichkeiten eröffnet, den sich ändernden Aufführungsformen der jetzigen Avantgarde gerecht zu werden.

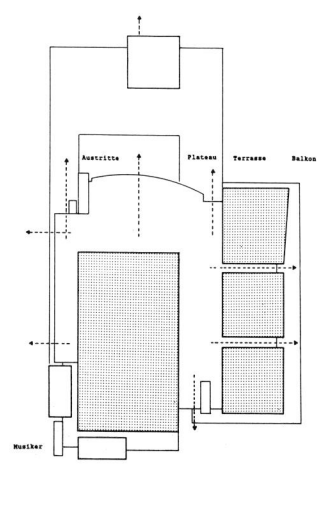

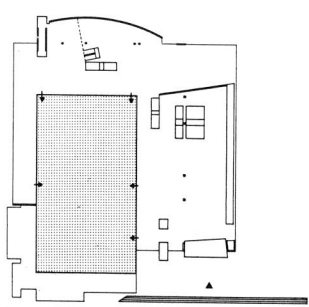

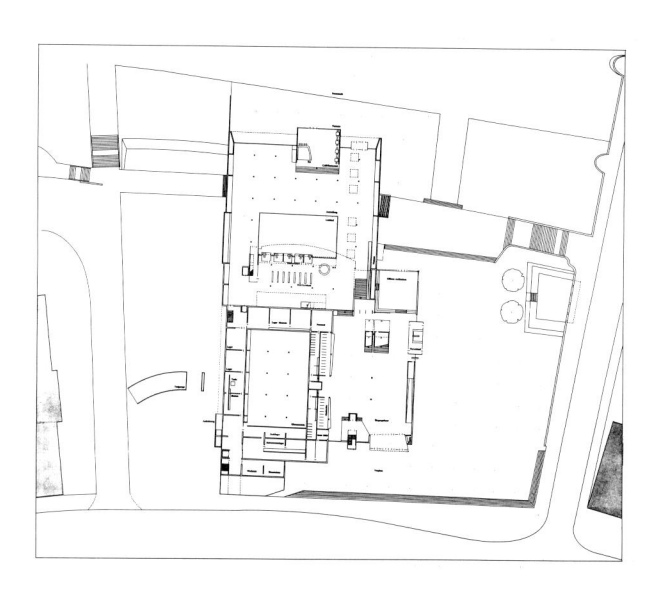

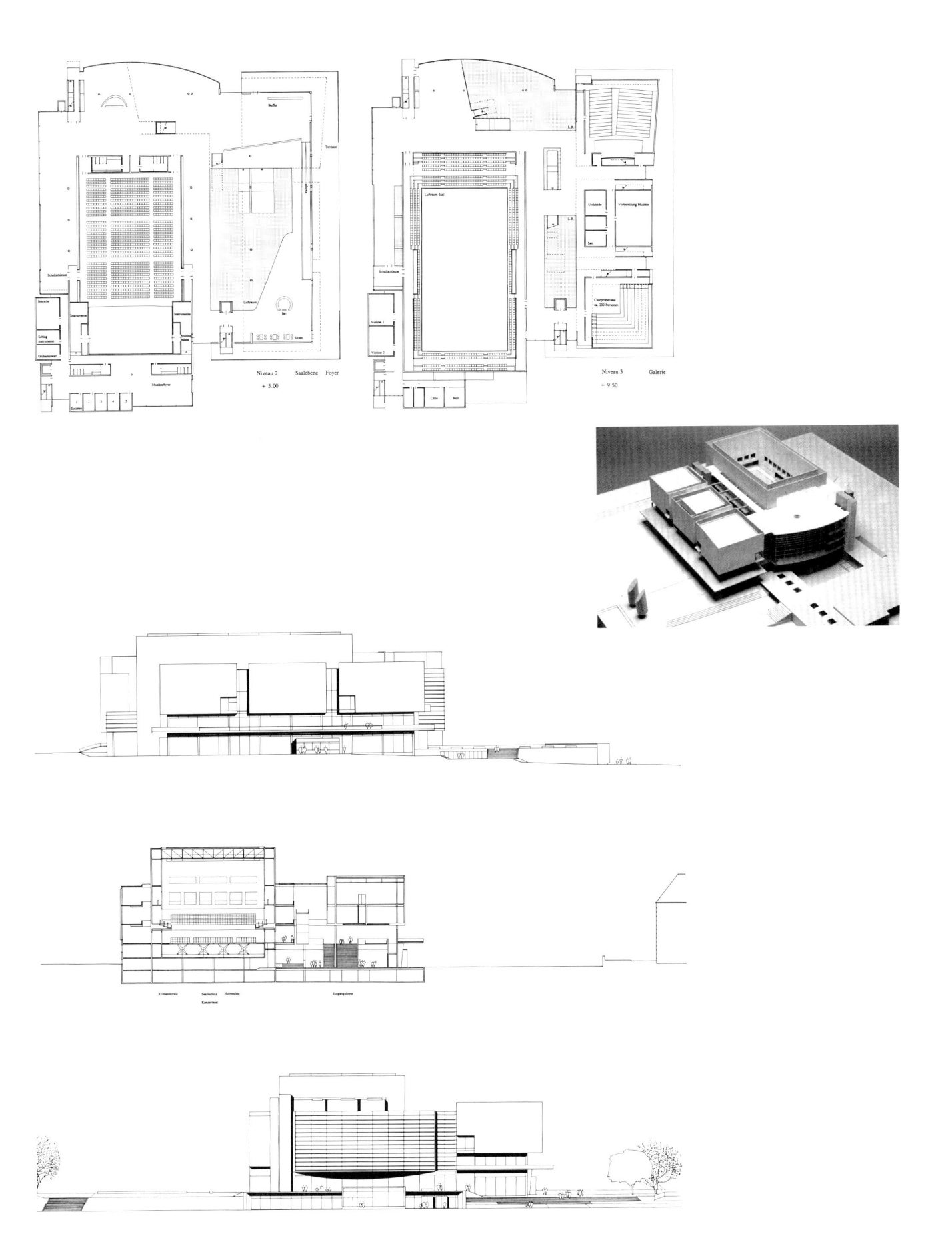

Philharmonie

## Philharmonie am Elbufer

Im großen Bogen umfließt die Elbe das zu bebauende Grundstück. Ihr vorgelagert ziehen sich in einem breiten Streifen die Elbauen entlang, welche einen sanften Übergang vom Festland zum Wasser bilden. In der Ferne markiert eine harte Kante die berühmten Elbterrassen, den Abschluß. Dort türmen sich sächsische Sandsteine zu einer imposanten Kulisse auf.
Diese beiden wesentlichen Merkmale des Ortes waren Ausgangspunkt der Konzeption »Philharmonie in Dresden«.

Um der für Dresden charakteristischen Ansicht eine neue Dimension zu geben, öffnet sich der Konzertsaal durch eine großzügige Verglasung zu eben dieser Seite. So ist es möglich, während des Konzerts das eindrucksvolle Panorama auf sich wirken zu lassen.

Auch von außen hat man den Einblick in den Saal.

Zur eindeutigen Erkennbarkeit sind die Funktionen der Philharmonie in jeweils eigene Gebäude unterteilt. Das nimmt dem Ganzen etwas von der sonst üblichen Masse. Die einzelnen Volumen ergeben sich zum einen aus der städtebaulichen Struktur der Umgebung und zum anderen aus der Anordnung von Formen und Flächen zueinander.

So baut sich ein Gesamtkomplex Philharmonie auf, der im Zentrum seinen Höhepunkt findet: den Konzertsaal. Dieser verbindet durch seine Tranparenz das Innere mit dem Äußeren.

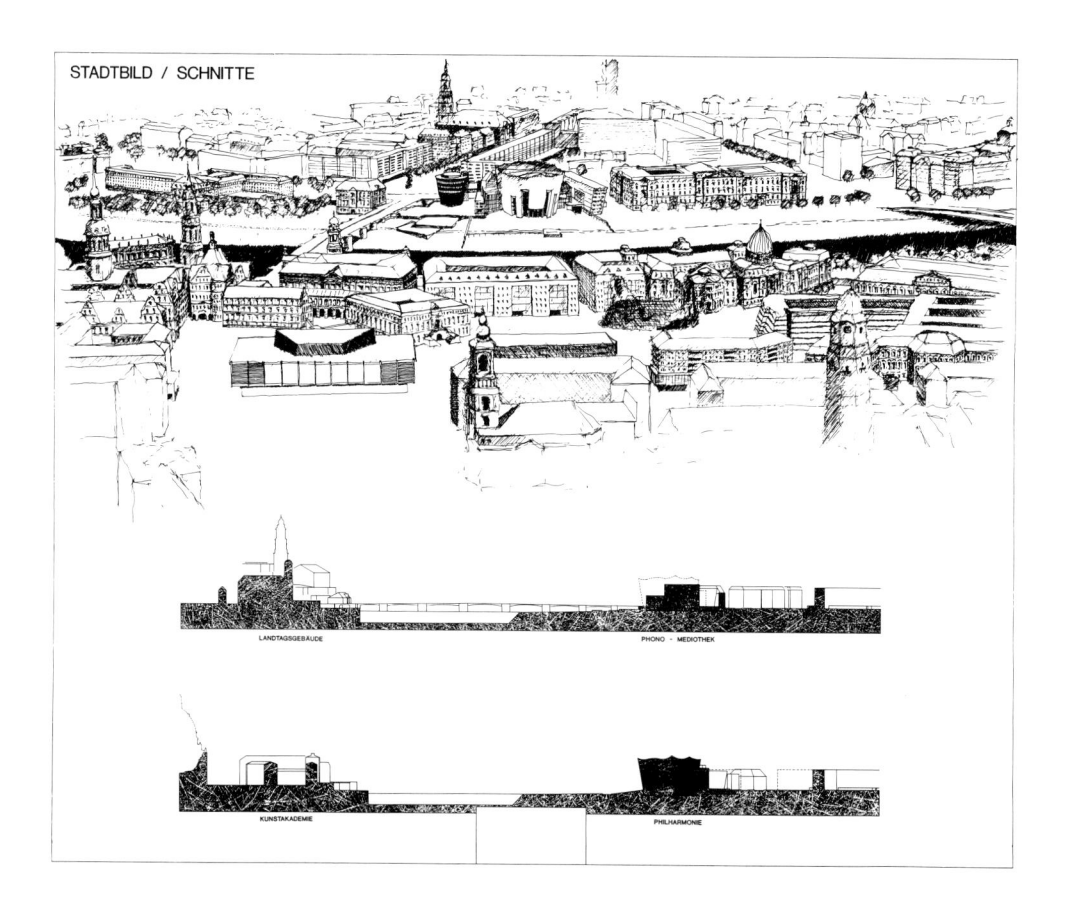

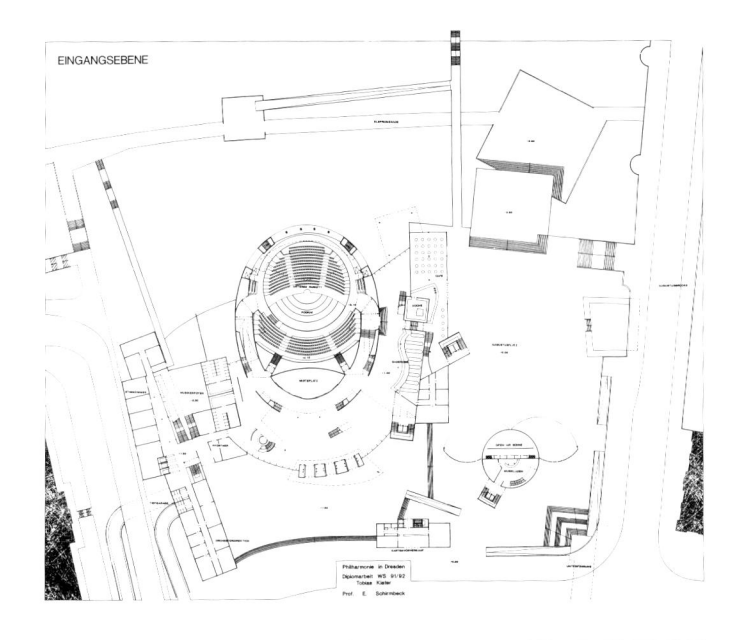

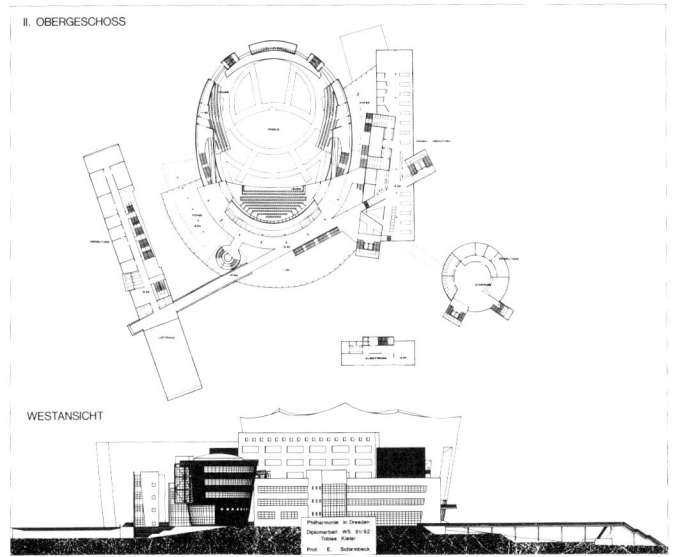

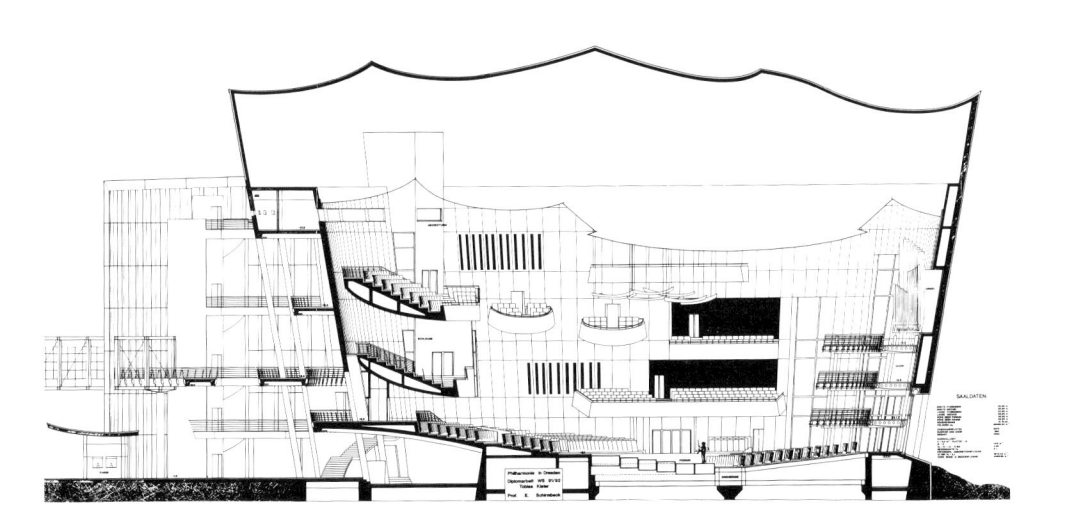

Philharmonie 205

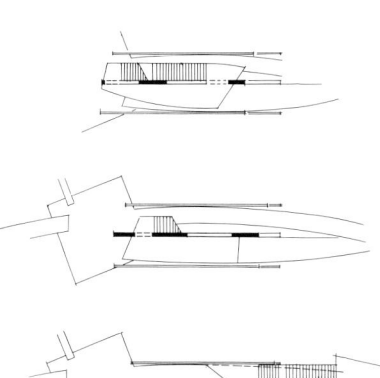

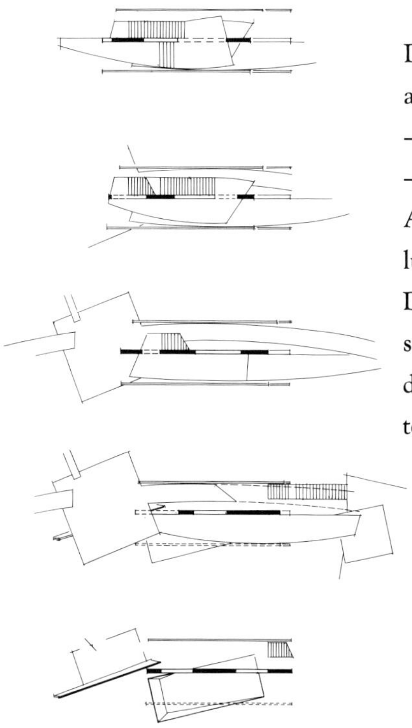

Kai Flender    **Naturkundemuseum im »Herzogin Garten«**

Die Museen für Mineralogie und Geologie sowie für Tierkunde, die bisher im ehemaligen Landtagsgebäude untergebracht waren, sollen ein endgültiges Gebäude bekommen. Das mehrmalige Umlagern der Sammlungen würde ihre Zerstörung bedeuten.

Hauptfunktionen

- Ausstellungsräume für Dauer- und Sonderausstellungen,
- Sammlungsmagazine für Mineralogie und Geologie
- Sammlungsmagazine für Zoologie,
- Arbeitsräume und Labors für die Forschungsarbeit beider Museen,
- Spezialbibliothek beider Museen mit Lesesaal und Magazin,
- Werkstätten für Präparation und Restaurierung,
- Räume für Öffentlichkeitsarbeit: Vortrags-/Versammlungsräume für die zahlreichen naturwissenschaftlichen Interessengemeinschaften Dresdens und die naturwissenschaftliche Gesellschaft ISIS,
- Gastronomie.

Entwurfskonzept

Die Lage der Gebäude und die Form des Grundstücks haben zwei Hauptentwurfsgedanken als Grundlage:
– das direkte »Andocken« des Museumsgebäudes an die historische Altstadt (Zwinger),
– das Museumskonzept als solches.
Aufgrund der starken funktionalen Verbindung zwischen Forschung und musealer Ausstellung basiert das Konzept auf zwei Hauptebenen.
Die dritte ±0-Ebene dient der Öffentlichkeit. Sie stellt den »kommunikativen Bereich« zwischen Museum/Forschung/Verwaltung her. Zentrum dieses Bereichs ist der Herzogin Garten, der durch seine Absenkung das Museum symbolisiert und inszeniert. Fragmente und Schichten werden symbolisch sichtbar.

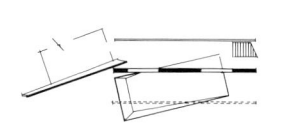

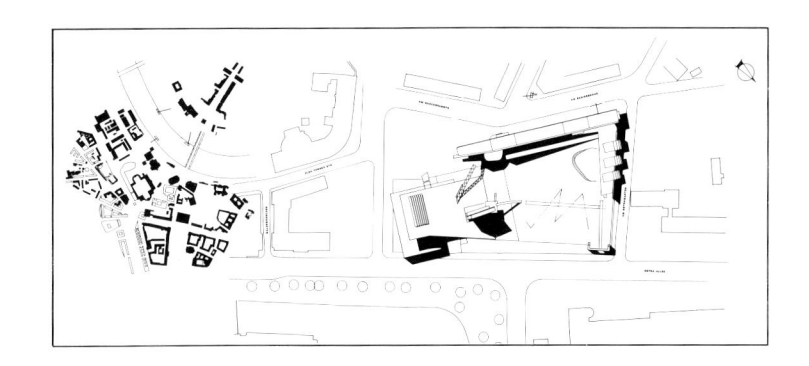

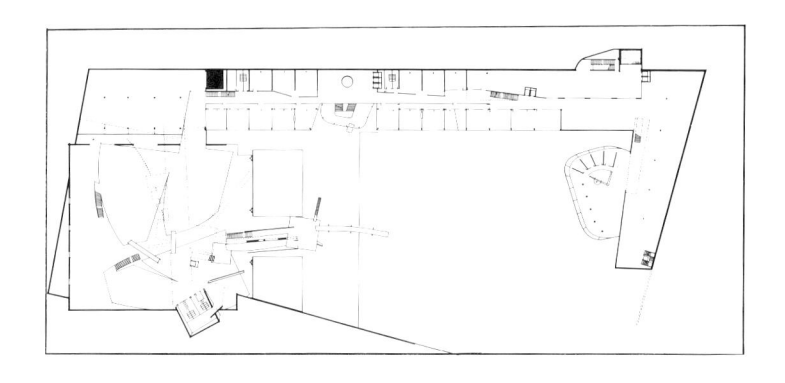

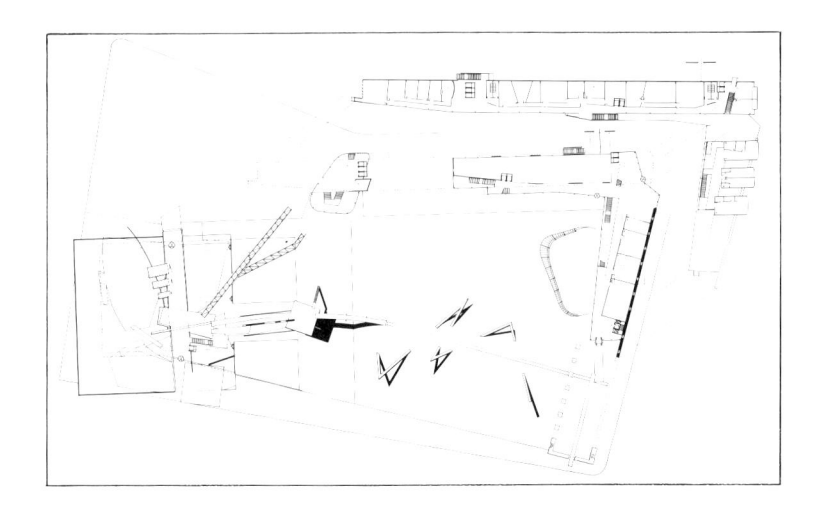

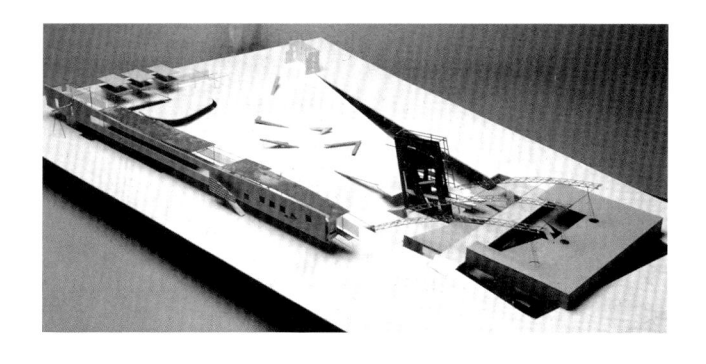

Naturkundemuseum

Volker Kurrle                 **Naturkundemuseum im »Herzogin Garten«**

Situation

Das Grundstück schließt direkt an die ehemalige Stadtbefestigung Dresdens (am Zwingergraben) an und stellt sowohl städtebaulich als auch funktional eine »Grenzsituation« dar: zwischen historischem Stadtkern mit öffentlichen, auch überregional attraktiven Funktionen auf der einen Seite und der Stadterweiterung, bestimmt durch die Funktionen Wohnen und Gewerbe, auf der anderen.

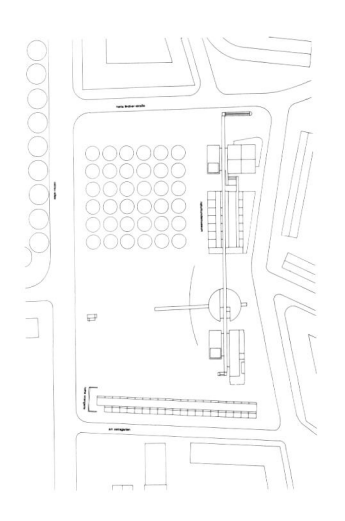

Städtebauliche Einfügung

– Die historische Funktion des Grundstücks als Garten (»der Herzogin Garten«), also eines Freiraums, kann durch die Minimierung der Gebäudegrundfläche berücksichtigt werden, das neue Museumsgebäude somit einen großzügigen freien Raum vor sich definieren, der in Beziehung zu den Anlagen am Zwingerteich steht. Die städtebauliche Kante der zerstörten Orangerie wird durch ein modernes Gebäude wiederhergestellt.
– Die Ausrichtung und Orientierung des neuen Gebäudes erfolgen gemäß dem historischen Ensemble von Zwinger und Oper.
– Die vorhandene Wegebeziehung zur Elbe (»Am Zwingerteich«) wird als Fußweg über das Gelände und unter dem Gebäude hindurch bzw. in das Gebäude hinein fortgesetzt.

Gebäudeaufbau

Die Funktionen der Forschung, der Konservierung von Beständen usw. stehen bei einem Museum für Naturkunde gleichberechtigt neben der Ausstellungsfunktion. Diese Vielfalt an Aufgaben, die das Gebäude zu erfüllen hat, sollen in seinem Aufbau ablesbar sein.

Eine zweischalige, begehbare Wand fungiert als funktionales und formales Ordnungselement:
– Reihung der verschiedenen Funktionen entlang dieser Wandachse bzw. ihre Verknüpfung durch die Wand.
– Schichtung senkrecht zur Wandachse: Die Wand dient (analog zur städtebaulichen Situation) als »Grenze« zwischen vorne–hinten, öffentlich–privat, hell–lichtgeschützt, Kommunikation–Ruhe, offen–geschlossen.
Die Wand bietet die Möglichkeit eines öffentlichen Weges über das Gebäude (vgl. Zwingerumgang).

Naturkundemuseum

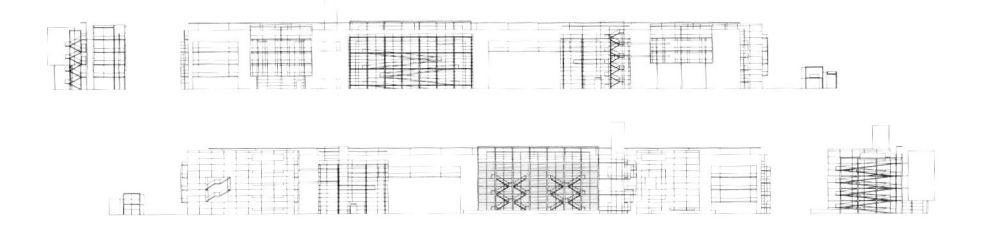

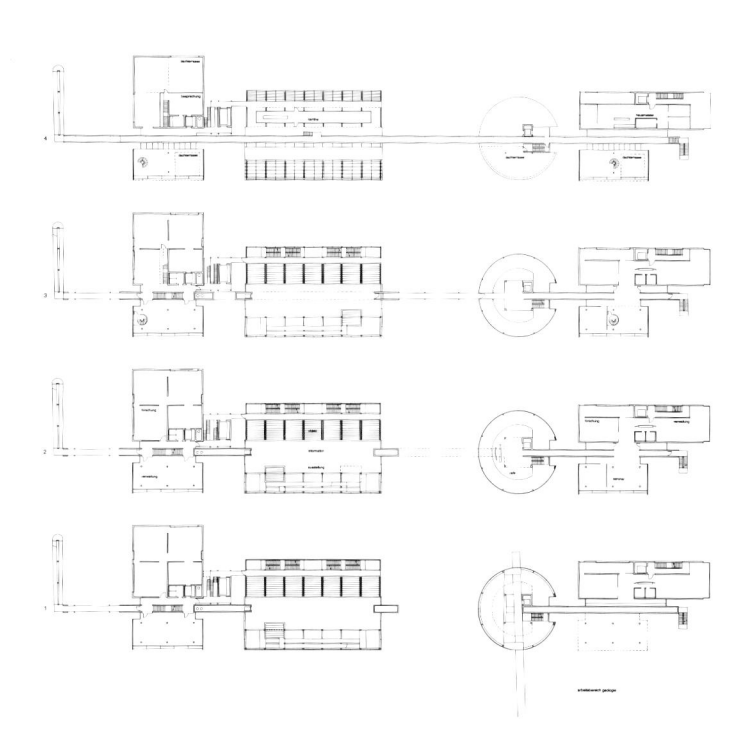

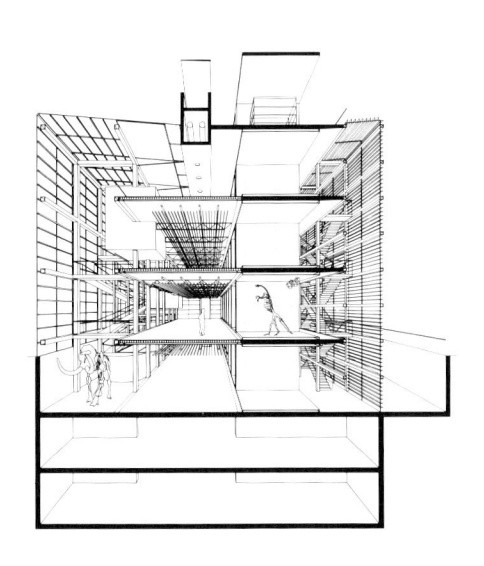

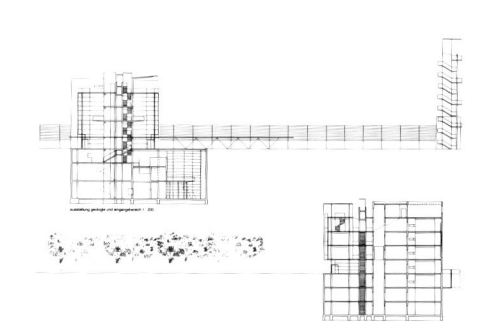

## Naturkundemuseum im »Herzogin Garten«

Dresden 1992: Abbruch vieler alter Häuser, übrig bleiben schwarze Abbruchsteine. Bleibende Gebäude werden gesäubert. Dresden als cleane Stadt? Geht nicht auch von den schwarzen Steinen eine eigene Faszination aus?

Eine Mauer aus schwarzen Abbruchsteinen als Thema für ein Museum, als Bezug zur Stadt, zur Vergangenheit.

Eine Mauer als Kulisse, analog zu stehengebliebenen Mauern wie bei der Frauenkirche, dem Taschenbergpalais oder dem Schloß.

Eine begehbare, erlebbare Mauer durch ein sich hocharbeitendes Rampensystem, das sich vor und hinter der Mauer entwickelt.

Sicht von innen in den Garten, zum Zwinger, zur Stadt.

Transparenz (Stahl und Glas) im Gegensatz zur Schwere der Mauer. Analogie zur Zwingerseite: Schwere der Stadtmauer im Kontrast zur Leichtigkeit des barocken Aufbaus.

Weitere Analogie: introvertierter Platz als Ruhezone. Der abgesenkte Platz schafft Abstand zur Straße, ist Auftakt für das Museum.

Bildung unterschiedlicher Aufenthaltsbereiche:

Grüne Wiese, plattenbelegter Platz, Park. Erhalt großer Freiflächen durch städtebaulich lineare Anordnung der Gebäude am Rand des Grundstücks. Aufbau der Verwaltung auf ehemaligem Orangeriegrundriß als städtebauliche Kante. Wasser als Bezug zum ehemaligen Stadtgraben, zum Bewußtmachen der Achse zur Elbe, als Abstandszone zur Straße.

Das Museum soll Themen in Dresden aufgreifen, ohne historisierend zu sein.

»Wir brauchen Historie, aber wir brauchen sie anders, als sie der verwöhnte Müßiggänger im Garten des Wissens braucht.« (Nietzsche)

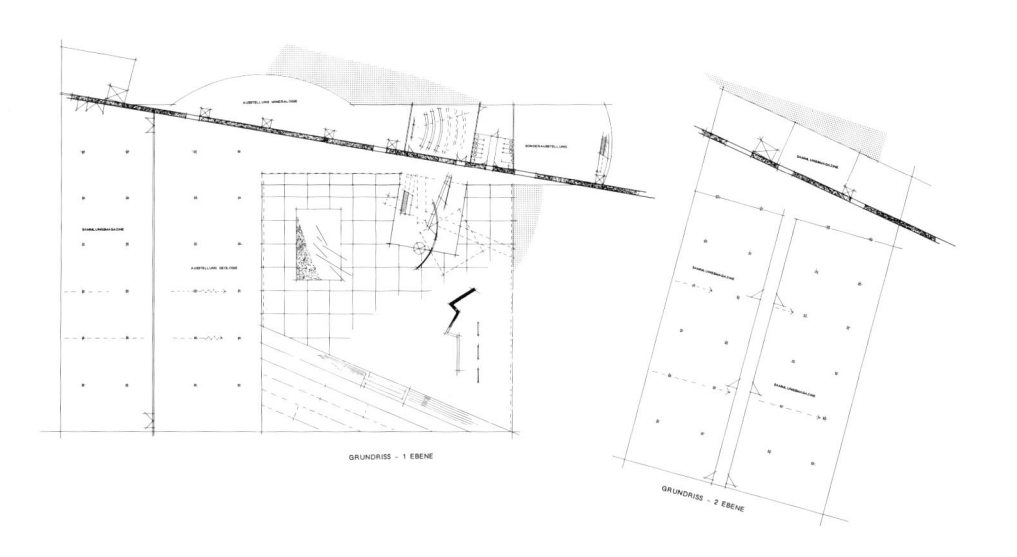

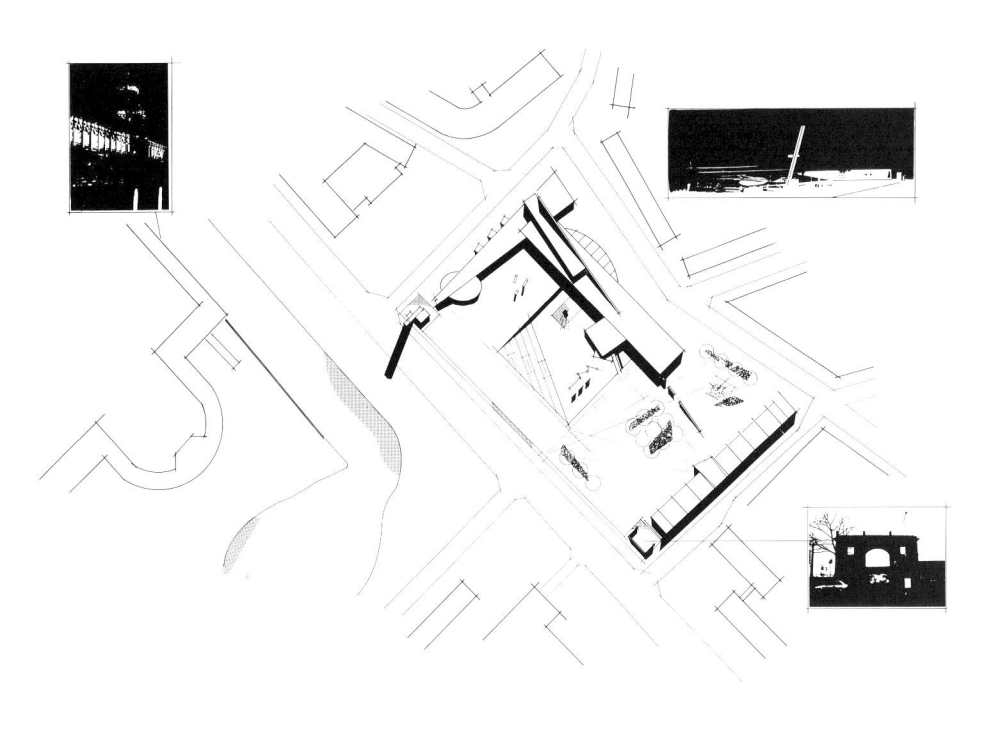

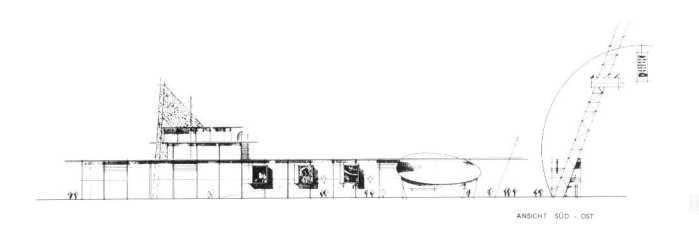

ANSICHT SÜD - OST 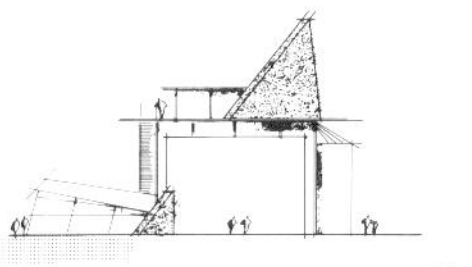   ANSICHT NORD - WEST

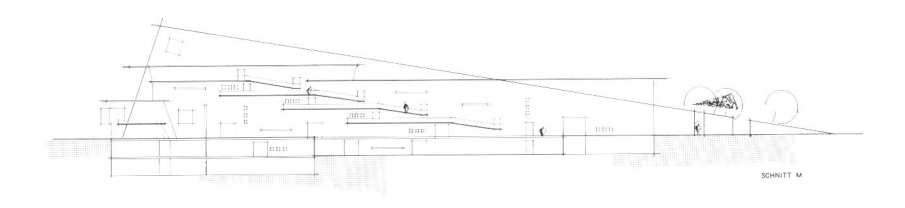

SCHNITT M

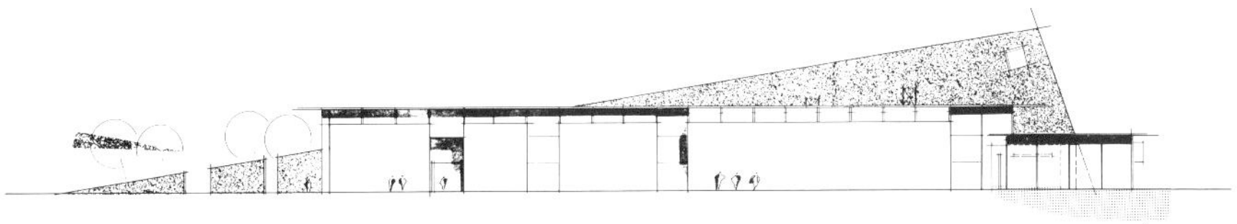

ANSICHT SÜD - WEST

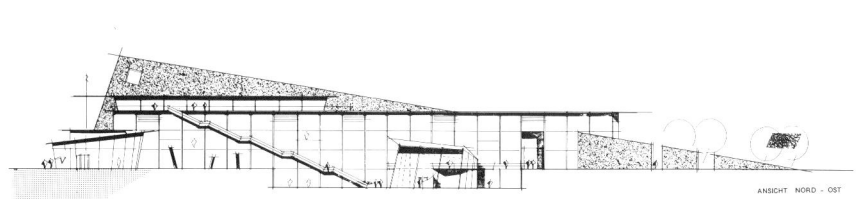

ANSICHT NORD - OST

Naturkundemuseum

Tilman Schalk

**Naturkundemuseum im »Herzogin Garten«**

Ein Naturkundemuseum an dieser exponierten Stelle in Dresden kann sich einerseits nicht über bauhistorische Rahmenbedingungen hinwegsetzen, muß andererseits aber auch eigene Akzente setzen.

Als neues wichtiges öffentliches Gebäude sollte es direkten Anschluß an das bestehende kulturelle Zentrum (Zwinger, Oper, Schloß) haben. Deshalb öffnet sich der gesamte Komplex nach Osten in Richtung Zwingerpark und grenzt sich dagegen deutlich von den unattraktiven Gebieten im Norden und Westen ab.

Ein solches innerstädtisches Grundstück darf jedoch nicht nur Museumszwecken dienen. Ein wichtiger Gedanke war deshalb, einen großen Teil des Grundstücks als Museumspark in Fortsetzung des Zwingerparks der Öffentlichkeit zu erhalten. Die Baumassen konzentrieren sich an der West- und Südseite und orientieren sich, mit Ausnahme des Medienturms, an den Höhen benachbarter Gebäude. Der Medienturm als Blickfang und Symbol soll die Dresdener Stadtsilhouette mit seiner angemessenen Höhe unaufdringlich bereichern.

Damit ein Museum heute gegen die übermächtige Konkurrenz anderer Museen und vor allem anderer Freizeitangebote bestehen kann, muß es einiges bieten. Nicht nur die Architektur, auch die gesamte Konzeption muß Aufsehen erregen, um ein breites Spektrum der Bevölkerung anzulocken.

Um den Museumsbesuch zu einem Erlebnis zu machen, soll der im Normalfall passive Besucher zu eigenen Aktivitäten animiert werden. Durch die neue Technik der »virtual reality« kann man sich selbständig durch künstliche Welten bewegen. Vulkanlandschaften, der Kampf zweier Saurier oder Zukunftsvisionen können hautnah erlebt werden.

Der Museumsweg sieht vor, daß man sich zuerst an den Fuß des Turms begibt und dort, während man sich stets nach oben bewegt, in chronologischem Ablauf mittels der genannten modernen Medien über die Weltgeschichte informiert wird. Ist die Hälfte des Turms erreicht, wechselt man zu dem langgestreckten Gebäude im Westen des Grundstücks hinüber. Hier sieht man die Originale, die wirklich ausgegrabenen Zeitzeugen.

Zum Abschluß führt der Weg den Besucher wieder zurück zum Medienturm, wo er einen Überblick über das heutige Verhältnis Mensch – Natur und über Zukunftsvisionen gewinnen kann.

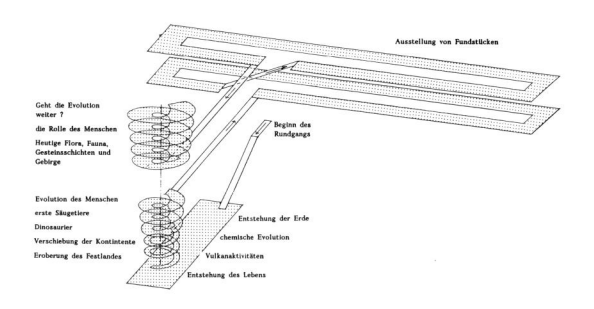

Naturkundemuseum

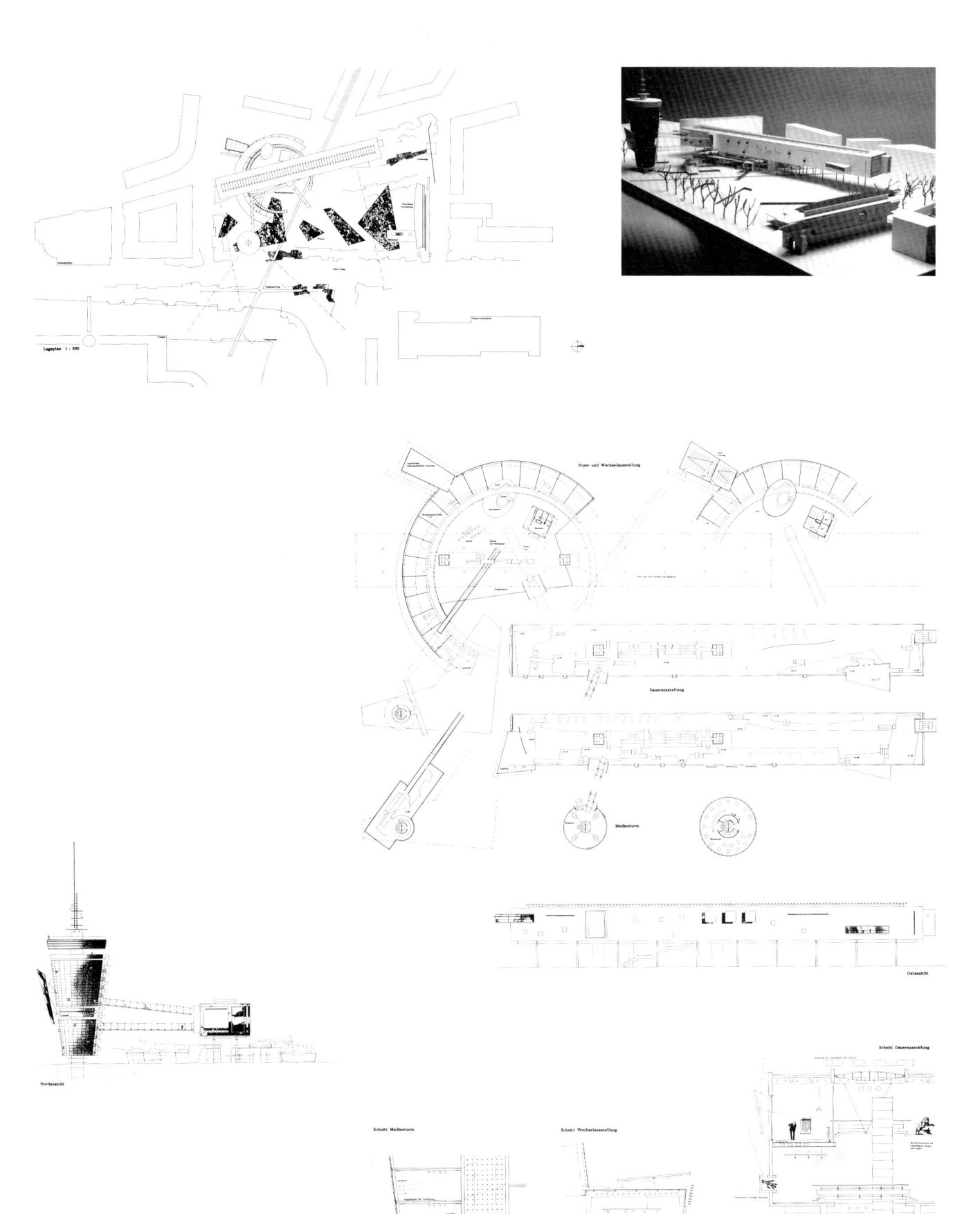

Jutta Wiedemann  **Naturkundemuseum im »Herzogin Garten«**

Die heterogene Umgebung des Grundstücks – Kultur- und Verwaltungsgebäude neben Wohnbau und Brachflächen – erforderte ein klares städtebauliches Konzept. Daher wurden die verschiedenen Funktionen des Museumsbetriebs aufgesplittet und in mehreren Riegeln untergebracht, so daß eine Randbebauung des Grundstücks möglich ist. Damit werden sowohl der Platz als auch der Straßenraum klar definiert. In diesem Rahmen kann das eigentliche Ausstellungsgebäude herausgelöst werden und eine Beziehung zum nahegelegenen Zwinger aufnehmen.

Formale Prinzipien der Exponate, wie die Schichtung des Gesteins, Strukturen von Ammoniten etc., sollten im äußeren Erscheinungsbild verarbeitet werden. So bricht der Museumskörper aus der Erde hervor. Nähert sich der Betrachter dem Gebäude, gliedert sich das Gesamtvolumen: Schichten – Lamellen, Strukturen – Lochblech. Betonhülsen durchbrechen an mehreren Stellen die Lamellenstruktur der Fassade, um den Blick auf die Elbwiesen oder den Zwinger zu ermöglichen.

Durch die schräge Lage des Museums entsteht ein in sich logischer Museumsweg: Im Foyer wird der Besucher über eine großzügige Treppe ins Untergeschoß geleitet. Hier ist die Mineralogie untergebracht. Im hinteren Teil des Gebäudes taucht der Besucher aus der Erde auf ins Museum für Tierkunde. Über Rampen werden die verschiedenen Ausstellungsebenen erreicht, die durch ihre Staffelung die Entwicklungsstufen der Exponate umsetzen. Auf der obersten Ebene wird also der Mensch ausgestellt. Über eine Treppe wird das Foyer auf kurzem Wege wieder erreicht; der Rundweg ist damit geschlossen.

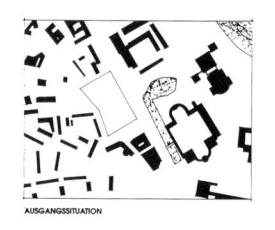

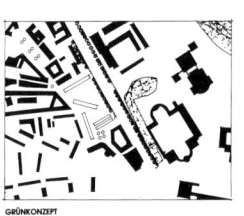

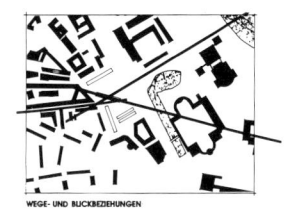

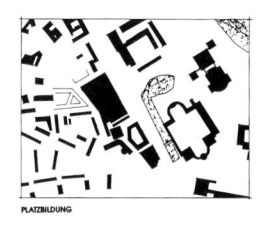

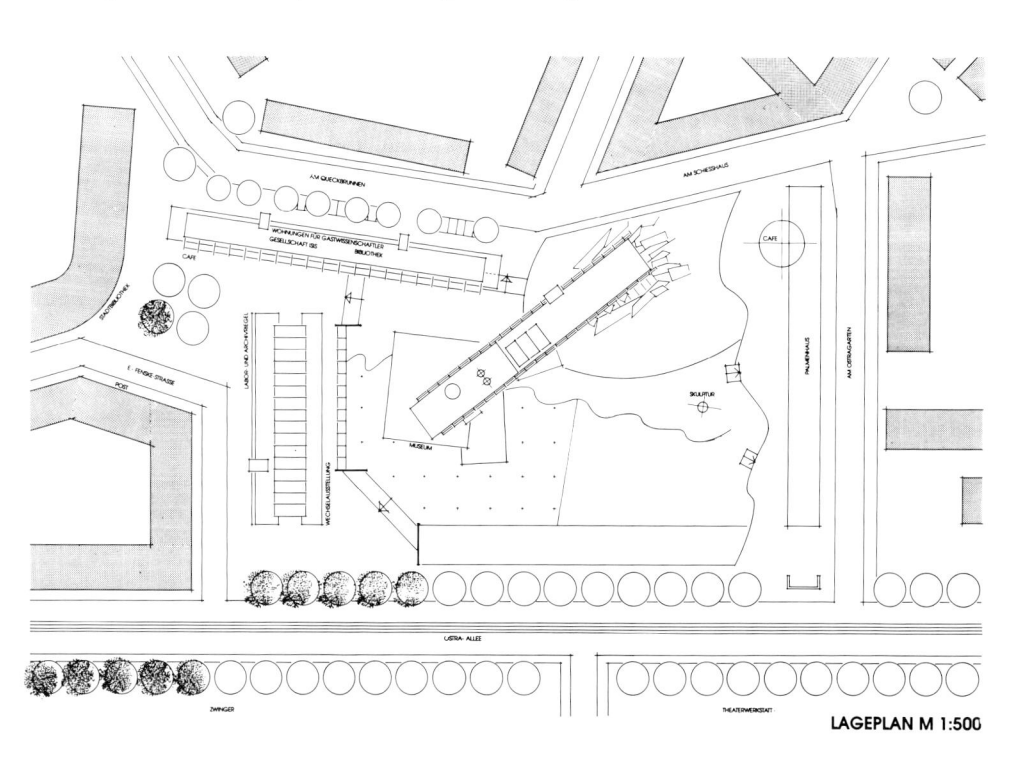

Naturkundemuseum 215

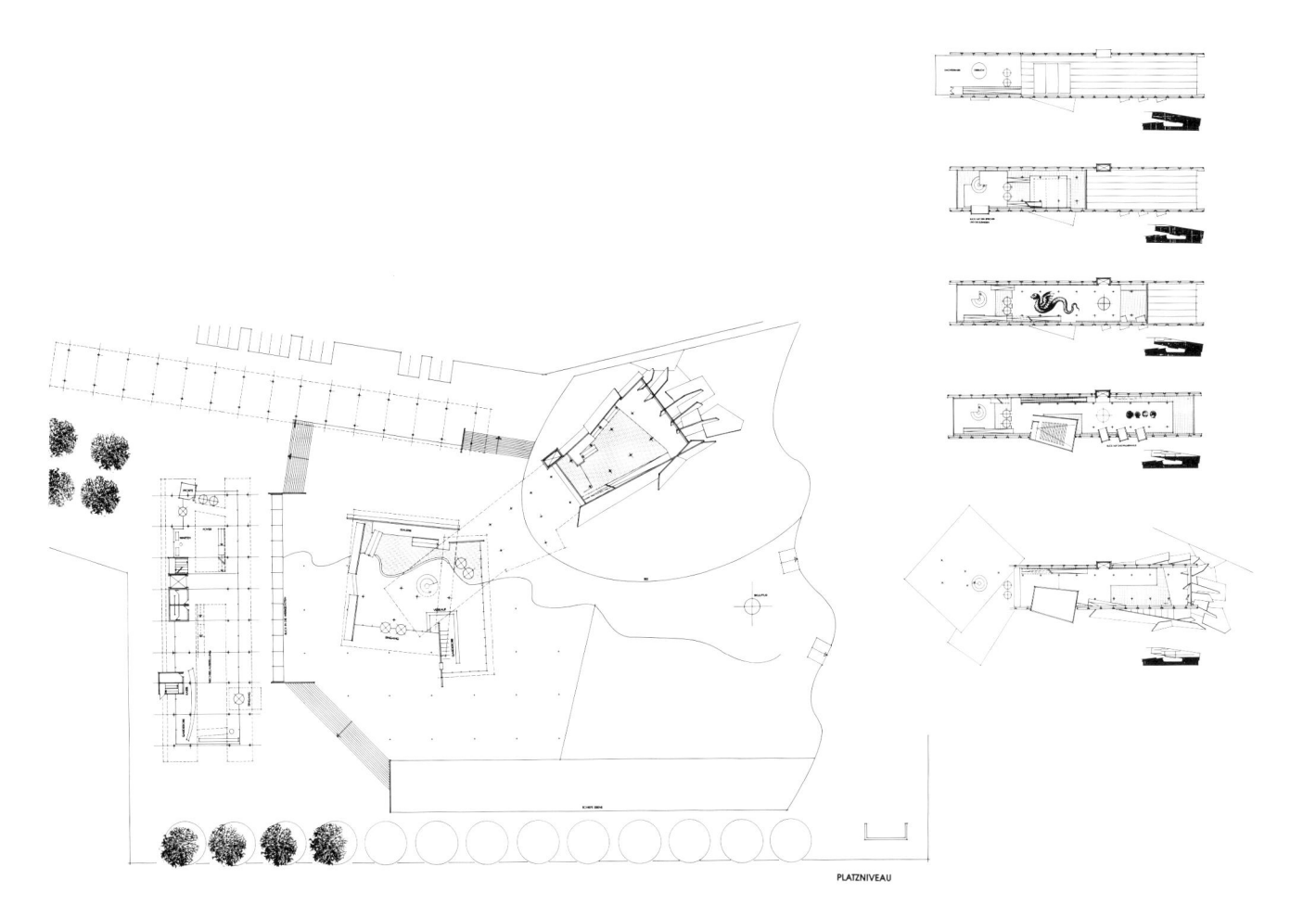

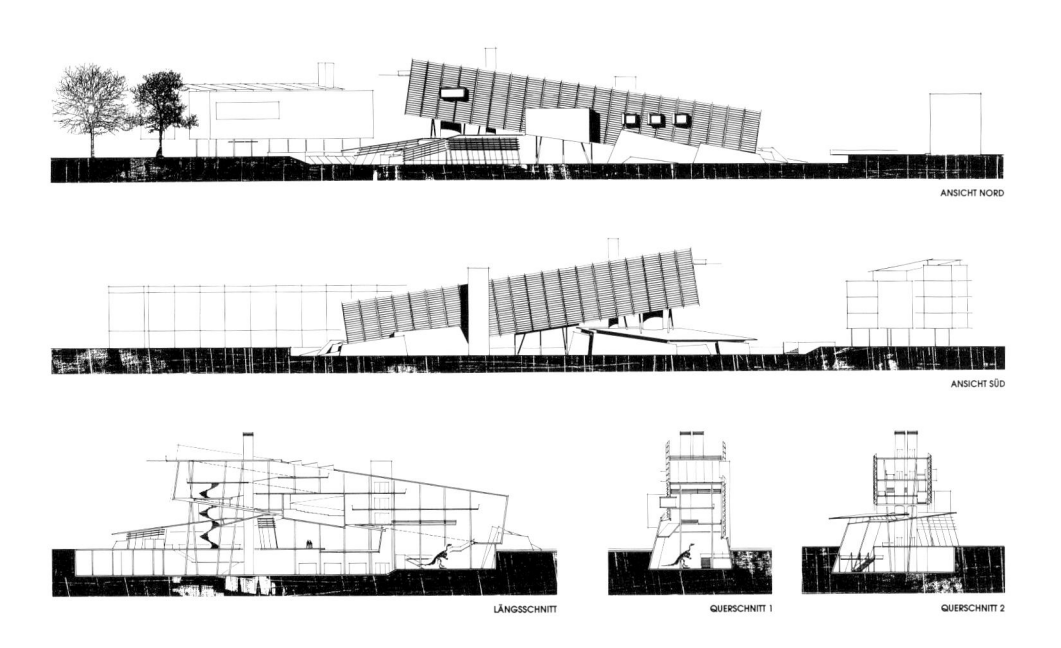

Christine Bergermann  **Hotel an der Dreikönigskirche**

Ausgangspunkt für das städtebauliche Konzept war die Friedrich-Engels-Straße als wichtiger Bestandteil der strahlenförmigen Stadtanlage der Dresdener Neustadt. Entlang dieser Achse und orthogonal dazu erstreckt sich das Gebäude. Der unregelmäßige Verlauf der Rähnitzgasse wird durch die bestehende Bebauung scharf begrenzt, so daß er auch ohne eine blockhafte Bebauung des freien Grundstücks deutlich ablesbar bleibt.
Betont wird diese als Dominante erkannte Achse einerseits durch die Höhe der in ihrer Richtung verlaufenden Gebäudeteile, andererseits durch die Öffnung des gesamten Gebäudes zum Kirchplatz.

Der Baukörper selbst ist nach einem additiven Prinzip aufgebaut, wobei sich die einzelnen Bestandteile aus den unterschiedlichen Funktionen ergeben. Das Kernstück des Hotels bildet die »Scheibe« als horizontale Erschließung, an welche das vertikale Erschließungselement angelagert ist.
Die unteren drei Geschosse bilden eine Art Hufeisenform, welche sowohl die »Scheibe« als auch das danebenliegende Foyer umfaßt. In diesem Trakt befinden sich im Erdgeschoß öffentliche Bereiche, wie Café, Bar, Geschäfte, und im 1. und 2. Obergeschoß sämtliche für den Hotelbetrieb erforderlichen Einrichtungen. Im 5. bis 7. Obergeschoß sind zu beiden Seiten der »Scheibe« die Gästezimmer angeordnet, wobei unterschieden wird zwischen den Doppelzimmern, die in einem horizontal gegliederten Riegel entlang der Friedrich-Engels-Straße angeordnet sind, und den Suiten, die sich, als Maisonnetten übereinandergesetzt, zur Rähnitzgasse orientieren.
Der Hoteleingang befindet sich am Platz vor der Dreikönigskirche, und auch das Foyer öffnet sich zu diesem Platz. Der Foyerbereich mit Rezeption, Lobby und Bar erstreckt sich über zwei Geschosse, wobei durch das Glasdach über dem Foyerraum die Aussicht und die Offenheit zum Platz hin gewährleistet werden. Neben dem Foyer dient auch der in die »Scheibe« eingeschobene Glaskörper des Restaurants dazu, die Orientierung des Hotels auf den Kirchplatz zu unterstreichen. Entlang der Friedrich-Engels-Straße bleibt durch die Ladengeschäfte eine vom Hotelbetrieb völlig getrennte öffentliche Zone erhalten.

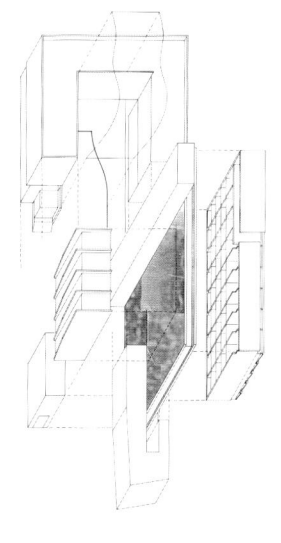

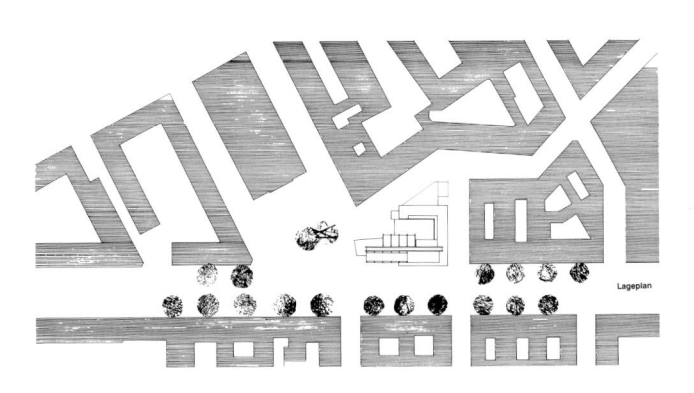

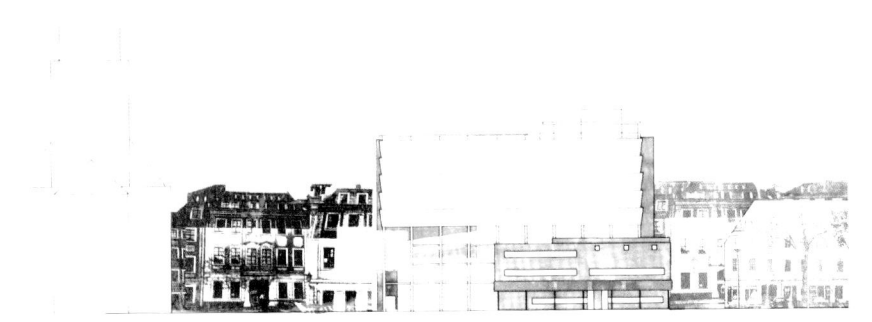

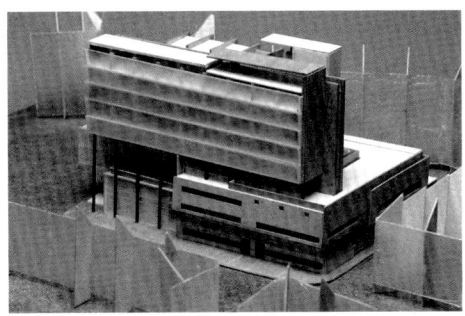

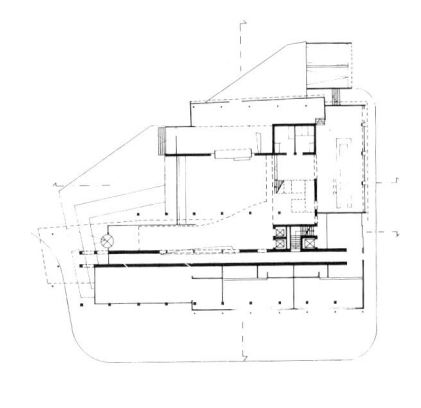

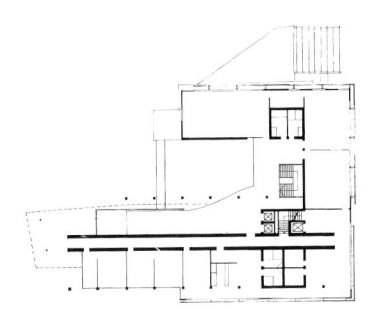

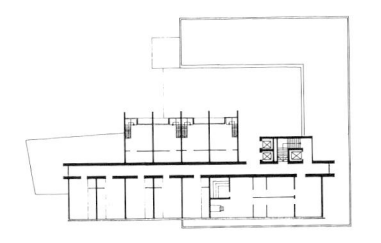

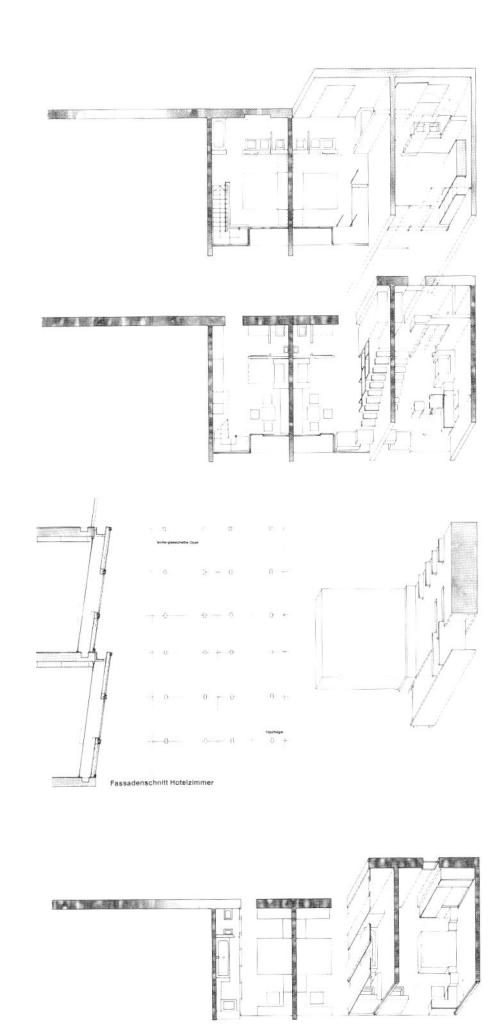

Hotel an der Dreikönigskirche | 217

Gesine Geiselmann

# Hotel an der Dreikönigskirche

Der Neubau soll sich in die vorhandene Struktur einfügen und die homogene Blockrandbebauung mit ihren klar definierten Straßenräumen, Gassen und Alleen ergänzen. Gebäudehöhe, Lebendigkeit der Fassade, Gliederung und Größe der Elemente sind der Umgebung ähnlich. Die oberen Geschosse nehmen die Straßenflucht auf, unterstützt von den freistehenden Säulen im öffentlicheren Erdgeschoß- und »Piano-nobile-Bereich«.

Innerhalb dieses gesteckten Rahmens des Einfügens bieten sich dennoch viele Möglichkeiten des spannungsreichen Kontrasts von Alt und Neu: Betonsäulen gegen Pilaster, aufgelöster, bewegter Sockel gegen Rustika, Stahl und Glas gegen Putz und Mauerwerk, rhythmische Gliederung gegen Symmetrie und Reihung.

Betritt man das Hotel von der Hauptstraße oder durch den Café- oder Restauranteingang vom Platz her, so befindet man sich sofort in der zentralen Halle, welche die verschiedenen Funktionen Lobby, Café, Restaurant, Konferenzsaal, Hotelzimmer und Verwaltung sowohl verbindet als auch durch Wegeführung und Anordnung in verschiedenen Geschossen trennt. Bei guter Orientierung durch Blickverbindungen entsteht ein abwechslungsreicher Innenraum mit unterschiedlich stark öffentlichen bis privaten Bereichen.

Durch die räumliche Situation und die geplanten Materialien soll ein frischer, heiterer, offener und übersichtlicher sowie auch haptisch und akustisch angenehmer Charakter erreicht werden.

Gedacht ist an eine Betonskelettkonstruktion mit Stahl-Glas-Fassade, Naturstein und Parkett, im Hotelbereich auch Teppich, helle Decken, Holz an Handläufen und Trennwänden, Stahl, Milchglas usw., eher direkt und etwas derb als zu ausgefeilt und edel.

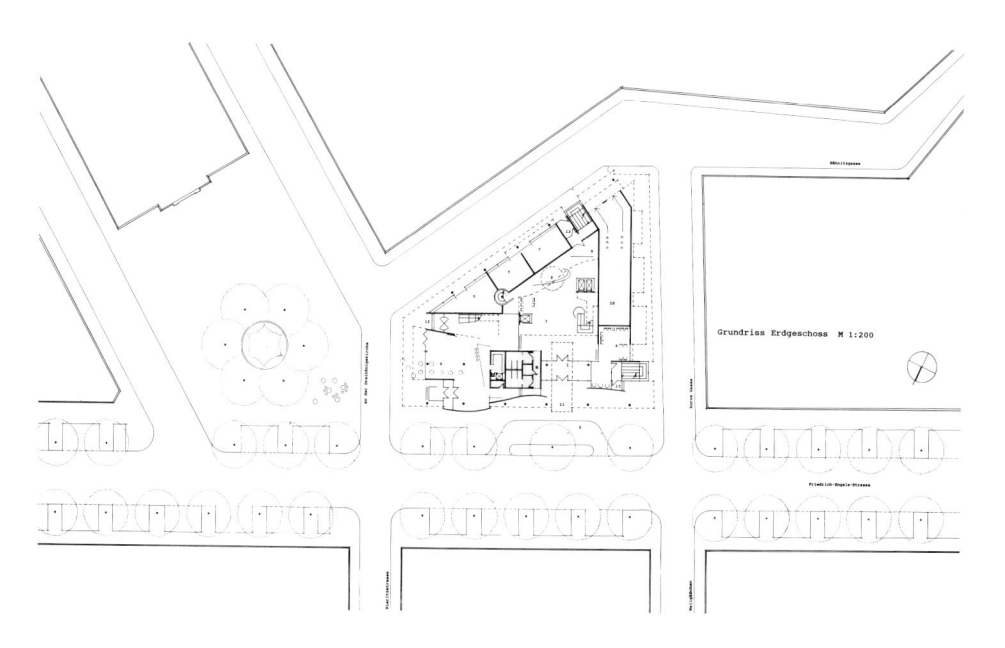

Wandabwicklungen Halle 1.Obergeschoss

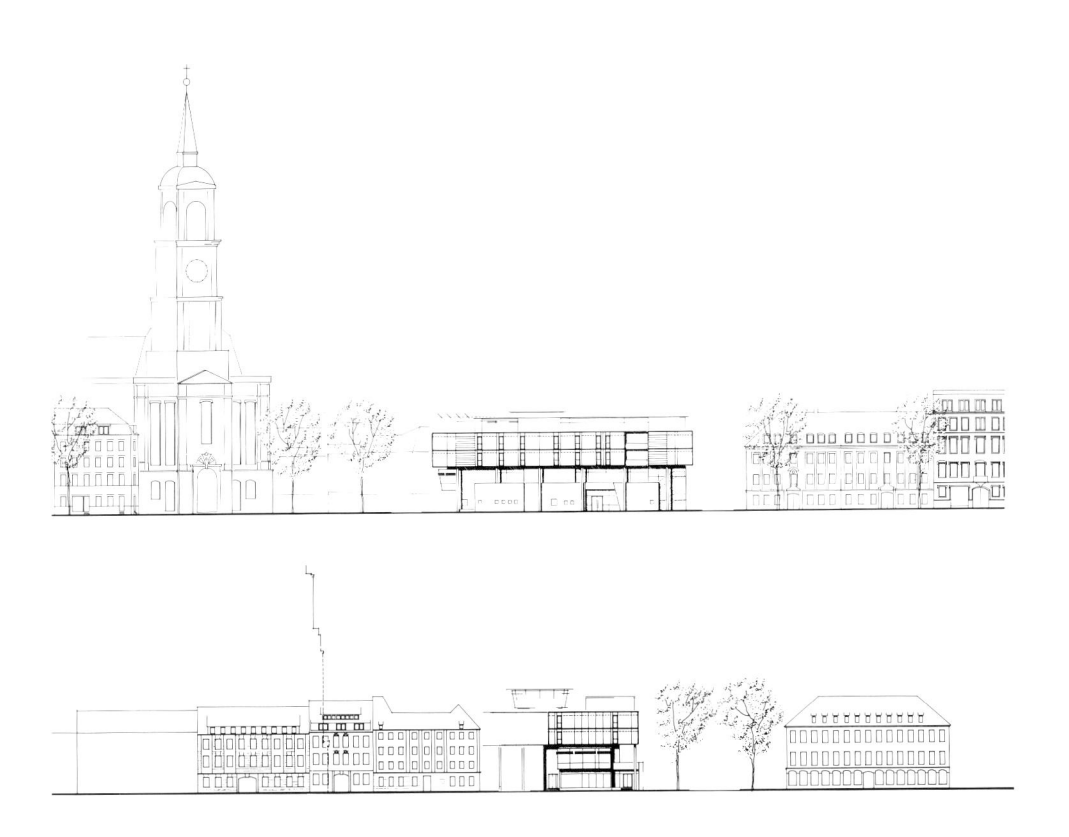

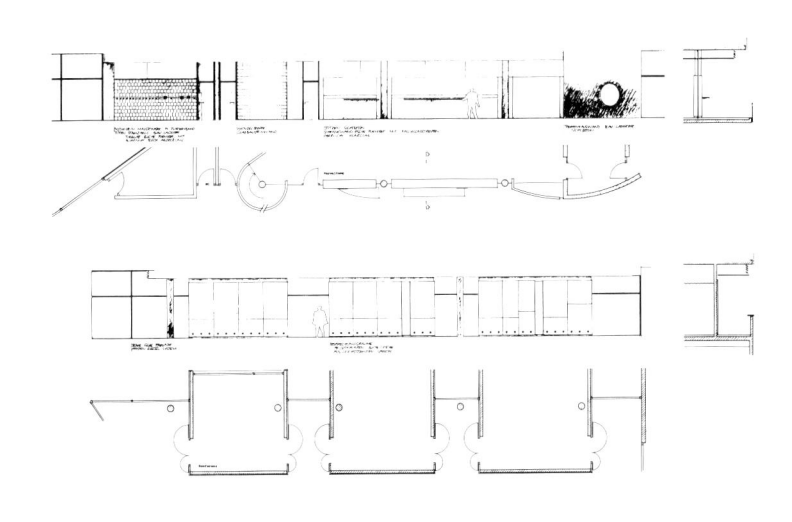

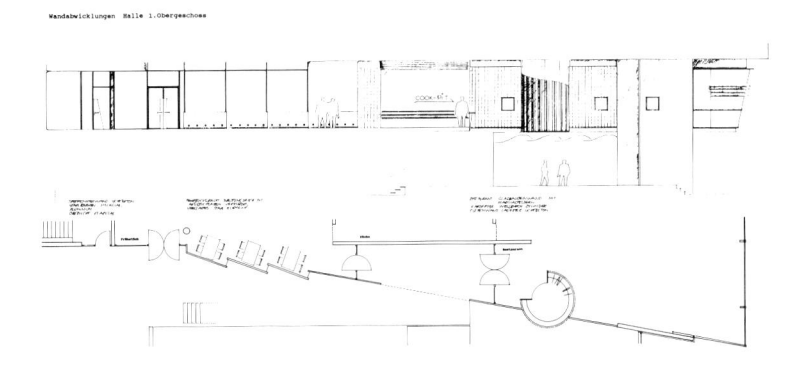

Hotel an der Dreikönigskirche

Katja Meyer — **Hotel an der Dreikönigskirche**

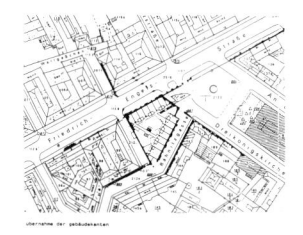

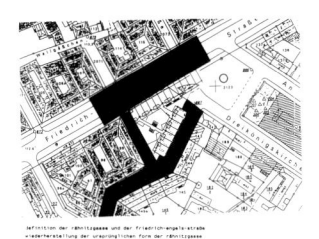

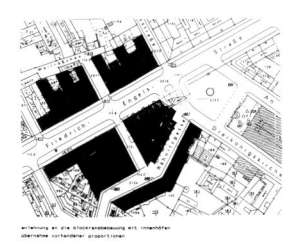

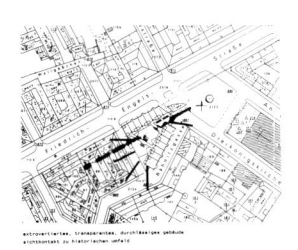

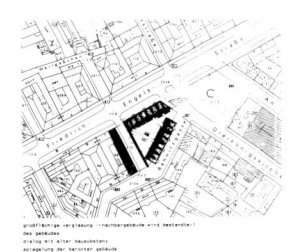

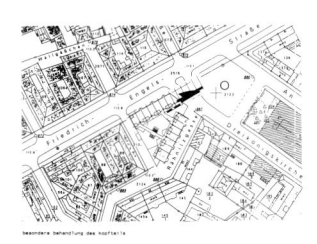

Die Grundidee des Entwurfs besteht darin, die Gebäudekante der Umgebung zu übernehmen, so daß eine Form erreicht wird, die spitz auf den Platz vor der Dreikönigskirche zuläuft. Damit werden auch die Friedrich-Engels-Straße und die Rähnitzgasse neu definiert, die ursprüngliche Form von letzterer (einer ehemaligen Bastion) wird wiederhergestellt. Aufgrund der Anlehnung an die Blockrandbebauung der Umgebung und der Übernahme der Proportionen entsteht ein Gebäude, das von zwei Seiten durch geschlossene Baukörper und in der Mitte durch einen Glaskörper charakterisiert ist, welcher auch das Bindeglied der beiden Riegel darstellt.

Dadurch entsteht ein transparentes, offenes, durchlässiges, extrovertiertes Bauwerk, in dem an jeder Stelle Sichtkontakt zum historischen Umfeld gewährleistet wird. Durch die großflächige Glasfassade tritt man in einen Dialog mit dem gegenüberliegenden barocken Palais, das sich darin spiegelt. Somit wird das Nachbargebäude indirekt Bestandteil des Entwurfs.

Besonderes Augenmerk wird auf die Behandlung des Kopfteils gelegt. Eine transparente Scheibe schiebt sich leicht in den Platz hinein; sie soll die Konstruktion, das heißt das Stützenraster, nach außen hin sichtbar machen. Zudem wird sie zum Rückgrat des geschlossenen Baukörpers. Auf den ersten Blick scheint die Scheibe eine Trennung von Platz und Straße zu sein, sie wirkt aber trotzdem transparent und durchlässig. Und nicht zuletzt ist sie der Halt für den über dem Platz »schwebenden«, abgerundeten Baukörper.

Durch die Verwendung von Glas und Stahl entsteht ein sich öffnendes System, in welchem Sichtbezug zum barocken Umfeld und ebenso Spiegelung der barocken Fassade im Glas gewährleistet wird. Aufgrund des Materials Stahl tritt der Entwurf in bewußten Kontrast zu den Materialien des alten Bestands, wobei das Augenmerk auf die Anlehnung an Proportionen, Gliederung, Geschoßhöhe und Elemente des barocken Umfelds gerichtet wird.

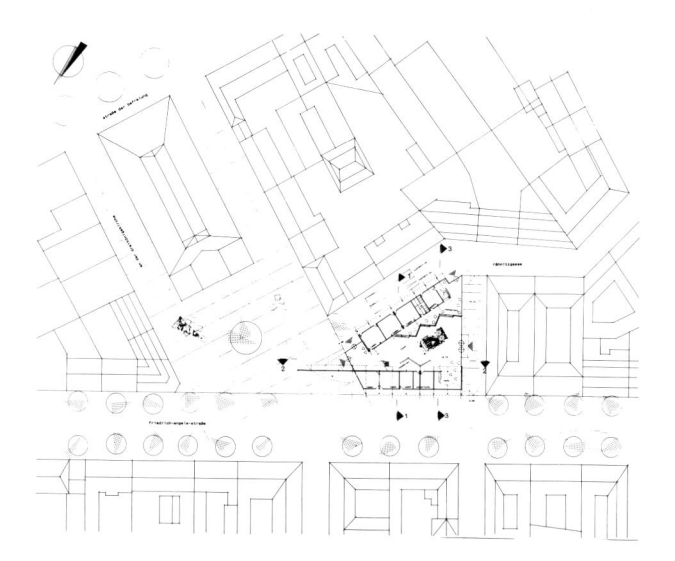

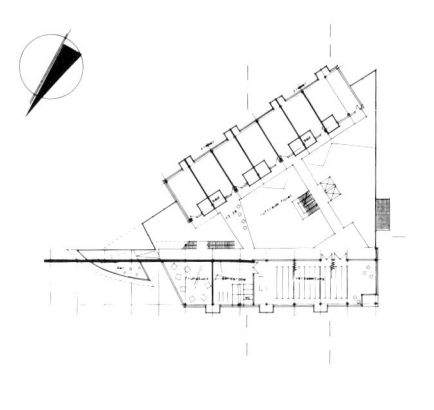

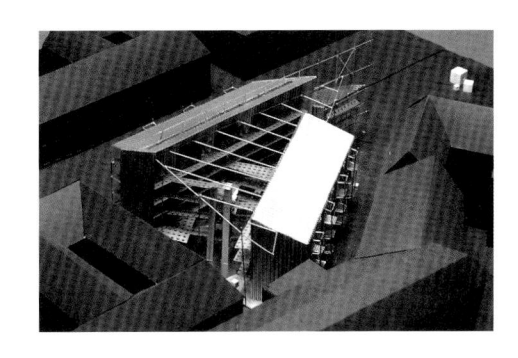

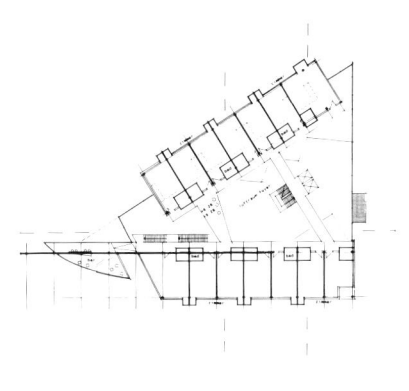

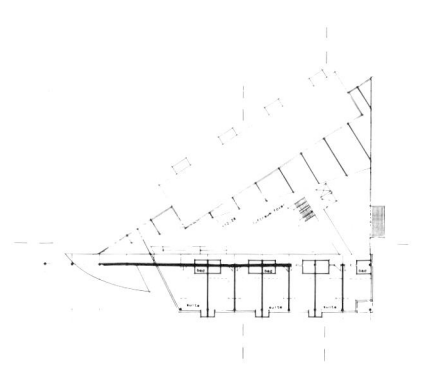

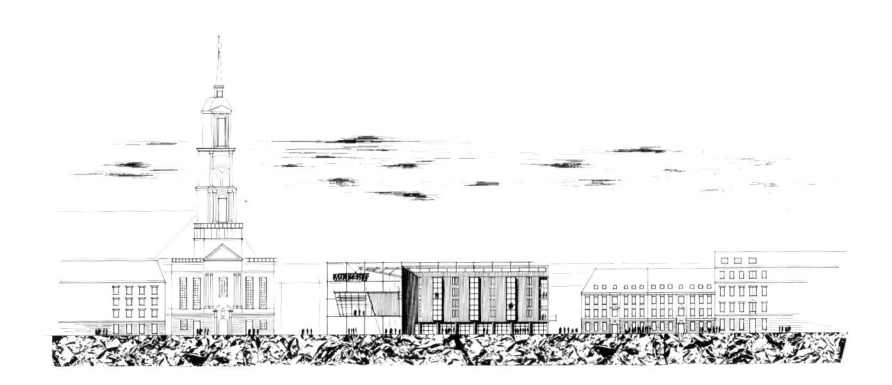

Hotel an der Dreikönigskirche 221

Andrea Scherer  **Hotel an der Dreikönigskirche**

Das Hotel in der Neustadt Dresdens soll ein sichtbar neuer, sich behauptender Baukörper in historischer Umgebung sein, der sowohl durch seine Form als auch durch die Materialwahl einen Kontrapunkt zur Umgebung darstellt.

An der Friedrich-Engels-Straße, einer der Sternstraßen zum Platz der Freiheit, liegt der entwurfsprägende, geschwungene Flügel des Hotels. Durch seinen Schwung leitet er allmählich von der Straße in den Platz an der Dreikönigskirche über. Das Vorkippen der Fassade nach oben hin unterstützt diesen Effekt. Den formalen Gegensatz bildet an der Rähnitzgasse der streng orthogonale zweite Zimmerflügel. Er folgt dem durch die bestehenden Gebäude gebildeten Straßenraum parallel bis zum Platz. Zwischen den beiden Zimmerflügeln befinden sich innerhalb der zentralen Halle die Sonderbereiche mit Restaurant und Konferenzräumen. Der Haupteingang liegt an der Platzseite, die Lounge daneben erlaubt einen Überblick über Halle, Platz und Straße. Die Halle mit den zentralen Erschließungselementen ist von den einzelnen Geschossen der Flügel einzusehen. Die dadurch entstehenden Blickbeziehungen erleichtern die Orientierung im Hotel, es gibt keine langen, dunklen Zimmerfluchten.

Von den Galerien aus hat man auch den Blick auf den Konferenz- und Restaurantbau, der sowohl von der Halle als auch von außen zu erreichen ist und einen eigenen Erschließungskern hat. Dieses »Herz« hat im Gegensatz zur lichten, weiten Halle einen dunklen, mehr introvertierten Charakter.

Die Schmalseite des geschwungenen Flügels ist eine zum Platz hin gekippte Fassade, hinter der sich öffentliche Funktionen des Hotels befinden, wie Bar, Lesebereich, Sitzgelegenheiten für Hotelgäste. Diese Zonen besitzen besonders nachts Transparenz und Wirkung zum Platz. Für die Zimmer im Westflügel gibt es als Sicht- und Sonnenschutz eine vor der eigentlichen Fassade verlaufende Hülle. Diese »Scheibe« unterstützt ein einheitlich glattes Fassadenbild, charakterisiert und betont den Schwung des Baukörpers.

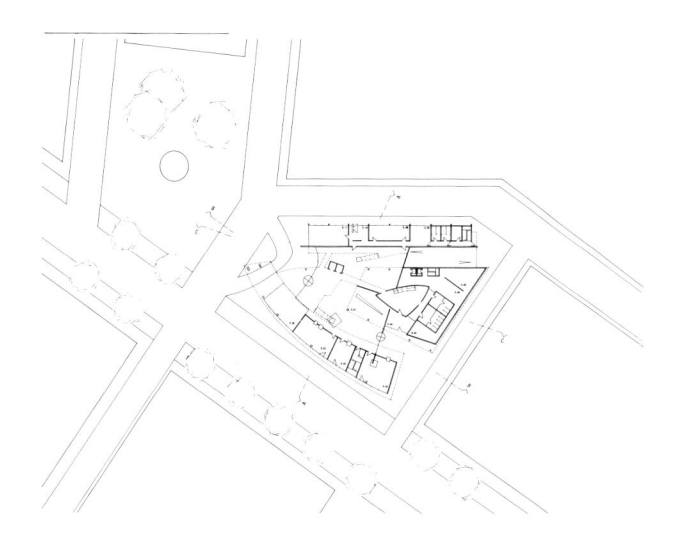

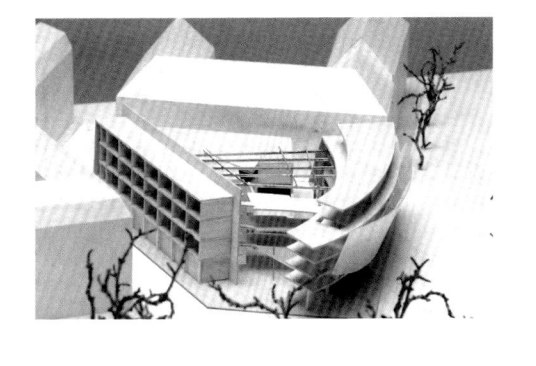

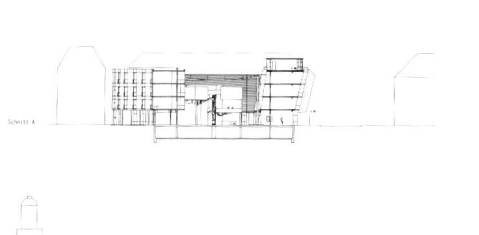

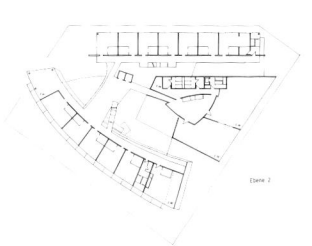

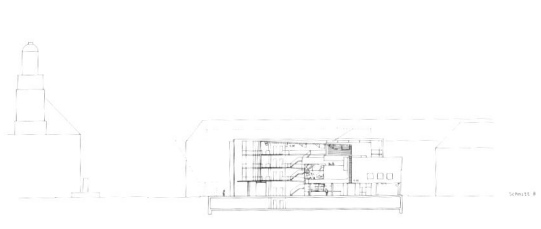

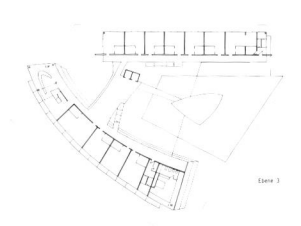

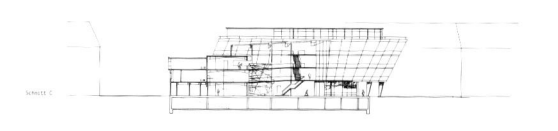

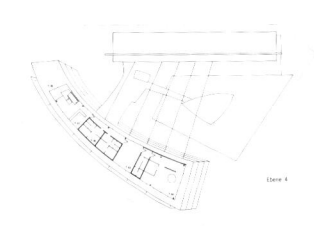

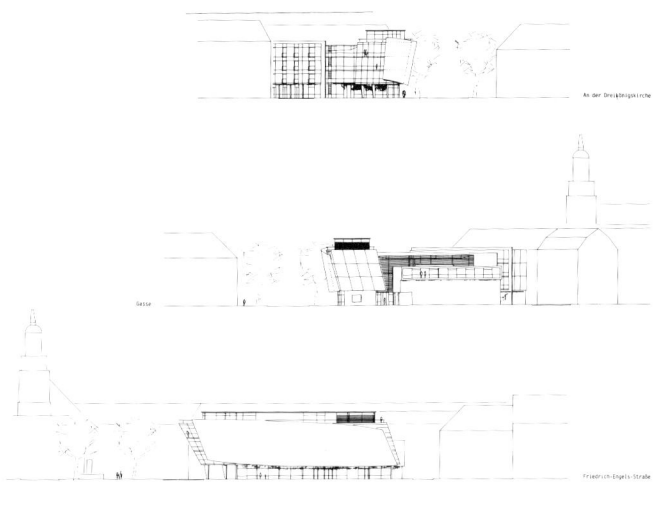

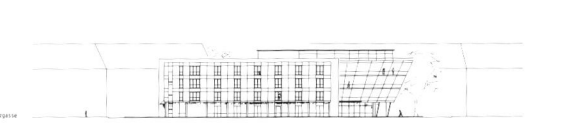

Hotel an der Dreikönigskirche | 223

Simone Wurth      **Hotel an der Dreikönigskirche**

Durch einen Ring werden die ruhigen, gleichmäßigen Linien der bestehenden barocken Umgebung aufgenommen.

Aus dem Rhythmus der benachbarten Bebauung entstehen dann zwei den Ring überlagernde Riegel: ein Zimmerregal und ein Stahl-/Glaskörper.

Diese werden mit einer über dem Ring in einer horizontalen Fuge liegender Schraube verbunden.

Zum Platz und zur Dreikönigskirche hin bildet die Schraube einen Kopf, unter dem man in das Hotel hineingeführt wird.

In der Eingangsebene liegt der öffentliche Bereich mit der Halle, Rezeption etc., nach oben werden die Bereiche zunehmend privater.

In dem schwebenden Ring sind die verschiedenen Bereiche klar aufgeteilt: Verwaltung–Personal, Mietbüros, Küchentrakt und, als Körper eingesteckt, das Restaurant.

In der Schraube befinden sich die Verbindungswege mit der Lobby als wichtigstem Teil im Kopf.

Zimmer sind asketisch, aber edel ausgestattet, als Schachteln in das Regal gesteckt, das seine Struktur bis in das Erdgeschoß fühlen läßt.

Auf der anderen Seite liegt der homogene Glas-/Stahlkörper, der seine Zimmerstruktur für sich behält.

Und schließlich ist dazwischen eine senkrechte Glasfuge, die als Erschließungs- und Belichtungsfuge unten in einer Ladenpassage endet.

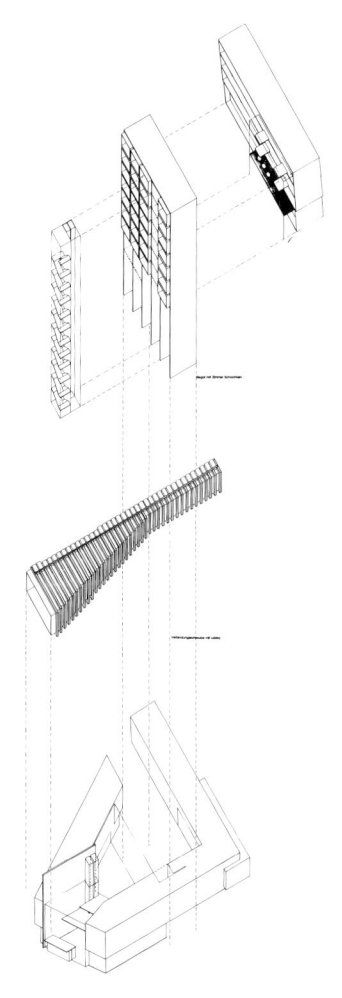

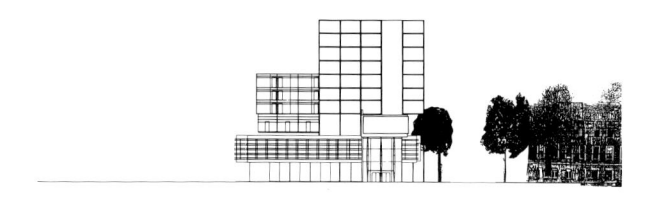

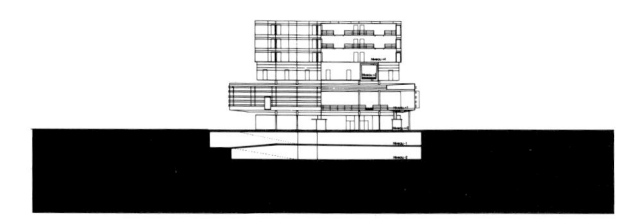

Hotel an der Dreikönigskirche

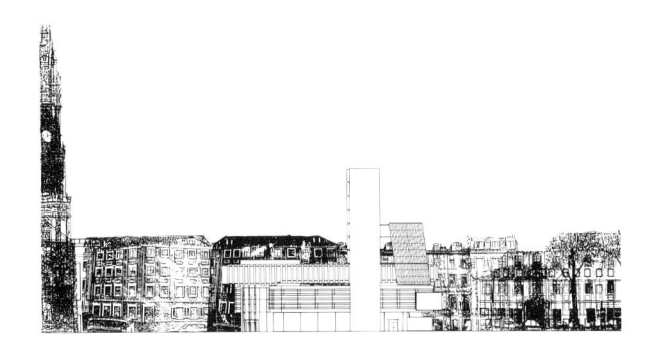

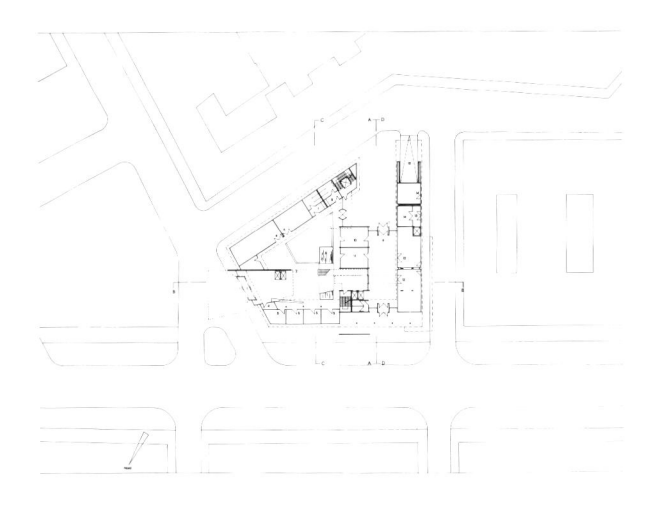

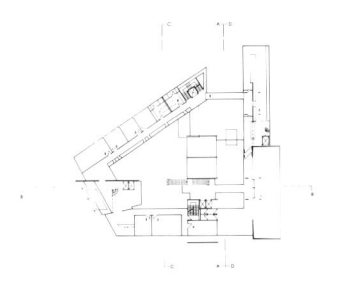

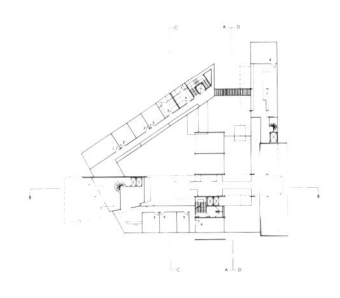

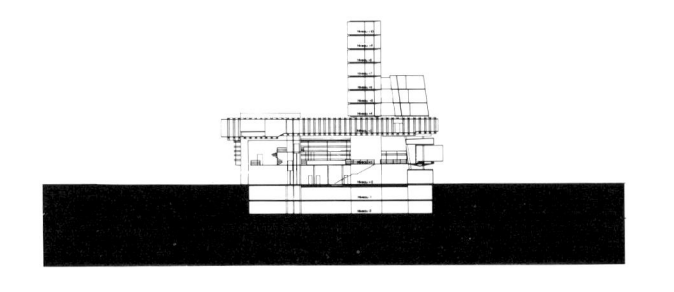

Albrecht Muschelknautz  **Bürogebäude und Bibliothek zwischen Schloß und Johanneum**

Der historische Kern von Dresden lebt vom Spannungsverhältnis zwischen der Textur des Stadtraums und seinen solitären Objekten. Bemerkenswert ist das unmittelbare Nebeneinander von Architektur verschiedener Generationen.

In diesem scheinbaren Durcheinander des Stadtmobiliars versucht das Entwurfskonzept, die inhaltliche Stellung des Kulturpalasts zu stärken. Die aufsteigenden Kanten der Sockelplatte und die zu ihnen fluchtenden Außenwände der Gebäudekörper erzeugen einen imaginären Projektionsstrahl zwischen Kulturpalast und Turm der Hofkirche. Somit entsteht ein Spannungsfeld zwischen Stadtbausteinen aus drei verschiedenen Epochen.

Bei außenliegender Konstruktion bietet das vordere Gebäude Platz für eine flexible Büronutzung. Es ist mit dem Ort nicht fest verwurzelt, sondern gleich einem Möbel auf der Sockelplatte aufgestellt. Gleicht der öffentliche Teil – hinteres Gebäude und Sockel – einem geschliffenen Edelstein, so wirkt der vordere Teil des Entwurfs unfertig, einem Findling ähnlich. Der strukturierte Körper ist in sich ambivalent, da er je nach Blickrichtung die Bauflucht schließt oder auf das hintere Objekt verweist.

Die Sockelplatte bildet mit dem abschließenden Gebäude eine inhaltliche und formale Einheit. Beiden öffentlichen Baukörpern liegt der Gedanke der schweren Masse – als ein Speicher für Erinnerungsformen – zugrunde, wobei die öffentlichen Volumen wie die musealen Gänge im Sockel und die Hohlformen der Bibliothek als bauliche Absenzen definiert sind. Stellt sich im Sockel eine düstere, katakombenähnliche Atmosphäre ein, aus der die Ausstellungsobjekte geheimnisvoll hervorleuchten, so endet die Fahrt in gläsernen Aufzügen durch das eng geschichtete, künstlich belichtete Lagermassiv der Bibliothek in den hellen, großräumigen Lesesälen, die einen gerahmten Blick auf das historische Zentrum ermöglichen. Dieser kontrastreiche und stimmungsvolle Weg durch das Gebäude stellt einen Bezug zum barocken Gedanken der Inszenierung dar.

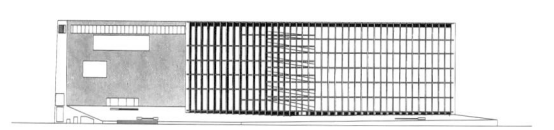

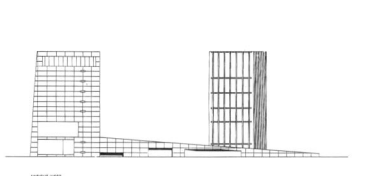

Bürogebäude und Bibliothek

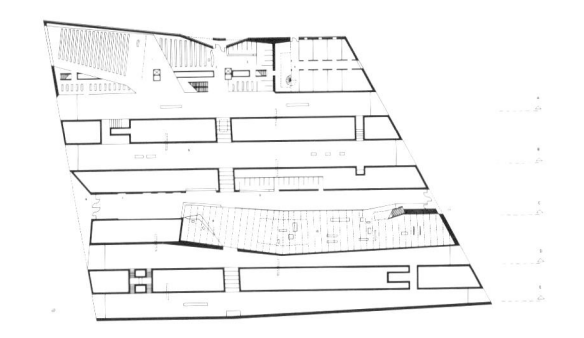

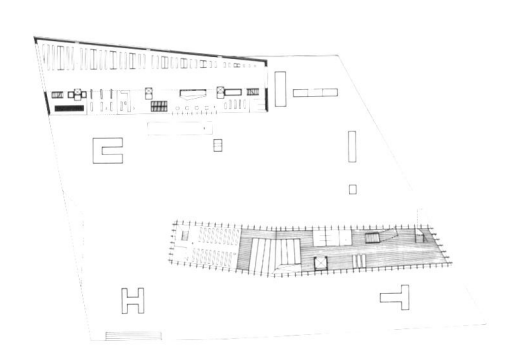

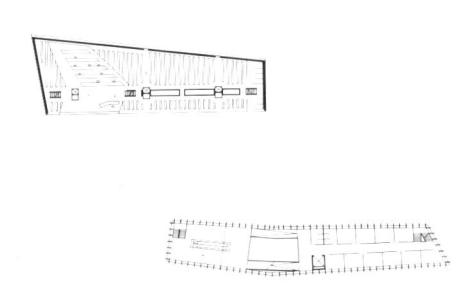

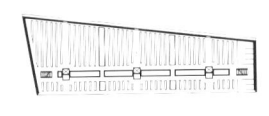

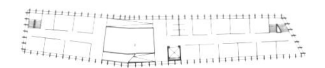

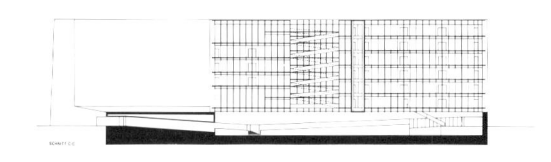

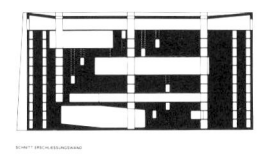

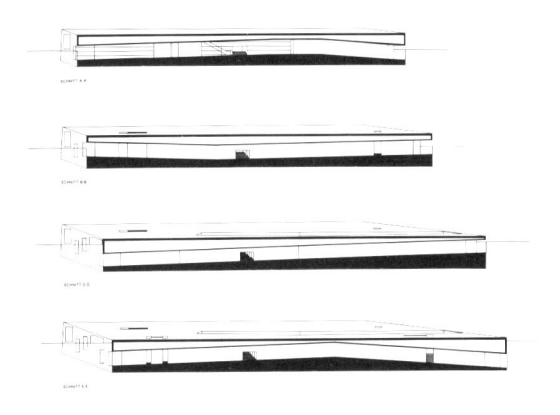

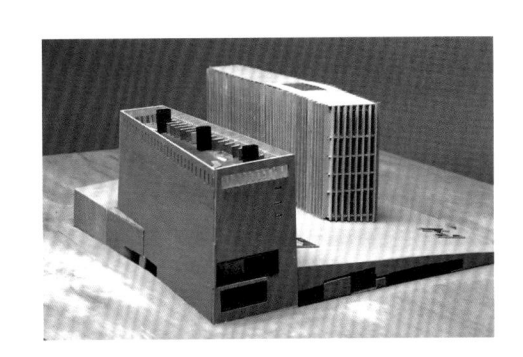

Diana Reichle — **Mediothek und Geschäftshaus zwischen Schloß und Johanneum**

Das zu bebauende Grundstück liegt im Herzen des historischen Dresden, zwischen Schloß, Georgentor, Johanneum, dem Stallhof aus der Renaissancezeit und dem Kulturpalast der ehemaligen DDR.

Ursprünglich sollte hier ein Wohn- und Geschäftsgebäude geplant werden. Mir erschien es jedoch sinnvoller, moderne Kultur zwischen die Historie zu setzen. So entstanden eine Mediothek mit Kinosaal und Ausstellungsfläche für Medienkunst sowie zwei Geschäftshäuser mit Läden im Erdgeschoß und Büroräumen in den oberen Etagen.

Einige historische Stadtbilder vom alten Dresden sollten in den Entwurf eingearbeitet werden: die einstmals schmale Schloßgasse und die für Dresden typischen Innenhöfe. Die neuen Fassaden reagieren auf ihre unmittelbaren Nachbarfassaden, das heißt kleinteilig und vielfältig zum Schloß, großzügig zum Kulturpalast.

Aus diesen Leitmotiven ergab sich folgendes Konzept:

Drei Riegel, ein längerer – die Mediothek – und zwei kürzere – die Geschäftshäuser –, wurden so in das Grundstück plaziert, daß sie mit ihren »Köpfen« zum Schloß stehen und die Langseite sich der großflächigen Stahl- und Glasfassade des Kulturpalasts entgegenstellt.

Die »Köpfe« der drei Riegel werden mit einfachen Wandscheiben, die in die Öffnungen eingeschnitten sind, verbunden, so daß man wieder die Enge der Schloßgasse spürt. Zwischen den Riegeln entstehen größere und kleinere Innenhöfe. Die »Köpfe« und die dazwischengestellten Wandscheiben sollen das entsprechende Pendant zur Schloßfassade sein, deren horizontale, dreigeteilte Gliederung (Sockelzone, Mittelteil und Ziergiebel) auch bei der neuen Fassade verwendet wird.

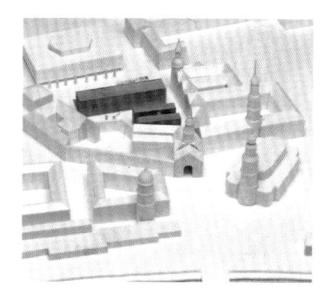

Die zweite Hauptfassade, die Fassade zum Kulturpalast, wird als Medienfassade ausgebildet – zum einen, weil sie den Inhalt des Gebäudes vermittelt, zum anderen, weil sie eine Fassadenstruktur ist, die dem starken Kulturpalast entgegenstehen kann. Dem Gebäude vorgelagert sind ein abgeschrägter Platz mit Sitzstufen sowie ein großes Wasserbecken, um eine gewisse Distanz zu der Medienfassade zu erreichen.

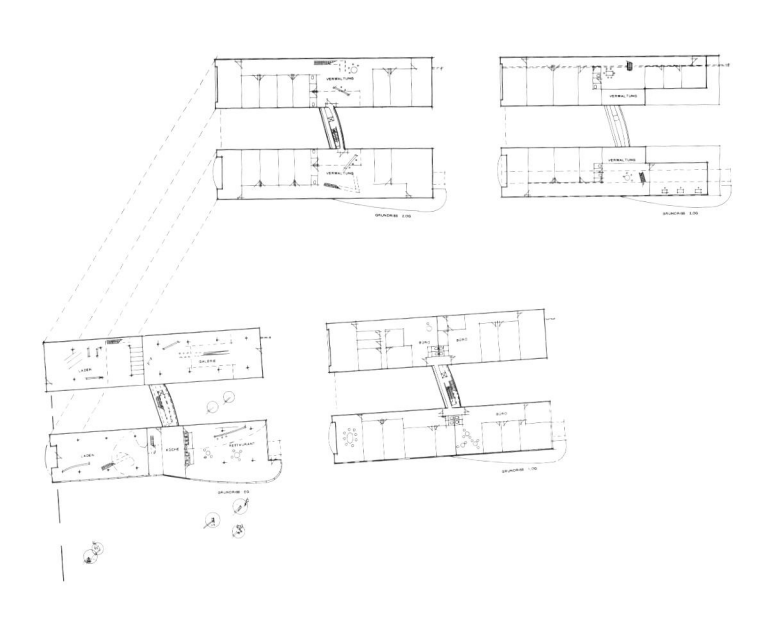

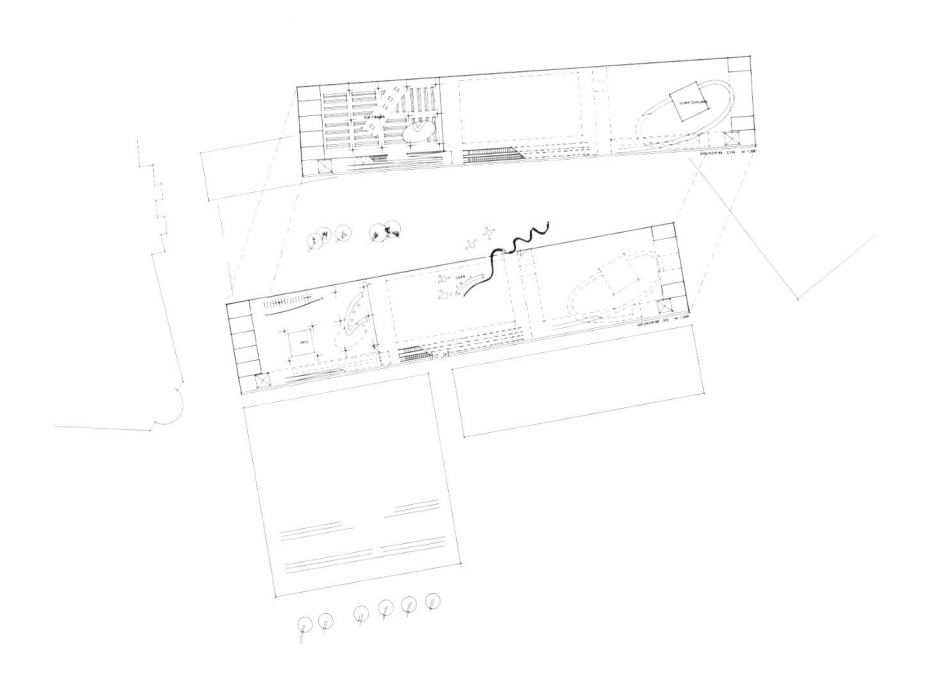

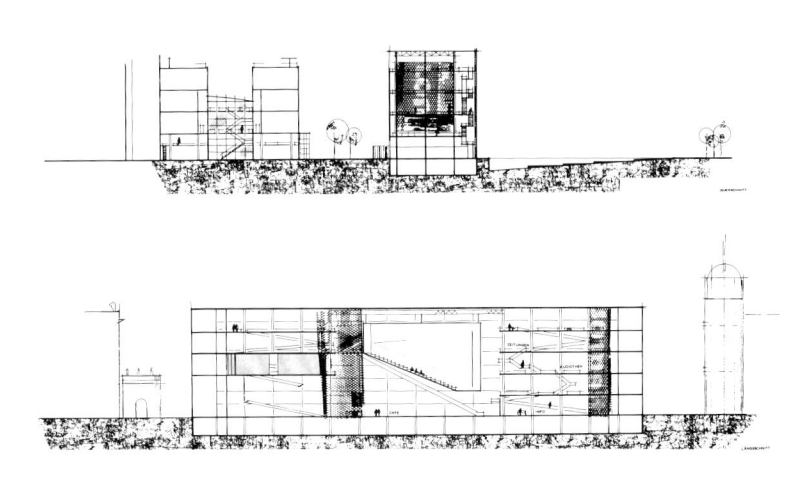

Mediothek und Geschäftshaus

Annette Zitzwitz  **Mediothek und Studentenwohnheim zwischen Schloß und Johanneum**

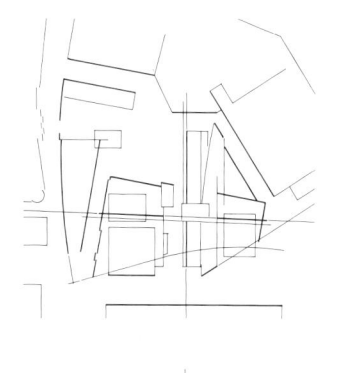

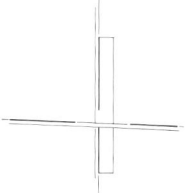

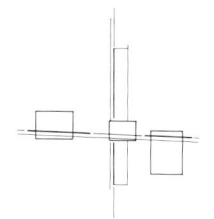

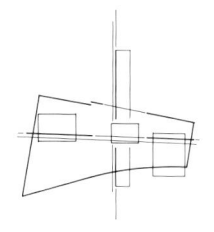

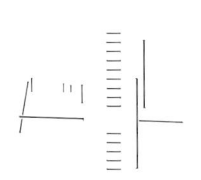

Städtebauliche Situation

In unmittelbarer Nachbarschaft zu Schloß, Neumarkt, Altmarkt existierte vor dem Zweiten Weltkrieg eine enge Bürgerhausbebauung. Sie bildete in ihrer Dichte und Lebendigkeit das städtebaulich und inhaltlich komplementäre Gegenstück zu der weiten Theaterkulisse des Opernvorplatzes, des Neumarkts, der Brühlschen Terrassen.

Diese städtebauliche Spannung von Enge-Weite, Dichte-Leere, das Zusammenspiel der unterschiedlichen Funktionen, löste sich jedoch durch die Zerstörung im Zweiten Weltkrieg auf. In den folgenden Jahren wurde versucht, den Stadtraum neu und »zeitgemäß« zu definieren.

Heute ist es wichtig, diese sich überlagernden Strukturen des Stadtraums aus der Zeit vor und nach dem Zweiten Weltkrieg zu verbinden.

Städtebauliche Dichte erhält der Entwurf durch die Aufnahme und Fortführung vorhandener Baukörperkanten. Eine neue Blickbeziehung zum Neumarkt entsteht durch die Annäherung des Baukörpers an den Rücken des Kulturpalasts. Die ehemalige Straßenführung wird in der inneren Gebäudestruktur aufgenommen. Durch die Anordnung der Baukörper wird eine intime Hofsituation im Zentrum Dresdens inszeniert.

Programm

In dem eher musealen, introvertierten Bestand der Umgebung soll sich der Baukörper aktiv und extrovertiert zeigen – sich an der »Zukunft der Gegenwart« orientieren, das heißt Freiräume für die Verknüpfung von Zukunftsassoziationen mit heutigen Aktivitäten schaffen. Das Programm setzt den inhaltlichen Rahmen für diese Freiräume.

Die Vielschichtigkeit des Programms spiegelt sich in der Komplexität des Baukörpers wider.

## Baukörper

Das Rückgrat wird durch eine lineare Struktur gebildet, die rechtwinklig zur Geometrie des Kulturpalasts steht und durch scheibenartige Elemente gleichmäßig gegliedert ist. Gekreuzt wird diese lineare Struktur von einer Achse, welche die ehemalige Straßenführung an dieser Stelle wiederaufnimmt und als eine Art Dachpassage die beiden Baukörperteile verklammert. Die Fassaden sind transparent, um die Aktivitäten der Innenräume in den Außenraum übergehen zu lassen, eine semipermeable Trennung von Außen- und Innenraum zu erhalten, aktiv in den Außenraum hineinzuspielen.

Der Baukörper soll den umgebenden Bestand berühren, sich an diesem Ort ausbreiten, ohne dabei die vorhandene Struktur zu verletzen.

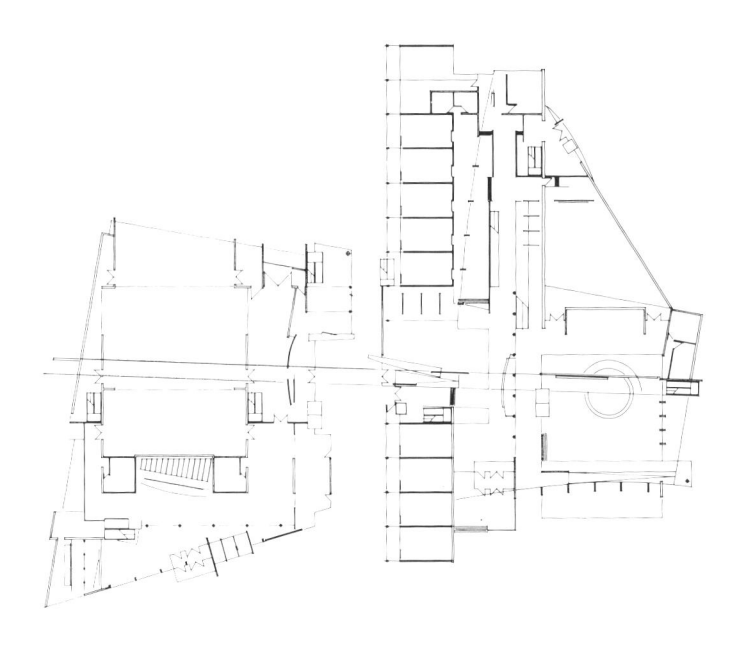

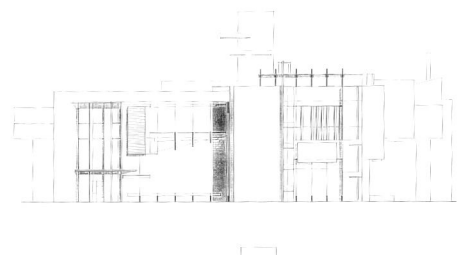

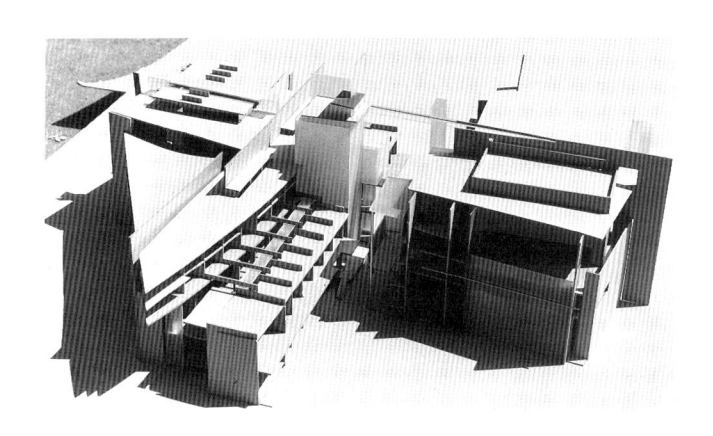

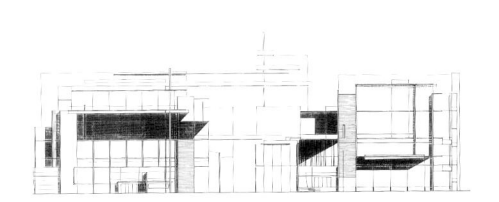

Mediothek und Studentenwohnheim

# Die Referenten

## Peter Baumbach

Geb. 1940. Architekturstudium an der Technischen Universität Dresden. Architekt im Wohnungsbaukombinat Rostock. Professor an der Kunsthochschule Berlin-Weißensee. Berufung für Städtebau und Architektur in den City Council of Addis Abeba. Lehrtätigkeit an der Kunsthochschule Berlin-Weißensee. Freier Architekt.

## Wulf Brandstädter

Geb. 1937. Architekturstudium an der Technischen Universität Dresden. Architekt im Wohnungsbaukombinat Halle. Promotion an der Technischen Universität Dresden. Stadtarchitekt in Halle. Seit 1991 Architekt bei der Philipp Holzmann AG.

## Jo Coenen

Geb. 1949. Architekturstudium an der Technischen Hochschule Eindhoven. Mitarbeit bei Aldo van Eyck und Theo Bosch in Amsterdam. Professor an der Technischen Universität Karlsruhe. Freier Architekt.

## Guillermo Vazquez Consuegra

Geb. 1945. Architekturstudium an der Escuela de Sevilla. Mitglied der Kommission für Kultur der Architektenkammer Sevilla, der Kommission für Architektur der Regierung von Andalusien und des Spanischen Komitees für Europan. Professor an der Escuela de Sevilla. Freier Architekt.

## Vakhtang Davitaia

Geb. 1935. Architekturstudium am Polytechnischen Institut von Georgien (GPI). Leiter der Architekturfakultät am Polytechnischen Institut von Georgien. Professor am Polytechnischen Institut von Georgien, an der Universität Mar del Plata/Argentinien und an der Universität Jalisco/Mexico.

## Roger Diener

Geb. 1950. Architekturstudium an der Eidgenössischen Technischen Hochschule Zürich. Diplom bei Professor Dolf Schnebli. Partner im Architekturbüro Diener & Diener in Basel. Professor an der Eidgenössischen Technischen Hochschule Lausanne. Gastprofessor an der Harvard University in Cambridge/USA.

## Miklós Hofer

Geb. 1931. Architekturstudium an der Technischen Universität Budapest. Leiter des Büros für öffentliche Gebäude (KÖZTI Budapest). Senior Assistant im Büro E. Goldfinger, London. Professor an der Technischen Universität Budapest.

Arno Lederer

Geb. 1947. Architekturstudium an der Universität Stuttgart und an der Technischen Hochschule Wien. Mitarbeit bei Ernst Gisel in Zürich. Professor an der Fachhochschule für Technik, Stuttgart. Gemeinsames Büro mit Jórunn Ragnarsdottir. Professor an der Universität Karlsruhe.

Ueli Marbach

Geb. 1941. Architekturstudium an der Eidgenössischen Technischen Hochschule Zürich. 1971 Gründung des Büros ARCOOP in Zürich mit Arthur Rüegg und Heinz Ronner. Lehrauftrag am Virginia Polytechnic Institute, Blacksburg, USA. Dozent an der Eidgenössischen Technischen Hochschule Zürich. Vorstandsmitglied der Zürcher Studiengesellschaft für Bau- und Verkehrsfragen.

Arthur Rüegg

Geb. 1942. Architekturstudium an der Eidgenössischen Technischen Hochschule Zürich. 1971 Gründung des Büros ARCOOP in Zürich mit Ueli Marbach und Heinz Ronner. Lehrauftrag an der Syracuse University, Syracuse, NY/USA. Mitglied der Denkmalpflegekommission der Stadt Zürich. Professor an der Eidgenössischen Technischen Hochschule Zürich.

Yannis Michail

Geb. 1933. Architekturstudium an der Technischen Hochschule München. Promotion an der Technischen Hochschule Aachen. Direktor der EKTENEPOL AG, Tochtergesellschaft der Nationalen Boden-Kreditbank von Griechenland. Vizepräsident von ISOCARP, Internationale Gesellschaft der Stadt- und Regionalplaner. Sekretär der UIA, Union Internationale des Architectes.

Georg Mörsch

Geb. 1940. Studium der Kunstgeschichte, Archäologie und mittelalterlichen Geschichte in Bonn, Berlin und Freiburg i. Br. Promotion über belgische Barockarchitektur. Denkmalpfleger im Rheinland. UNESCO-Delegierter der Bundesregierung für die »World Heritage List«. Professor an der Eidgenössischen Technischen Hochschule Zürich. Lehrauftrag für Denkmalpflege an der Universität Basel.

Boris Podrecca

Geb. 1940. Studium der Bildhauerei an der Hochschule für Angewandte Kunst, Wien. Architekturstudium an der Technischen Universität Wien und an der Akademie der bildenden Künste Wien, Meisterklasse bei Roland Rainer. Gastprofessuren: Ecole Polytechnique Fédérale, Lausanne; Unité Pédagogique d'Architecture, Paris; Istituto Universitario di Architettura, Venedig; University of Pennsylvania, Philadelphia; Hochschule für angewandte Kunst, Wien; Harvard University, Cambridge/USA; Sommerakademie, Berlin; Professor an der Universität Stuttgart.

## Karljosef Schattner

Geb. 1924. Architekturstudium an der Technischen Hochschule München. Mitarbeit im Architekturbüro Franz Hart in München. Freier Architekt in Eichstätt. Aufbau und Leitung des Diözesanbauamts Eichstätt. Honorarprofessor an der Technischen Hochschule Darmstadt. Gastprofessor an der Technischen Universität München.

## Luigi Snozzi

Geb. 1932. Architekturstudium an der Eidgenössischen Technischen Hochschule Zürich. Freier Architekt in Locarno. Zusammenarbeit mit Livio Vacchini in Locarno und mit Bruno Jenni in Zürich. Gastdozent an der Eidgenössischen Technischen Hochschule Lausanne und der Universität Genf. Professor an der Eidgenössischen Technischen Hochschule Lausanne. Gastdozent an der SCIARC, Vico Morcote.

## Karla Szyszkowitz-Kowalski

Geb. 1941. Architekturstudium an der Technischen Hochschule Darmstadt. Mitarbeit bei Georges Candilis in Paris. Postgraduate-Studium an der Architectural Association School in London. Mitarbeit an den Olympiabauten bei Behnisch & Partner. Lehrauftrag an der Gesamthochschule Kassel. Zusammenarbeit mit Michael Szyszkowitz in Frankfurt und München und gemeinsames Architekturbüro in Graz. Professorin an der Universität Stuttgart.

## Michael Szyszkowitz

Geb. 1944. Architekturstudium an der Technischen Universität Graz. Teilnahme an Städtebauseminaren der Internationalen Sommerakademie bei Bakema und Candilis in Salzburg. Mitarbeit an den Olympiabauten bei Behnisch & Partner sowie bei Domenig & Huth. Zusammenarbeit mit Karla Kowalski in Frankfurt und München und gemeinsames Architekturbüro in Graz.

## Heinz Tesar

Geb. 1939. Architekturstudium an der Akademie der bildenden Künste, Wien, Meisterklasse bei Roland Rainer. Freier Architekt in Wien. Gastprofessor an der Cornell University, Ithaca/New York, der Eidgenössischen Technischen Hochschule Zürich, der Syracuse University, der McGill University, Montreal, der Harvard University, Cambridge/USA und der Technischen Universität München.

# Die Veranstalter

Jürgen Joedicke

Geb. 1925. Architekturstudium an der Hochschule für Baukunst und bildende Künste Weimar. Promotion und Habilitation. Professor an der Universität Stuttgart. Gastprofessuren in Budapest und Istanbul. Ehrendoktor der Akademie für bildende Künste Istanbul und der Universität Dortmund. Freier Architekt BDA, Bürogemeinschaft Joedicke + Joedicke.

Hans Joachim Meyer

Geb. 1936. Studium der Rechts- und Staatswissenschaft in Potsdam. Relegierung aus politischen Gründen, Hilfsarbeiter. Studium Anglistik und Geschichte an der Humboldt-Universität, Berlin. Lehrtätigkeit an der Humboldt-Universität. Promotion und Habilitation. Professor für angewandte Sprachwissenschaft. Seit 1990 Sächsischer Staatsminister für Wissenschaft und Kunst und Mitglied im CDU-Bundesvorstand.

Egon Schirmbeck

Geb. 1945. Bauingenieurstudium an der Staatlichen Ingenieurschule für Bauwesen Stuttgart. Architekturstudium an der Universität Stuttgart. Promotion und Habilitation an der Universität Stuttgart. Mitarbeit bei Kammerer und Belz sowie Heinle und Wischer. Professor an der Universität Stuttgart. Freier Architekt BDA.

Hans K. Schneider

Geb. 1920. Studium in Köln, München und Marburg. Tätigkeit in der Bergischen Industrie- und Handelskammer, Remscheid. Promotion und Habilitation an der Wirtschafts- und Sozialwissenschaftlichen Fakultät der Universität Köln. Tätigkeit im Bundeswirtschaftsministerium. Professor für Volkswirtschaftslehre und wirtschaftliche Staatswissenschaften an der Universität Köln. Präsident des Rheinisch-Westfälischen Instituts für Wirtschaftsforschung, Essen. High Level Consultant der OECD, Paris. Mitglied und Vorsitzender des wissenschaftlichen Beirats des Bundeswirtschaftsministeriums. Mitglied und Vorsitzender des Sachverständigenrats zur Begutachtung der Gesamtwirtschaftlichen Entwicklung. Ehrendoktor der Universität Seoul.

Helmut Trauzettel

Geb. 1927. Architekturstudium an der Hochschule für Baukunst und bildende Künste Weimar. Promotion und Habilitation. Professor an der Technischen Universität Dresden. Gastprofessor in Bagdad und Damaskus. Freier Architekt BDA. Gründung des Büros ARCHITRAF.

## Literaturauswahl zu den Referenten

### Jo Coenen

Bofinger, Helge: »Architektur – zwischen Tradition und Lebensangst«. In: Das Kunstwerk. Zeitschrift für moderne Kunst (1983), Nr. 3-4, S. 80-81

Bofinger, H. und M.: Junge Architekten in Europa. Stuttgart, Berlin, Köln, Mainz 1983, S. 106-107.

»A Matter of Style.« In: Forum (1985), Nr. 2, S. 70-77

Rodemond, J.: »Architectonische experimenten van niveau. Recent werk van Jo Coenen«. In: De Architect (1987), Nr. 9, S. 67-81

»Recent works of Jo Coenen«. In: Architecture and Urbanism (1988), Nr. 216, S. 70-124

Flagge, Ingeborg: »Interview Jo Coenen«. In: Der Architekt (1991), Nr. 9, S. 427-429

### Guillermo Vazquez Consuegra

Werk-Archithese (1979), Nr. 35-36

»Guillermo Vázquez Consuegra: obras y proyectos, 1973-1983«. Ausstellungskatalog. Madrid 1984

Campo, A., Poisay Ch.: Young Spanish Architecture. Madrid 1985

Summarios, Nr. 125. Monografie. Buenos Aires 1988

Escolano, Victor Pérez: »Vázquez Consuegra: Artifex«. In: Quadernas (1989), Nr. 181-182

Levene, R., Márquez, F., Ruiz, A.: Arquitectura Espanola Contemporánea 1975-1990. Madrid 1989

Güell, Xavier (Hrsg.): Arquitectura espanola contemporánea. La década de los 80. Barcelona 1990

### Roger Diener

Bofinger, Helge, Bofinger, Margret: Junge Architekten in Europa. Stuttgart 1983

Blaser, Werner: Architecture 70/80 in Switzerland. Basel 1983

Wang, Wilfried: Emerging European Architects. Cambridge/Mass. 1988

Disch, Peter: Architektur in der Deutschen Schweiz 1980-1990. Lugano 1991

Jehle-Schulte Strathaus, Ulrike, Steinmann, Martin (Hrsg.): Diener & Diener: Bauten und Projekte 1978-1990. Basel 1991

Steinmann, Martin: »Bürohaus in Basel«. In: Baumeister (1992), Nr. 11

»Galerie Gmurzynska«. In: Domus (1992), Nr. 735

»Geschäftshaus in Basel«. In: WBW (1991), Nr. 7/8

### Miklos Hofer

Wettbewerb des Nationaltheaters Budápest, Budapest 1965

»Domumgebung Köln – Wettbewerb«. In: Baukunst und Werkform, 1956

»Fernsehturm Miskolc«. In: L'Architecture D'Aujourd' hui (1964), Nr. 116

»Fernsehturm Miskolc-Avas«. In: Interbuild (1965), August

Schubert, Hannelore: Moderner Theaterbau. Stuttgart 1971

»Technische Hochschule Györ«. In: Bauwelt (1978), März

Kontinuität in Architektur, Probleme der Gegenwart. Graz

Arno Lederer

»Umbau des Söllerhauses der Universität Stuttgart im Kleinen Walsertal«. In: Deutsche Bauzeitung (1986), Nr. 12

»Sanierung Stadtmitte Fellbach«. In: Baumeister (1987), Nr. 9

Architektur in Deutschland. Stuttgart 1987

»Kindergarten in Tübingen«. In: Baumeister (1988), Nr. 12

»Haus Mercy«. In: Baumeister (1987), Nr. 8

Lederer, Arno/Ragnarsdottir, Jørunn: Wohnen heute, Stuttgart und Zürich 1992

Ueli Marbach

»Zum Wettbewerb Karlsruhe-Dörfle, Aus Sicht der Planungsgruppe Marbach-Pfister-Rüegg«. In: Stadtbauwelt (1973), Nr. 38

»Hofsanierung – Blocksanierung – Wohnungssanierung«. In: Werk, archithese (1979), Nr. 31–32

»Stadtform und Wohnform«. In: Werk, Bauen + Wohnen (1981), Nr. 12

»Manessehof Zürich«. U. a. in: archithese (1984), Nr. 4, und Werk, Bauen + Wohnen (1984), Nr. 10

»Spalenvorstadt I I«. U. a. in: Werk, Bauen + Wohnen (1986), Nr. 1, 2

»Karl der Große«. U. a. in: Werk, Bauen + Wohnen (1987), Nr. 10

»Werkbundsiedlung Neubühl (Hintergründe, Stadtentwicklung)«. In: Zürich, ETHZ, Abt. I, 1987

»Interpretation städtischer Identitäten«. In: Stellungnahmen zur Stadt, Stellungnahmen zu Zürich, Hochbauamt der Stadt Zürich, 1990

Arthur Rüegg

»Stadtergänzungen« (mit U. Marbach). In: Archithese (1980), Nr. I, S. 44

»Anmerkungen zur Siedlung Leimenegg«. In: Hermann Siegrist (herausgegeben von Arthur Rüegg und Ruggero Tropeano), Zürich 1982

»Das Le Corbusier-Archiv«. In: Archithese (1983), Nr. 2, S. 54

»Archäologisches Sanieren« (Siedlung Neubühl Zürich-Wollishofen, mit U. Marbach). In: Werk, Bauen + Wohnen (1984), Nr. 5, S. 40–47

»Manessehof, Bericht der Architekten« (mit U. Marbach). In: Werk, Bauen + Wohnen (1984), Nr. 10, S. 10–16

»Le Corbusiers Polychromie architecturale und seine Farbenklaviaturen 1931 und 1959«. In: Katalog der Ausstellung »Le Corbusier, Synthèse des Arts«, Karlsruhe 1986, S. 33–52

»Der Pavillon de l'Esprit Nouveau als Musée Imaginaire«. In: Katalog der Ausstellung »L'Esprit Nouveau, Le Corbusier und die Industrie 1920–1925«, Zürich/Berlin/Straßburg/Paris, S. 134–151

»Villa La Roche: Vers une architecture polychrome«. In: Katalog »Le Corbusier und Raoul la Roche«, Architekturmuseum Basel, S. 20–26

»Werkbundsiedlung Neubühl 1928–1932, Ihre Entstehung und ihre Erneuerung« (mit U. Marbach). In: Institut gta, ETH Zürich, 1990

»Konstruieren für einen Ort. Zu den Wohnhäusern im St. Alban-Tal, Basel«. In: Form City to Detail, Selected Buildings and Projects by Diener & Diener Architekten, Ausstellungskatalog, London/Berlin 1992

»Materialfarbe und Farbenfarbe. Zur Gestaltung der Häuser an der Pilotengasse in Wien« (mit Martin Steinmann). In: Siedlung Pilotengasse Wien, Zürich 1992

## Yannis Michail

»La renovation urbaine dans les pays méditerranéens«. In: Liber Amicorum S. Van Embden ISOCARP – International Society of City and Regional Planners, Delft 1975, S. 121–125

Il problema di Plaka in relazione all' Atene moderna, Problemi dei centri storici di Roma e di Atene, Seminario Greco-Italiano, Commune di Atene-Istituto Italiano di Cultura di Atene, Athen 1976, S. 44–54

»UIA – Internationale Union der Architekten, Arbeitsgruppe ›Räume der Erziehung und der Kultur‹: Seit 1976 Herausgabe der Akten von 8 Internationalen Seminaren mit Unterstützung der UNESCO

## Georg Mörsch

»Buchbesprechung: Friedrich Mielke – Die Zukunft der Vergangenheit. Stuttgart 1975«. In: Deutsche Kunst und Denkmalpflege (1977), Nr. 2, S. 212–221

»Denkmalpflege – die gutgemeinte Zerstörung?« In: Schweizerische Bauzeitung (1978), Nr. 21, S. 443–444

Grundsätzliche Leitvorstellungen, Methoden und Begriffe der Denkmalpflege. Schutz und Pflege von Baudenkmälern in der Bundesrepublik Deutschland – ein Handbuch. Stuttgart 1980, S. 70–96

»Schöpferische Denkmalpflege? Kreativität trotz Denkmalpflege? Schloß Neersen als Beispiel«. In: Bauwelt (1981), Nr. 26, S. 1079–1084.

»Die Wirklichkeit der Denkmäler. Überlegungen zur Erhaltungspraxis.« In: Bauwelt (1984), Nr. 10, S. 368–372.

»Rückbildung«. In: Bauwelt (1984), Nr. 23, S. 931

»Neues Bauen in alter Umgebung?« In: Unsere Kunstdenkmäler (1984), Nr. 4, S. 389–396

»Die schwierigen Begegnungen mit der Geschichte.« In: Werk, Bauen + Wohnen (1985), Nr. 4, S. 16–20

»Das manipulierte Denkmal. Gefälschte Vergangenheit – vergeudete Gegenwart«. In: Daidalos (1985), Nr. 16, S. 115–121

»Kontinuität und Wandel«. Vortrag anläßlich des ICOMOS-Kolloquiums ›Bauen in historisch wertvollen Bereichen. Kontinuität und Wagnis‹ in Basel, 25./26. 8. 1986. In: Werk, Bauen + Wohnen (1987), Nr. 7/8, S. 68–70

»Denkmalpflege zwischen Wissen und Gewissen. Die Möglichkeiten einer postmodernen Denkmalpflege«. In: Denkmalschutz-Information II (1987), Nr. I, S. 46–52, archithese (1987), Nr. 5, S. 49–52

## Boris Podrecca

»Fachschaft Architektur Universität Stuttgart«. In: Stuttgarter Architekturschule: Vielfalt als Konzept. S. 82–85. Stuttgart 1992

»Themenheft Portrait Boris Podrecca«. In: Bauforum (1987), Nr. 121

Boris Podrecca im Gespräch mit Vera Purtscher: »Mein Triangel«. In: Architektur und Bauforum (1990), Nr. 141

Domus (1991), S. 52–57

## Karljosef Schattner

Conrads, Ulrich; Sack, Manfred (Hrsg.): Karljosef Schattner – Eichstätt. Braunschweig, Wiesbaden 1983 (Reiss brett 2, Schriftenreihe der Bauwelt)

Pehnt, Wolfgang: Karljosef Schattner: Ein Architekt aus Eichstätt. Stuttgart 1988

Schattner, Karljosef: »Eichstätt – Gestalt der alten Stadt«. In: Flagge, Ingeborg; Kücker, Wilhelm (Hrsg.): Idee Programm Projekt: Zum Entwurf eines neuen Eichstätt. Braunschweig/Wiesbaden 1985

Flagge, Ingeborg: »Ein Baumeister der Moderne: Beobachtungen in Eichstätt«. In: Der Architekt (1982), Nr. 6, S. 304–308

## Luigi Snozzi

Luigi Snozzi. Progetti e architetture 1957–1984. Mailand 1984

Boga, Thomas: Tessiner Architekten: Bauten und Entwürfe 1960–1985. Zürich 1986

Werner, Frank; Schneider, Sabine: Neue Tessiner Architektur. Perspektiven einer Utopie. Stuttgart 1989

»Schloßberg in Pforzheim«. In: Baumeister (1991), Nr. 1

## Karla Szyszkowitz-Kowalski und Michael Szyszkowitz

13 Standpunkte. Graz 1986

Cook, Peter; Llewellyn-Jones, Rosie: Neuer Geist in der Architektur. Basel 1991

»Fachschaft Architektur Universität Stuttgart«. In: Stuttgarter Architekturschule: Vielfalt als Konzept. Stuttgart 1992

Projekt-Übersicht in: L'Architecture d'Aujourd'hui (1982), Nr. 224, S. 28–39

»Sectional Szyszkowitz-Kowalski«. In: The Architectural Review (1988), Nr. 1102, S. 66–72

Bohning, Ingo: »Verfeinerte Vielfalt: Portrait von Karla Szyszkowitz-Kowalski«. In: Deutsche Bauzeitung (1992), Nr. 2, S. 33–37

## Heinz Tesar

Tesar, Heinz: Vorformen, Entwürfe, Verwirklichungen. Wien 1978

Tesar, Heinz: »Fragment Toward Characterization and Type«. In: The Institute for Architecture and Urban Studies (Hrsg.): A New Wave of Austrian Architecture. New York 1980

Tesar, Heinz: »Re-Form, Gestaltfindung und Transformation«. In: Die Bedeutung der Form. Zürich 1989

Zukowsky, John; Wardropper, Ian: Austrian Architecture and Design: Beyond Tradition in the 1990s. Berlin 1991

Bofinger, Helge: »Architektur – zwischen Tradition und Lebensangst«. In: Das Kunstwerk. Zeitschrift für moderne Kunst (1983), Nr. 3–4, S. 54–55

Themenheft Heinz Tesar. In: Architektur und Bauforum (1987), Nr. 123

**Fotografen**

Soweit feststellbar, stammen die veröffentlichten Aufnahmen von:
Nicolas Monkewitz, Zürich (Seite 53 links, 54 oben links), Heinrich Helfenstein, Zürich (Seite 54 unten rechts), Atelier Kinold, München (Seite 106 unten), Sigrid Neubert, München (Seite 107 oben), Atelier Kinold, München (Seite 107 unten), Nataly Maier, Starnberg (Seite 108), Atelier Kinold, München (Seite 109 unten, 110, 111, 112, 115, 117 oben, 118 oben, 119, 120 oben), Gerald Zugmann, Wien (Seite 173), D. Gale (Seite 176 oben, 178 oben), Gerald Zugmann, Wien (Seite 178 unten), G. v. Bassewitz (Seite 179), D. Gale (Seite 180), Schwingschlögl, Wien (Seite 182, 183, 184), Ali Schufler, Korneuburg (Seite 185 rechts).